中国人的历史误读

张继红 著

丛书主编 二月河

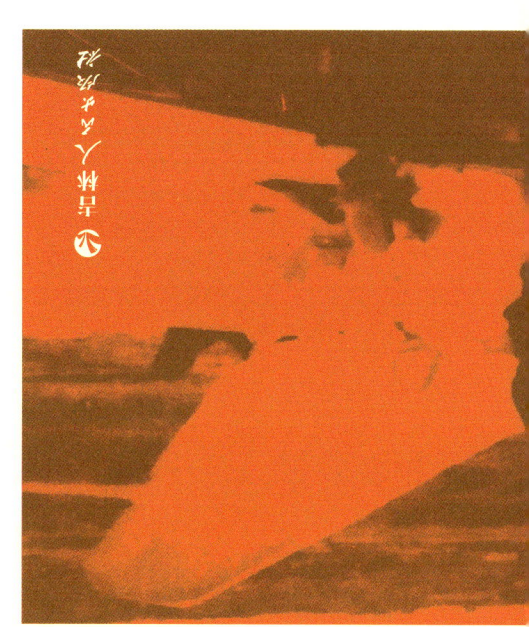

出 品 人：常 宏
选题策划：吴文阁
责任编辑：李沫薇
封面设计：上层品牌

图书在版编目（CIP）数据

中国人民航空事业的摇篮 / 张晓刚著. -- 长春：吉林人民出版社，2025.7. -- (三地三摇篮系列丛书).
ISBN 978-7-206-22258-0

Ⅰ. F426.5

中国国家版本馆CIP数据核字第2025EK3125号

中国人民航空事业的摇篮
ZHONGGUO RENMIN HANGKONG SHIYE DE YAOLAN

著　　者：	张晓刚
出版发行：	吉林人民出版社
	（长春市人民大街7548号 邮政编码：130022）
印　　刷：	吉林省吉广国际广告股份有限公司
开　　本：	720mm×1000mm　1/16
印　　张：	31.5
字　　数：	420千字
统一书号：	978-7-206-22258-0
版　　次：	2025年7月第1版
印　　次：	2025年7月第1次印刷
定　　价：	78.00元

如发现印装质量问题，影响阅读，请与出版社联系调换。

序言
Preface

赓续红色血脉
激发奋进力量

红色是中国共产党最鲜亮的底色,红色资源是中国共产党艰辛而辉煌奋斗历程的见证,是最宝贵的精神财富和精神力量。党的十八大以来,习近平总书记反复强调要用好红色资源,赓续红色血脉,努力创造无愧于历史和人民的新业绩。2020年,习近平总书记在视察吉林时指出:"吉林有着光荣的革命传统。抗日战争时期,在极其恶劣的条件下,杨靖宇将军领导抗日武装冒着零下四十摄氏度的严寒,同数倍于己的敌人浴血奋战。牺牲时,胃里全是枯草、树皮、棉絮,没有一粒粮食,其事迹震撼人心。解放战争时期,'三下江南''四保临江''四战四平''围困长春',党领导人民军队在这里奏响一曲曲胜利凯歌。在抗美援朝战争中,吉林人民也做出了重大贡献。要把这些红色资源作为坚定理想信念、加强党性修养的生动教材，组织广大党员、干部深入学习党史、新中国史、改革开放史、社会主义发展史，教育引导广大党员、干部永葆初心、永担使命，自觉在思想上政治上行动上同党中央保持高度一致，矢志不渝为实现中华民族伟大复兴而奋斗。"① 这是习近平总书记对吉林为中国革命做出巨大牺牲和伟大贡献的充分肯定，也为我们弘扬践行伟大革命精神，指明了前进方向，增添了奋进动力。

100多年来，在中国共产党的坚强领导下，吉林人民为保卫和建设这块红色热土，前赴后继、不怕牺牲，进行了波澜壮阔、艰苦卓绝的英勇斗争，谱写了一曲曲感天动地、气壮山河的英雄赞歌，涌现出无数可歌可泣、真挚动人的红色故事，留下了大量不可复制、不可替代的革命文物与红色遗址遗迹。按照党史学习教育领导小组的安排部署，我多次到吉林省参与指导党史学习教育工作，其间走访参观了省内颇具代表性的红色遗址遗迹、纪念馆、博物馆等，对吉林的红色资源、红色文化有了更深刻更直观的感受，也深切体会到吉林省时刻牢记习近平总书记的重托，以强烈的"答卷意识"和"赶考精神"，充分用好丰富鲜活的红色资源，创造性开展各项学习教育活动，着力汇聚起推动吉林全面振兴全方位振兴的磅礴力量。特别是吉林省

---

① 习近平：《用好红色资源，传承好红色基因，把红色江山世世代代传下去》，载《求是》2021年第10期，第17页。

提炼概括的"东北抗日联军创建地、东北解放战争发起地、抗美援朝后援地，新中国汽车工业的摇篮、新中国电影事业的摇篮、中国人民航空事业的摇篮"六大红色标识，更是为传承红色基因、赓续红色血脉提供了最直接最生动最鲜活的教材。

"三地三摇篮"红色标识集中体现了吉林红色资源的鲜明特色、独特品质、丰富内涵，凝聚着吉林人民艰苦奋斗、牺牲奉献、开拓进取的伟大品格。读史明智，知古鉴今。组织编写"三地三摇篮"六卷本丛书，是尊重革命历史、传承红色文化的需要，是从党的历史中汲取智慧、启示和力量的需要，更是用党的历史教育广大人民群众的需要。

阅读这套丛书，我们可以看到，九一八事变后，为了挽救民族危亡，在中国共产党的领导下，东北抗日联军爬冰卧雪、吞絮食草，英勇战斗、前赴后继，在白山松水、林海雪原中，以挑战人类生存极限的顽强意志与日本侵略者殊死搏斗14年，沉重打击了日本侵略者的嚣张气焰，挺起中华民族不屈的脊梁，用鲜血和生命谱写了惊天地、泣鬼神的爱国主义篇章，铸就了具有"忠诚于党的坚定信念，勇赴国难的民族大义，血战到底的英雄气概"的东北抗联精神，成为中国共产党人精神谱系的重要组成部分。我们可以看到，抗战胜利后，东北成为国共两党争夺的焦点，中国共产党领导的东北民主联军（后称东北人民解放军），在两种命运、两个前途的决战中,来不及拂去满身征尘,来不及揩干伤口血迹,便用吉林大地上一系列重大战役吹响了全国解放的号角,谱写出一曲曲新民主主义革命的胜利凯歌。我们可以看到,在抗美援朝战争期间,吉林人民凭着对党的忠诚和必胜的信念,无私奉献、舍生忘死,举全省之人力、物力、财力提供战勤保障,保证了抗美援朝战争的最后胜利,践行了伟大的抗美援朝精神,成为抗美援朝的"钢铁后方"。我们可以看到,作为重要的老工业基地,吉林省见证了新中国工业的成长,为新中国经济建设做出了不可磨灭的贡献,特别是国家"一五"计划重点建设项目之一的中国第一汽车制造厂,以第一辆"解放"牌卡车的诞生,结束了中国不能制造汽车的历史,中国汽车工业从此翻开了崭新的一页。我们可以看到,作为新中国第一家电影制片厂,长春电影制片厂(简称"长影")为时代立像、为人民放歌、为民族铸魂,长影的影片影响和激发了几代中国人的电影情结和爱国情怀,从长影走出去的艺术家遍布全国,长影的发展史,就是新中国电影的发展史。我们可以看到,在烽火硝烟中成立的东北民主联军航空学校,是中国共产党领导下的人民军队创办的第一所航空学校,培育出了新中国第一代空战精英,为中国空军的不断发展壮大孕育了第一批精良的种子,在人民空军的历史上写下了光辉的一页,并形成了以"团结奋斗、艰苦创业、勇于献身、开拓新路"为核心内容的东北老航校精神。

阅读这套丛书,重温百年以来吉林大地所经历的风云激荡的革命、建设和改革历程,人们会感受到清晰的历史足音、有力的时代脉动、澎湃的革命精神,有利于激发斗志、凝聚人心、增添干劲,引领吉林人民为在中国式现代化进程中推动吉林全面振兴取得新突破而攻坚克难、砥砺前行,取得一个又一个胜利。

潮涌催人进,扬帆再启航。当前,我们已经踏上了实现第二个百年奋斗目标新的赶考之路,能否向历史、向人民交出一份优异的答卷,坚定的历史自信极为重要。红色资源向我们所传递的,不仅是党的百年辉煌成就和历史经验,更是激励我们秉承历史荣光、创造新的伟业的号召。弘扬以伟大建党精神为源头的中国共产党人精神谱系,必将鼓舞我们更加自觉地坚定历史自信、筑牢历史记忆,继承革命传统、传承红色基因,赓续吉林文脉,踔厉奋发、勇毅前行,为全面建设中国式现代化新吉林、推进新时代吉林全面振兴率先实现新突破而团结奋斗。

朱虹

2023 年 7 月

前言
Preface

知古可以鉴今，察往可以知来。若要追溯人民空军70余年光辉历程的起点，就不能不提到一个空军官兵尽人皆知的名字，"东北老航校"。在抗日战争结束不久，国民党悍然发动内战的背景下，中国共产党领导下的东北老航校人直面残酷的战争，克服艰苦的条件，不畏困难，白手起家，自力更生，团结协作，将吉林的白山黑水变为中国人民航空事业的摇篮，孵化出了如今强大不可战胜的人民空军。前事不忘，后事之师。在人民空军不断发展壮大的今天，东北老航校精神依旧在航空教育战线发挥着巨大的作用。

2019年，在中国人民解放军空军建军70周年之际，习近平总书记在接见空军先进单位及英模代表时指出："人民空军走过了70年的光辉历程。在党的坚强领导下，一代代空军官兵胸怀凌云壮志，搏击万里长空，推动空军建设取得举世瞩目的成就，为维护国家主权、安全、发展利益建立了不朽功勋。"

2020年7月23日,习近平主席在视察空军航空大学时,再一次嘱咐航空大学的教学员们,"要铭记光荣历史,把东北老航校精神发扬光大"。

本书以"东北民主联军航空学校"的筹建、发展为主要线索,展现了新中国人民航空事业从无到有,以弱胜强的辉煌历程。本书的写作思路是以突出老航校——中国人民航空事业的摇篮定位为主,以老航校教学为重点,以老航校培养的人才事迹以及对空军建设的功绩为重点,采用了史传结合的方式,一方面对中国共产党空军教育的发展历程做线性叙述,即"作史";另一方面突出人才在中国空军发展壮大过程中的重要意义,为从老航校走出的空军优秀人才"作传"。在结构上,本书分为两个部分,第一部分是"中国空军的孵化器",主要介绍了老航校建校的历史过程,包括航校建立前中国共产党空军人才的培养;党中央对建立航校的筹划;东北老航校在吉林的创建;东北老航校的训练、教学、生活;东北老航校学员的战斗功绩;空军各院校的"孵化"等。第二部分是"中国空军人才的成长摇篮",主要是为东北老航校走出来的空军英雄人物与主要领导作传,包括航校主要筹建人员以及主要教员小传;航校著名毕业生小传;航校主要人物年表等。

东北老航校在中国航空事业发展史上写下了浓墨重彩的一笔,新中国人民航空的各项事业从吉林起飞,扎根黑土地,立下不朽的功绩,在新的历史时期仍将砥砺前行,行稳致远,不断创新,勇攀高峰,再创辉煌。

目 录
Contents

第一章　东北老航校建校的历史背景 / 001
　　第一节　大革命时期的空军人才培养 / 002
　　第二节　土地革命时期的空军人才培养 / 012
　　第三节　抗日战争时期的空军人才培养 / 020

第二章　东北老航校在通化时期的创业历程 / 055
　　第一节　抗战结束与东北局势 / 056
　　第二节　航校在通化的筹备：人员、器材、油料 / 065

第三章　东北老航校的训练、教学组织与生活（上）/ 125
　　第一节　航校在牡丹江时期 / 126
　　第二节　航校在东安时期 / 158

第四章　东北老航校的训练、教学组织与生活（下）/ 201
　　第一节　航校本部迁回牡丹江 / 202
　　第二节　航校迁至长春时期 / 227

第五章　东北老航校师生的战斗功绩 / 255
　　第一节　组建军委航空局 / 256
　　第二节　赴苏联商谈购机协议 / 268
　　第三节　为开国大典保驾护航 / 279
　　第四节　参加志愿军空军部队赴朝作战 / 295

第六章　东北老航校火种的赓续 / 317

　　第一节　东北老航校"一变七" / 318
　　第二节　东北老航校的火种在第七航校的延续 / 338
　　第三节　东北老航校精神在空军航空大学
　　　　　　继续发光发热 / 351

第七章　东北老航校主要领导、教员及优秀学员小传（上） / 367

　　刘亚楼 / 368
　　常乾坤 / 381
　　王　弼 / 390
　　吕黎平 / 398
　　方子翼 / 410

第八章　东北老航校主要领导、教员及优秀学员小传（下） / 419

　　刘善本 / 420
　　刘　风 / 428
　　林弥一郎 / 434
　　木暮重雄 / 441
　　王　海 / 446
　　林　虎 / 453
　　刘玉堤 / 458
　　张积慧 / 463

结　语　东北老航校精神 / 467
参考文献 / 477
后　记 / 487

第一章

东北老航校建校的历史背景

★ 中国人民航空事业的摇篮

1945年8月9日，苏联红军出兵东北；8月15日，日本宣布战败无条件投降。在苏联红军出兵与日本投降之间，国民政府与苏联签订《中苏友好同盟条约》，远在延安的中共中央知道消息后，朱德总司令连发数道命令，人民军队开始了"闯关东"之旅。同时，中国人民航空事业的摇篮——东北老航校也开始了建设工作。

在叙述老航校的工作之前，需要回顾中国共产党培养空军人才的历程。

第一节　大革命时期的空军人才培养

1909年9月21日，美国奥克兰市派德蒙特山，一架双翼飞机轰鸣着飞上了蓝天，在飞行了近一千米之后平稳地降落在了地面上。待到发动机熄火，螺旋桨卷起的烟尘散去，围观的人群这才看清，坐在驾驶位上的是一位身材瘦削、头发乌黑的华裔青年。两天后，美国《旧金山观察者报》在头版位置刊发了题为《东方的莱特在飞翔》的报道。从这篇报道中人们才得知，那个驾驶双翼飞机飞上美国蓝天的华裔青年名叫冯如。而这次飞行，正是中国近代航空事业的开端。

第一章 东北老航校建校的历史背景

1911年2月,带着"壮国体,挽利权"的美好愿望,冯如与助手辗转将其制造的两架飞机运回了国内,并计划在中国的国土上制造飞机。但是,"由于清政府对此采取消极态度,冯如在中国制造飞机的愿望未能实现"。[①]辛亥革命爆发后,冯如被任命为广东革命军飞机长,做好了随军作战的准备。1912年的8月,冯如在试飞自制的飞机时,由于操作系统失灵,飞机坠毁,冯如身负重伤。虽经陆军医院全力抢救,冯如还是不幸牺牲。之后,冯如被追授陆军少将,葬于黄花岗七十二烈士墓并立碑纪念,广东军政府为其立碑,称其为"中国创始飞行大家"。

冯如制造设计的飞机

---

① 姚峻:《中国航空史》,大象出版社,1998,第16页。

早在冯如在美国制造试飞飞机之时，孙中山就曾在现场观看了冯如的飞行表演，这次观看飞行表演的经历让孙中山意识到，飞机将在未来的战争中发挥巨大的作用，适时地发展军事航空事业可以有助于中国国民革命的成功。辛亥革命前夕，孙中山在给萧卫汉的信中还谈到飞机这一新式武器，认为飞机对于军事行动的意义不可估量，但是，在这封信中，孙中山也感叹："以无尺寸之地党人，未有用武之地以用此耳。"①1912年，袁世凯窃取了辛亥革命的胜利果实，并于1915年正式称帝。孙中山被迫在海外领导中华革命党继续革命。为了培养革命人才，特别是航空军事人才，孙中山在日本创办了中华革命党飞行学校，邀请日本飞行专家坂本寿一负责飞行学校的教学工作。1916年5月4日，中华革命党飞行学校在日本滋贺县近江八日市町正式开学。首届学员录取了47人，其中进入飞行班学习驾驶的学员30余人，机械班则招录了10余人。飞行学校成立不久，中华革命军东北军在山东的战事吃紧，坂本寿一受命率领飞行学校师生100余人，携飞机及各种设备于7月2日抵达青岛，在完成授课、训练的同时，也参与了进攻济南的战斗。当时还未有飞机专用的炸弹问世，飞行队

---

① 毕居正：《孙中山的航空救国思想及其影响》，《军事历史》1993年第3期。

就将炸药与引信装入密封的铁罐中,由后舱的投弹手在飞临目标上空之后点燃引信向目标投掷。尽管威力有限,但飞机以及"航空炸弹"的出现也还是极大地打击了北洋军的士气。坂本寿一后来回忆称:"孙先生对于利用飞机发挥战斗力的设想非常赞成,乃邀请我带飞机参战,我痛快承诺,便驾了飞机到达潍县,当地民众由于第一次见到飞机而大加轰动,都说'神仙来了'!敌方(北洋军)对于这种空袭,好像是有了反应,他们派遣使者前来拜托:不管怎样,就只有一个请求,请不要再从飞机上扔炸弹下来。"①

各地航空队相继组建,图为华侨革命飞机团的飞机运抵南京

① 段云章:《孙文与日本史事编年》,广东人民出版社,1996,第488页。

在战争中学习如何战争,是中国航空教育事业在初创之时的一大特点。1917年10月间,护法战争爆发。孙中山决定与各路大军会师武汉北伐。1918年初,大元帅府下设立航空处,处长是美国归侨机械专家李一谔,副处长张惠长,飞行员有陈庆云、蔡司度等,均为华侨。航空处有旧飞机2架。1919年2月18日,孙中山电复林森,请其告知杨仙逸、张惠长到汕头组建粤军航空队。随后,4月19日,他致函杨仙逸"对于飞机学问,研究素深""力展所长,羽翼粤军,树功前敌"。①1919年6月,粤军在福建漳州成立航空队,队长陈应权,总指挥杨仙逸,队员有蔡司度、叶少毅、李光辉等人,前后拥有飞机6架。

1920年8月,杨仙逸指挥航空队在广东全省各县市上空散发了讨伐桂军的传单。他和张惠长还轰炸了莫荣新的广东督军公署。1920年11月29日,孙中山重组军政府,宣布继续护法。同日便在广东大元帅府下设立了航空局,任命朱卓文为局长。此时的航空局下辖两个飞机队,张惠长为第一飞机队队长,有水上飞机5架;陈应权为第二飞机队队长,有陆上飞机4架。1921年4月7日,国会非常会议参众两院联合会在广州举行,孙中山被选为大总统。1922年初,

---

① 李君如:《细说孙中山》,河南人民出版社,2001,第497页。

第一章　东北老航校建校的历史背景　★

杨仙逸从美国率黄光锐、林伟成等一批爱国青年飞行员回国，这年成立了广东航空学校。1922年5月的北伐，张惠长、陈庆云率飞机队进驻韶关及赣南一带配合作战，壮了声威。

在依靠军阀发动的讨袁战争、护法战争接连失败之后，孙中山意识到，只有联俄联共，培养以信仰为指引的革命军队，才能最终取得革命的胜利。1924年5月，孙中山在广州创设了黄埔军校，开始培养陆军人才，之后，孙中山又命令时任航空局局长的陈友仁筹办军事飞机学校，培养空军人才。当时的广东革命政府虽设有航空局以及飞机队，但仅有三架破旧的飞机，而欧美列强又对广东革命政府实施军事禁运，广东革命政府只能依靠苏联的援助筹建空军，开展航空教育。军事飞机学校成立后，苏联很快便派遣了空军顾问以及教官携带10余架飞机抵达广州。当时在学校任教的教官有三人，分别是：雅尔台、冯·格列姆以及瓦尔特。这三人都参加过第一次世界大战，有着非常丰富的飞行作战经验。[①]军事飞机学校第一期学员共11人，其中"朴泰夏和金震一是朝鲜革命志士，刘云、万鹏、郭予如是共产党员"，[②]而这也是中国共产党培养军事航空人才之肇始。1925年，在党组织的安排下，刘云、冯洵、王勋、王翱、

---

① 赵云孚：《国共合作时期的广东航空》，《航空史研究》1996年第3期。
② 赵云孚：《国共合作时期的广东航空》，《航空史研究》1996年第3期。

唐铎、朴泰夏等6名共产党员和进步青年在苏联顾问李縻的率领下赴苏联接受高级飞行训练。抵达苏联后，刘云因身体原因不能继续飞行转入了伏龙芝军事学院，与刘伯承、左权等人同班学习，并担任党支部书记；冯洵在莫斯科空军第二飞行学校完成学业后，又转入苏联高级步兵学校学习；唐铎毕业后在苏联卫国战争中升任苏军空军副团长，于1953年回国担任哈尔滨军事工程学院空军工程系主任。

在刘云等人赴苏之后，1925年7月，军事飞机学校招收了第二期学员。这一期学员主要是从黄埔军校第二、第三期毕业生中选拔招募的。学员被分为"飞行"与"观察"两班，其中飞行班学员为12人（有两人为见习学员），观察班学员为10人。之后观察班学员全部转入了飞行班，军事飞机学校又从黄埔军校四期学员中选拔了20人成立新的观察班，第二期学员人数也由此扩大至42人，人数几乎是第一期学员的4倍。

尽管学员人数有所增加，但是当时军事飞机学校的教练机只有两架老式"詹尼"单发教练机。这两架教练机使用时间较久且损坏严重，极大地制约了学校的教学与训练。1926年，受派赴苏联考察空军并购买飞机的林伟成回国，兼任军事飞机学校校长。林伟成等人购回的飞机除了6架"埃尔-1"式侦察轰炸机、1架"荣克斯"式旅客机之外，还包括1架"乌-1"式教练机。这架教练机很快被补充到了军事飞机学校中,承担了大部分教学训练飞行任务,尽管如此,军事飞机学校人多机少的局面并没有得到根本改变。因此,1926年5月,学校决定在第二期学员中再派遣10名学员赴苏学习,包括"常乾坤、李乾元、徐介藩、冯正谊、王运尧、黎鸿峰(越南籍)、张圣哲(朝鲜籍)、林理甫、徐世沛等"。[1]其中常乾坤、李乾元、徐介藩、黎鸿峰4人被分配到位于奥伦堡的苏联红军第三航空学校学习飞行,其余6人则被分配到位于列宁格勒的航空机械学校以及位于莫斯科的中山大学学习。

1926年7月,国民革命军誓师北伐。虽然军事飞机学校的第二期学员此时还未完成学业,但大部分学员仍然被编入了北伐军飞机队,在国民革命军飞机处处长林伟成以及苏联顾问李縻的率领下参加了北伐。在北伐军进攻湖南、湖北以及江西的战斗中,北伐军飞机队都取得了令人瞩目的战绩。

北伐之际,航空局改为航空处,隶属国民革命军总司令部。[2]林伟成是新成立的航空处处长,党代表为张静愚,杨官宇任飞机修理厂厂长。

国民革命军航空处所有飞机全部编为北伐航空队,由

---

[1] 赵云孚:《国共合作时期的广东航空》,《航空史研究》1996年第3期。
[2] 马毓福:《1908—1949中国军事航空》,航空工业出版社,1994,第381页。

林伟成兼任队长。航空队共有13架飞机,这些飞机的机身上标有"中山"二字,称为"中山号",另有容克斯水上飞机1架,航空队随军作战。1926年8月初,黄秉衡率航空队飞机3架,跟随北伐军队进驻湖南衡阳,负责空中侦察之职。"将敌之炮垒、战壕、兵力分配、辎重所在一一摄入。"

8月26日起,北伐军与吴佩孚军在汀泗桥僵持不下。此时"中山"2号机飞往长沙,在北伐军与吴军作战时进行空中掩护。9月8日,"中山"2号机从长沙至武昌执行侦察任务,在北伐军围攻武昌时,由飞机在武昌上空投下"打倒吴佩孚""废除不平等条约"等劝降字条,打击敌军士气。9月中旬之后,"中山"2号、5号飞机开始投弹轰炸吴军阵地,炸毁敌电台和蛇山炮垒,使刘玉春的城防司令部遭破坏,给敌军造成威胁,至双十纪念日,北伐军终占领武昌。航空处随后同北伐军共同到江西作战。在新余、高安、樟树等地修建临时机场。9月6日,北伐军集结部署完毕,展开总攻,很快控制赣南地区。11月5日,北伐军攻克九江;11月7日,攻克南昌。航空队的"中山"2号、5号机及水上飞机均到高安、南昌一带助战。航空队除协助陆军进攻南昌外,还飞往南浔铁路一带实施空中侦察,对敌军军用的列车、车站等目标进行轰炸。

1927年1月，在国民政府高级顾问鲍罗廷的建议下，军事飞机学校第二期毕业生毛邦初、张廷孟、龙文光等人以及8名飞行教官在林伟成的率领下赴苏联深造。在此之前，林伟成、陈卓林曾赴苏联采购飞机与航材。1927年1月，航空处改驻武汉。当时，国共合作还未破裂，中共北方局的李大钊同志还介绍了一些南苑航空毕业生到武汉航空处工作。3月，航空处成立飞机总队，曹宝清任总队长，欧阳璋任副总队长，下辖2支飞机队，第一队队长高在田，第二队队长欧阳璋。国共合作时，飞机人员和机务人员都有一部分共产党员，"大家相处很好"。

第二期赶赴莫斯科深造的学生在4月20日抵达，但此时蒋介石已经发动了"四·一二"反革命政变，这一批学员经过短暂学习后回国。广东军事飞机学校的教学活动也因"四·一二"反革命政变而受到极大的影响，归国的教官与学生除少数人在"担保"下复职之外，很多人都离开了航空界。"到了1928年，广东空军班底分裂为两大派系：一小部分为蒋介石的南京政府所收罗；另一部分留在广州，成为广东地方空军的基础。国共合作的航空事业也就此解体。"[①]

[①] 赵云孚：《国共合作时期的广东航空》，《航空史研究》1996年第3期。

第二节　土地革命时期的空军人才培养

当时，尽管已经失去了在国内培养军事航空人才的条件，但中国共产党还是高瞻远瞩地将培养空军人才视为未来空军建设的首要任务，继续抽调在国外学习的优秀共产党员赴苏联学习航空技术。1927年4月，正在苏联莫斯科中山大学学习的王弼、岳少文、蒋余材、罗国器等12名党团员，在党组织的统一安排下转入苏联航空学校学习，毕业之后，他们又加入苏联空军部队，在实战中锻炼了自己的技能。1935年9月，在莫斯科东方大学和列宁学院学习的刘风、王琏、孙毅卿等人又被派到苏联契卡洛夫空军第三航校学习。"1925年到1935年短短的10年之间，中共先后选送了4批优秀人才到苏联学习航空技术，可见中国共产党成立之初对航空事业发展的远见卓识。"[1]

尽管已经有优秀青年在苏联掌握了先进的飞行技术，但受限于国内形势，中国共产党的第一批飞行员无法回国驾驶战机与敌人作战，刘云、冯洵等人在苏联完成飞行训

---

[1] 罗胸怀：《中国空军纪事》，中央编译出版社，2010，第7页。

练回国之后，也都转型成为陆军指挥员。直到1930年，中国共产党领导下的红军才有了自己的飞机。

红军的第一架飞机是1930年在鄂豫皖根据地的河南省罗山县宣化店陈家河（今属湖北省大悟县）缴获的。一则1930年春季的新闻报道可以看到当时的情形：江西省政府报道境内近日来有红军出现，"进据赣边，颇受痛苦""兹谋于最短期间消灭起见，已电请航空署拨发飞机前往协助，以奏全功"。①2月16日中午，陈家河上空飞来一架美制沃特O2U/V-65C柯塞②双座侦察轰炸机，飞机最后降落在河滩。③乡民们看到飞机印有"青天白日徽"，便立刻向赤卫队报告，罗山县第一区第十乡赤卫队大队长陈国清，带领赤卫队员冲向河滩，红军第一师三团一营的钱均也带领手枪队员及时赶到，飞行员从机舱走出，大家才知道这架柯塞机因迷航迫降至此。

飞机的驾驶员叫龙文光，时任国民党军政部航空第四队中校队长，奉命驾驶美制"柯塞"式侦察轰炸机，由汉口

---

① 《赣请派飞机剿匪》，军政部航空署：《航空杂志》第一卷第七期，1930年4月15日，第174页。
② 中国政府从1929年至1933年一共购买了Vought V-65C飞机42架，1933年开始中国政府另外定购了O3U（Vought V-92C）63架，用于20世纪30年代前期的军事侦察与轰炸任务，比如中原大战、与中央红军的作战等，O3U一直到抗日战争初期都在使用。
③ 于涵之：《红军在这里拥有了自己的第一架飞机》，湖北党史网。

飞往河南开封执行通信联络任务，返航途中遇大雾迷航，油料耗尽，只能迫降。龙文光是广东军事飞机学校第二期毕业生，还是广东军事飞机学校选派的第三批赴苏联受训的学员。

虽然在苏联时间较短，但龙文光对共产主义事业有所了解，在当时鄂豫皖边区领导人徐向前的亲自劝说下，龙文光表示愿意参加红军。在中共中央的指示下，鄂豫皖边区苏维埃政府成立了航空局，由龙文光担任局长。其驾驶的柯塞飞机在拆解后转移到鄂豫皖边区苏维埃政府所在地新集（今河南新县）重新组装并命名为"列宁"号。其后龙文光驾驶"列宁"号参加了红军第四方面军进攻黄安的战斗，轰炸了敌军的指挥所。

龙文光驾驶的柯塞飞机重新命名为"列宁"号，是为中国工农红军的第一架飞机。陈家河的民众与红军战士们一起，将这架飞机拆解，又用了半个多月的时间，将飞机最终运到卡房林家湾——我们总说，回顾历史，会发现许多相似之处。15年以后，东北老航校的飞机零件，也是这样人推马拉地运输到目的地。

在宣化店，由龙文光和红军们一起，将拆解的飞机重新组装。鄂豫皖苏维埃政府举行了隆重的命名仪式，将这

第一章 东北老航校建校的历史背景 ★

架飞机命名为"列宁"号。①

"列宁"号经常在大别山、固始、潢川及武汉一带执行空中侦察和投撒革命传单任务,之后又在黄安战役和第四次反"围剿"战斗中立下汗马功劳。1932年6月,蒋介石调集30万兵力,亲自坐镇武汉,下令对鄂豫皖根据地发动第四次"围剿"。作战日益频繁,环境日趋恶劣,"列宁"号每次随军转移都十分费力,徐向前代表红军总部忍痛下令:就地埋藏"列宁"号飞机。不久,红军主力部队被迫撤出根据地,"列宁"号被拆散埋入大别山一条偏僻的山沟里。

关于"列宁"号飞机,还有一个小故事。当初,龙文光被俘之后,谎报了一个身份。因他是四川人,故对徐向前说自己是四川刘湘二十一军航空司令部的飞行员,飞机是德国容克飞机,他是在执行南京至四川的任务中迫降的。其实,他是汉口航空第四队的飞行员,谎报身份只是不想红军发公报时,被国民政府看到,以至于虐待自己的家人。而国民政府真的以为龙文光失踪了,对他的眷属照顾有加。徐向前在《历史的回顾》中说,红军缴获的这架飞机是德式教练机。当时,中国一般都采购德国容克飞机,所以,一段时间以来,这架"列宁"号都被传为容克飞机。研究中国

---

① 于涵之:《红军在这里拥有了自己的第一架飞机》,湖北党史网。

军事航空的专家马毓福专门分析了"列宁"号飞机,他指出(当年这个问题曾引起许多飞机爱好者的讨论),这架飞机是柯塞飞机。虽然飞机老照片未拍摄全景,但飞机是串列式双座舱飞机;该机身采用金属蒙皮,从外表可以看见橡条痕迹;该机机身前部加装有防护板;飞机有尾轮架,起落架为后三点式。凭借分析早期购入的几种容克飞机,没有一架可以与"列宁"号对得上。而当时驻汉口的第四航空队、第五航空队的装备都是美国柯塞机。龙文光的真实身份是第四航空队的队员,那么他驾驶的其实是柯塞飞机。

1951年9月,湖北省军区司令员王树声与老革命根据地访问团鄂豫皖分团到大别山时,当地群众挖出了残存的飞机。不过由于当时的条件,挖出来残余的部分也没有很好地保存,完全丢失,现在大家看到的复原飞机都是复制品。

1932年4月19日,红一军团解放福建漳州,缴获了国民党军阀张贞的两架飞机,其中一架损毁严重,但另一架经简单维修后仍可飞行。红一军团政委聂荣臻得知消息后将该飞机命名为"马思克"号,这架飞机据考证是阿费罗616"飞鸟"式,当时冯洵在湘赣军区任参谋长兼红八军代军长,在军委指派下星夜兼程赶赴漳州检修飞机,并亲自驾机从漳州转移到瑞金。①彼时瑞金还没有机场，中央军委决定利用冯洵返航前的有限时间，加紧在瑞金修建一座机场。后来，在东北老航校担任领导职务的吕黎平当年曾亲自参加了修建瑞金机场的工作，据他回忆，"修建机场的地点在瑞金城东北十华里左右的叶坪沙子岗上。瑞金通往石城的大道就经过这里……施工期间，红军学校政治部与瑞金县委密切协同，联合组织了一支宣传鼓动队伍。通过他们在现场进行口头与文字宣传，使五六千名参加劳动的人都知道了这是红军缴获的第一批飞机，大家更加兴高采烈，异口同声表示按时完成任务，一定把机场修得符合标准，好让我们自己的飞机平安落地……在这种胜利气氛和强有力的宣传鼓动下，1500多名红军学校的指战员和近4000名男女群众在劳动中你追我赶，日夜鼓劲加油干，5天之内就把一块凹凸不平的红土贫瘠板结地，变成了一个整齐平坦的大广场，完成了大约500×400米椭圆形面积的飞机场的修建任务"。②

"马思克"号是一架意大利生产的"摩斯"式双座通用飞机，既可以用作通信、教练、侦察，也可以挂载少量炸弹执行攻击任务。"马思克"号飞抵瑞金后，红色首都的军

---

① 黄志超：《红军缴获的第二架飞机》，《源流》2022年第3期。
② 吕黎平：《吕黎平回忆录》，中国农业科学技术出版社，2002，第69页。

民群众争相参观，红军指战员更为有了一架自己的飞机感到骄傲自豪。"对当时的红军和瑞金人民来说，这既是宣传了我军在前线所取得的伟大胜利，进一步提高革命士气的好方法，又是一次生动活泼的军事知识课"。①当时飞机还是一种较为"神秘"的武器，很多红军战士与根据地群众都没有见过飞机的样子，每当听见国民党飞机在头上发出轰鸣声，看见国民党飞机投下炸弹爆炸的火光，就会产生一种惊慌失措的紧张畏战情绪，这种紧张畏战情绪与国民党还不成熟的空战、空袭所造成的损害相比，要大得多。组织军民群众参观我军缴获的飞机，极大地缓解了军民群众因不了解飞机而产生的畏惧心理。而这也从一个侧面说明了航空教育的重要性。

1932年7月9日，《红色中华》还报道了一架红军缴获的飞机。"兴国八日讯，白军飞机一架于七日飞到我苏区侦察，因指北针损坏，不知方向，在兴国迫降时为我方俘获，飞机师当即就擒。该飞机只有左翼稍受损伤，稍加修理即可驾驶。中央苏区政府已专派一名飞机师前去修理，不久将看见红军飞机飞翔在天空"。②这架飞机因战事紧张，也未使用，便废弃了。

---

① 吕黎平：《吕黎平回忆录》，中国农业科学技术出版社，2002，第70页。
② 马毓福：《1908—1949 中国军事航空》，航空出版社，1994，第542页。

"列宁"号与"马思克"号在红军的反围剿作战中都发挥了一定作用,后因战事紧张,油料供应不上,损坏的零部件无法更换等原因,"列宁"号被拆解隐藏,"马思克"号则在江西会昌坠毁[1]。"中国工农红军拥有的这两架飞机和据此建立的航空机构,尽管存在的时间不长,但从一个侧面展现了中国共产党人对建设航空事业的重视。"[2]

---

[1] "马思克"号在江西会昌坠毁一说,参见黄志超:《红军缴获的第二架飞机》,载《源流》2022年第3期。据姚峻《中国航空史》,"马思克"号则因油料器材接济不上而"被废弃"。参见姚峻:《中国航空史》,大象出版社,1998,第85页。
[2] 姚峻:《中国航空史》,大象出版社,1998,第85页。

第三节　抗日战争时期的空军人才培养

1933年，盛世才成了新疆的实际统治者。为稳固自身地位，盛世才与苏联保持着较为良好的关系，也与中国共产党建立了联系。1937年4月，陈云与滕代远在党中央的委派下，从苏联进入新疆接应工农红军西路军撤入新疆的部队。当时中共驻共产国际代表团打算将西路军官兵接到苏联学习，西路军撤入新疆迪化（乌鲁木齐的旧称）之后一直对外称"新疆督办公署新兵营"，官兵积极学习现代军事技术，为去苏联深造做准备。①"七七事变"爆发之后，国内国际形势都发生了重大变化，1937年7月15日，陈云接到党中央指示，要求西路军官兵留在迪化学习现代军事技术。随即，陈云向"新兵营"的官兵传达了党中央布置下来的新任务，"全体指战员继续抓紧时间学习，争取使'新兵营'成为中国共产党培育现代军事技术人才的学校"。②10月23日，陈云与滕代远致电毛泽东，汇报了西路军入疆以来的情况，"西路军余部四百三十人抵迪已有五月余，仅以

---

① 朱家木：《陈云年谱（1905—1995）》，中卷，中央文献出版社，2000，第203页。
② 徐行、杨鹏飞：《陈云与新中国人民空军的奠基》，《军事历史研究》2012年第4期。

第一章 东北老航校建校的历史背景 ★

新疆督办公署航空队装备各型飞机30架,有2个作战中队、1个教练中队。盛世才兼任队长,姚雄为常务队长。图为航空训练班在组织飞行训练

本身力量进行中文、算术、常识、军事、政治训练,进步虽有,而新武器还没有学习,多次要求赴苏学习,未得国际批准……现在要求护送回陕北上前线抗日,否则即准备全部分到迪化学习飞机、铁甲、汽车、炮兵和骑兵。则今日已商榷督办,下星期送一百五十人入学学汽车三月,毕业后再学铁甲车、坦克。我们认为,利用新疆在三年内培养五千军事新干部是可能的、必需的,且学校名称、设备现比陕北完备些。中央意见如何,望转报国际和指示我们,以便遵行"。①10月25日,张闻天与毛泽东复电批准了陈

① 参见《陈云、滕代远给毛泽东、张闻天的电报》,1937年10月23日。

云与滕代远的建议，同意分配西路军人员学习现代军事技术，并特别指示，希望陈云与滕代远"设法建立从新疆到兰州的航空交通"。①

当时，盛世才的军队在苏联的援助下，编有装甲车、新式火炮各一个营，此外，还组建了一支拥有9架侦察轰炸机、6架初级教练机的航空队。航空队有4名苏联教官，负责飞行、机械、领航等人才的培训工作。借助于盛世才的航空装备与教育资源，"新兵营"在学习现代战术、坦克、汽车、火炮技术之外，也选派人员到新疆航空队接受飞行训练。最初，陈云与滕代远选定了30人，最后，又将名额缩减到25人。后来，在东北老航校任教的吕黎平回忆，当时陈云亲自与他谈话，强调建设空军，培养空军人才的重要性，"我们在中央根据地，在长征途中，吃了国民党空军多少苦头呀！许多英勇善战的好同志，没有倒在与敌人短兵相接的战场上，却惨死在敌机的轰炸扫射下……现在，日本帝国主义又用飞机对我华北军民狂轰滥炸，制造了很多血案。如果我们党有了一支自己的空军，就能从空中打击敌人，保卫根据地。革命的胜利就会早日到来！空军是很复杂的技术兵种，要建自己的空军，必须及早培养人才。

---

① 参见《张闻天、毛泽东给周小舟转陈云、滕代远的电报》，1937年10月25日。

第一章　东北老航校建校的历史背景

我想,我们可以利用新疆的统战环境,借用盛世才的航空队,为我们党培养一支既会驾驶飞机,又会维护修理的航空技术队伍。只要有了人才,再想办法通过国际援助获得飞机,我们的空军不就可以建立起来了吗"?①1937年底,陈云、滕代远、李先念等人先后回到延安,"陈云回到延安后,向中共中央提出挑选一批既年轻又有文化的干部去新疆航空队学习航空技术的建议,并得到批准。于是,陈云又从抗日军政大学和摩托学校挑选了十九名符合条件的学员,大都是团营级干部,并逐一找他们谈话"。②当时,抗日军政大学和摩托学校的学员大多文化素质较低,对学习飞行有畏难情绪。后来,在东北老航校任教的方槐回忆,当时陈云细致地做他的思想工作,说,"你读过书,当过青年部长,还能写写工作总结,也算是个有文化的人了。党在困难的条件下办了这么多学校,目的是培养你们,寄希望你们掌握现代化技术,任何事情都是从不会到会的。过去你们这些放牛娃、种田出身的人不会打仗,不会做政治工作,通过学习都会了,因此对学习航空技术要有信心……在苏联时,我曾经问过一位空军飞机师,文化程度低的人能不能

---

① 吕黎平:《星光照西陲:忆我党第一支航空队的前前后后》,战士出版社,1983,第62页。
② 吕黎平:《吕黎平回忆录》,中国农业科学技术出版社,2002,第265页。

掌握航空技术，那位飞机师讲，只要不是石头，就能学会。这话说得多好啊！你们这些同志都不是石头，只要肯钻研，努力学习，是一定能够学好的"。①

经商定，从"新兵营"挑选25人，又从延安挑选19人（其中1人因病未成），共43人组成飞行班和机械班参加新疆督办公署航空队第三期飞行班、第二期机械班学习。

飞行班班长是吕黎平，25人分别为：吕黎平、方华、方槐、方子翼、刘忠惠、安志敏、杨一德、李奎、张毅、陈熙、胡子昆、赵群、袁彬、夏伯勋、黎明、汪德祥、谢奇光、邓明、龚廷寿、余天照、杨光瑶、王聚奎、彭浩、黄明煌、王东汉。

机械班班长是严振刚，18人分别为：严振刚、朱火华、周立范、周绍光、丁园、陈旭、刘子立、陈御风、黄思深、刘子宁、金生、曹麟辉、云甫、吴锋、王云清、余志强、吴茂林、彭仁发。

1938年2月28日，从延安出发的学习航空技术的干部一行17人先到了西安的八路军办事处，其中11人经筛选被淘汰，其余吴元任等6人由西安赴兰州，在兰州乘飞机抵达迪化。之前由我党选送前往苏联学习飞行的刘风、王琏等6人也因抗战爆发而从苏联回国，暂时留在迪化，

---

① 方槐：《我们终于有了一支强大的空军》，载《革命回忆录》（13），人民出版社，1984，第244页。

第一章　东北老航校建校的历史背景

红军学员在新疆迪化航空训练班学习飞行

这12人组成了我党派赴迪化的航空训练班，由郑德担任班长，在迪化八路军办事处学习。而陈云与滕代远在"新兵营"挑选的25名学员则编入了新疆航空队飞行班第三期与机械班第二期，分别由吕黎平与严振刚担任班长，并建立了党组织，由吕黎平担任党支部书记，严振刚、方子翼、方槐、朱火华、陈熙、金生等6人为党支部委员。当时在迪化负责党组织工作的邓发向吕黎平等人提出了几项具体要求，"一是领导关系问题。航空队党支部由党中央驻新疆代表直接领导。不许'新兵营'和别的党组织发生关系。二是盛世才不准许在他的军队内部有党派组织，因而我们党支部的所有活动，都要严格予以保密。三是不公开个人的身份。

· 025 ·

每个同志在进入航空队的登记表上填写化名，互相一律称呼化名。若盛世才部队的人问你是不是红军，是不是共产党人，回答的口径要一致，就说我们是从'新兵营'来的"。①

1938年3月3日，新疆航空队飞行班第三期以及机械班第二期正式开班。开班之后，飞行班与机械班首先开展的是航空基本理论学习，包括《航空历史》《飞行原理》《发动机原理》等课程。给飞行班以及机械班授课的都是苏联教员，采用苏联式授课方式，每天上午6节课，每节课45分钟，下午及晚上是自习时间。航空基本理论学习的时间有一个月左右。完成基本理论课之后，飞行班与机械班分别授课，进行相关的专业理论学习。飞行班学习飞机操纵、领航、仪表、气象等课程，机械班则学习发动机以及飞机其他零部件的分解与维修。飞行班在进行专业理论学习的同时，也逐渐开始由飞行教员带飞。盛世才的航空队共编有三个飞行中队，第一、第二飞行中队由之前毕业的飞行班学员组成，第三中队则主要是我党在盛世才航空队培训的飞行班学员。当时负责带飞新学员的主要是第三中队中队长黎焕章与飞行教官任兆祥、杨兆荣。苏联教官则负责地面指挥与检查考核等工作。

---

① 吕黎平：《吕黎平回忆录》，中国农业科学技术出版社，2002，第269页。

新疆航空队用于带飞训练的飞机,是苏制双翼Y-2式初级教练机(又称苏制乌-2型双翼初级教练机)。Y-2式初级教练机由1台100匹马力的航空发动机驱动,升限在2000米左右,最高时速为146公里,虽然是20世纪20年代早期生产的较为陈旧的教练机,但用于带飞新学员还是足够的。飞行班的首飞时间是1938年4月4日,飞行地点是迪化城外7公里左右的欧亚草地机场。当时的飞机还没有配备无线电通话设备,地面指挥主要依靠信号旗,白色信号旗表示允许飞机起飞和降落,红色信号旗则表示不允许飞机起飞和降落。飞行班的所有学员在三名飞行教官的带领下,完成了人生的第一次飞行。

相比于盛世才培训的前两批飞行员,主要由我党选派的学员组成的第三期飞行班学员文化素质普遍较差,理解飞行理论较慢,学习飞机操纵也比较吃力。这引来了盛世才的飞行教员的嘲讽,苏联教官也经常对没有达到训练要求的学员破口大骂。"严峻的考验摆在我党飞行学员面前。在党中央代表驻地召开的航空队党支部大会上,邓发同志又转告我们:党中央给新疆来电中,询问你们学习航空的情况。飞行班支委会严肃地提请全体同志讨论:你以什么行动回击冷嘲热讽?你以什么成绩向党中央汇报?党赋予我们的重任,党对我们的殷切期望像一团烈火,在我们胸中燃烧，化成了刻苦攻关的巨大动力。"①吕黎平等人深知，他们是我党培养的第一批飞行员，肩负着建设人民空军的重要使命。为了不负党的嘱托，吕黎平等人拿出全部精力，投入到学习中去。他们几乎利用了所有可以利用的时间和场地，熟记背诵操作要领与口诀，地面模拟训练器从早到晚几乎没有一刻"空闲"下来，甚至过了熄灯的时间，还有学员摸黑在训练器上练习动作。

迪化航空训练班的飞行学员与苏联飞行教官合影。前排左七为飞行总教官尤吉耶夫上校，苏联教官都是苏共党员

---

① 吕黎平：《吕黎平回忆录》，中国农业科学技术出版社，2002，第280页。

第一章 东北老航校建校的历史背景 ★

在"不负党的嘱托"巨大使命感的推动下,飞行班学员进步神速,吕黎平和方子翼在飞行教员带飞 50 次后首先被苏联教官批准单飞,其余学员也在 60 次带飞之后陆续单飞。经过近 4 个月的学习,飞行班全部 25 名学员(第三期飞行班全部学员为 26 人,包括"新兵营"选派人员以及 1 名当地中学毕业生姚维滔。其中"新兵营"选派的王东汉因为驾驶存在痼癖动作不适合飞行转入机械班)顺利完成初级教练机的全部飞行科目。

从 1938 年 10 月起,飞行班开始改飞 P-5 式侦察轰炸机(又称埃尔-5 型双翼侦察轰炸机)。P-5 式侦察轰炸机是当时新疆航空队的主力机型,发动机为 700 匹马力的内燃发动机,最高升限 4000 米,最高时速 280 公里,最大航程 1000 公里,飞机配有三挺 7.62 毫米口径机关枪,机翼下还可携带两枚 50 公斤炸弹。P-5 式侦察轰炸机是一种双座飞机,因此也可以用于教学使用。相比于 Y-2 初级教练机,P-5 式侦察轰炸机速度更快,对学员驾驶技术的要求也更高。

1939 年 9 月,经过差不多一年半的学习,我党安排在新疆航空队第二期机械班学习的 18 名学员全部顺利毕业。(其中吴茂林因学习期间感染肺结核于 1938 年末退学。原本在飞行班学习的王东汉转入机械班学习)机械班班长严

· 029 ·

振刚被授予中尉军衔,其余学员都被授予少尉军衔。全部学员都被分配到了新疆航空队各机务中队担任机械师。尽管飞行班与机械班的学员在完成基本航空理论的学习之后就分班授课,但是共同的信念与信仰,把我党的空地勤学员紧紧团结在一起。在共同学习的时候,由于飞行班学员的津贴较机械班学员稍高,飞行班的学员就主动买一些日用品送给机械班的学员。后来机械班的学员毕业,且基本都被授予了较高的军衔,收入也有了大幅提高,机械班的学员就主动把自己的一部分工资拿出来送给飞行班的学员。"更可贵的是坚持原则,步调一致。由于我党学机械的学员和当地学员编在一起,经常接触一些不利于空地团结的牢骚怪话和流言蜚语,经常受到一些资产阶级等级地位观念等腐朽思想意识的侵扰。但是机械班的同志都能互相提醒勉励,坚信在革命事业中,只有分工的不同,没有工作的高低贵贱之分。他们还及时向党支部汇报,提醒大家都来警惕资产阶级观念潜移默化的腐蚀。"[①]

1939年9月,周恩来赴苏治伤,途经迪化。吕黎平与严振刚作为在新疆航空队学习航空技术的代表受到了周恩来的接见。周恩来听取了吕黎平与严振刚的汇报后,高兴

---

① 吕黎平:《吕黎平回忆录》,中国农业科学技术出版社,2002,第299页。

地说,"陈云同志做了件很好的事。将来建设我们自己的空军,有骨干,有种子了"。①

在陈云、滕代远、陈潭秋等人在新疆筹划培养我党飞行员的同时,原广东军事飞机学校第一批选派赴苏联学习的中共学员都完成了学业。刘云、冯洵等人已经回国,并成长为我党我军的重要指挥员。第二批选派赴苏联学习的学员中,常乾坤在完成奥伦堡航校的学业之后,于1930年1月加入苏联空军担任中尉领航员。常乾坤除了认真钻研飞行技术之外,也刻苦研究航空工程学知识,在苏联空军飞行队中的实践积累,为常乾坤在飞行理论知识方面的提高打下了坚实的基础。1932年12月,担任苏联空军准校领航主任之后,常乾坤又考取了苏联茹科夫斯基空军学院航空工程系。与常乾坤一同考入该校的,还有在列宁格勒空军地勤学校毕业的王弼。而这也是常乾坤与王弼长期共事,为中国航空事业不断奋斗的开始。

茹科夫斯基空军学院是当时苏联空军培养专业工程人员的最高学府,也是苏联航空技术方面的科研中心。"在这里,常乾坤潜心学习和研究飞机发动机原理、构造、设计等航空工程理论,深入到飞机和发动机工厂实习,取得了

---

① 吕黎平:《星光照西陲:忆我党第一支航空队的前前后后》,战士出版社,1983,第103页。

我党从莫斯科中山大学留学生中选调王弼等12名党团员，转入苏联航校学习航空。图为王弼在苏联留影

良好成绩。"① 作为毕业设计作品，常乾坤完成了一台航空发动机以及一架侦察机的设计，并因此获得了航空工程师的技术职务，成为既能驾机飞行，又能维护、设计飞机的双料人才。

抗日战争爆发之后，常乾坤多次向中共驻共产国际代表团表示，希望能够回国参战。1938年3月，当时任共产国际中共代表的任弼时找到常乾坤，告知他的回国申请得到了党中央的批准。常乾坤非常高兴，甚至来不及参加茹科夫斯基空军学院的毕业典礼就匆匆回国。当时与他一同在该校学习的战友王弼也接到了党中央要求其回国的命令，二人于1938年9月一起抵达新疆迪化，预备在新疆航空队飞行训练班第四期担任教员工作。但当时盛世才已经显露出背叛革命的趋势，坚决不允许从延安派来的中共学员加入新疆航空队飞行训

---

① 韩荣钧：《常乾坤与中共早期航空教育述论》，《滨州学院学报》2019年第6期。

第一章　东北老航校建校的历史背景　★

我党转入苏联航校学习航空的两批学员中，有的学成后留在苏联空军服务，有的为东北老航校和中国人民空军、朝鲜人民空军做出了贡献

练班第四期学习。因此，由延安派来的吴元任等人以及由苏联回国的刘风等人的飞行学习几乎全部是由常乾坤、王弼两人承担的。常乾坤负责讲授飞行原理，王弼负责讲授机械原理。此外，当时由"新兵营"选派加入新疆航空队学习的干部普遍文化程度较低，学业相对吃力，常乾坤与王弼又在党组织的安排下，在新疆的党代表办事处驻地利用节假日为这些学员补课。除了上课之外，常乾坤与王弼还编写了大量的教材，包括《飞行原理》《空中射击学》《空中领航学》《航空发动机原理》《航空仪器学》等，这些教材深入浅出，帮助本就底子较薄的中共学员快速掌握了专业知识，部分教材之后也成了东北老航校的课程教材。

我党从莫斯科东方大学和列宁学院的留学生中，选调王琏、刘风等7人转入苏联航校学习飞行。图为王琏、刘风合影

第一章　东北老航校建校的历史背景 ★

从 1939 年年底开始，盛世才与苏联以及我党的关系日渐疏远。1940 年夏天，盛世才借口塔城、喀什地区出现叛乱，要调用飞机平叛，因此将第三大队（主要是飞行班第三期学员组成的训练大队）的飞机调往外地，导致飞行班学员不得不暂停了飞行训练。飞行班学员多次向在新疆主持我党日常工作的陈潭秋反映，希望能够与盛世才沟通复飞，但迟迟没有收到回音。尽管远在西北，但是报纸上对抗日战争的报道激起飞行班学员参战的热情，他们纷纷向陈潭秋表示，如果盛世才继续与我党疏远，不如让无法复飞的飞行班学员回到延安，回到陆军，上前线作战。为了表达自己请战的决心，飞行班党支部以全体党员的名义起草了一份请战书，"一，如有可能，让我们全体回延安，力争苏联援助我党飞机，组建我八路军航空队，从空中打击日本侵略者。二，如暂时无条件组建我军航空队，请求批准我们回延安参加地面部队，到抗日前线去作战。三，如党中央认为现在不宜回延安，最好与苏联联系，让我们到苏联空军去参加反法西斯战争，或者商请苏联再给新疆提供一部分航空器材，以便使我们恢复飞行"。①这份带着飞行班全体党员、学员迫切愿望的请战书经陈潭秋转发给党

---

① 吕黎平：《吕黎平回忆录》，中国农业科学技术出版社，2002，第 304 页。

中央一个多月之后，陈潭秋同志告知飞行班党支部，中央已经回电，电文只有八个字，"严守纪律，安心学习"。

当时担任飞行班党支部书记的吕黎平后来回忆说，党中央的电文内容传达下去之后，很多学员都不理解，但在陈潭秋等同志细致的思想工作下，飞行班学员终于意识到，在艰难的环境下坚持学习航空，努力锤炼自己的飞行技能，这是我党高瞻远瞩、统筹全局的安排，与其在还没有完全掌握飞行技能的情况下出战，不如安下心来，进一步充实自己的知识，为人民空军未来的建立与发展贡献自己的力量。

在统一了思想之后，飞行班学员尽管不能飞行，但也拿出了全部精力，投入到充实自己理论知识、继续打磨自己飞行技巧的"自学"中。1941年初，在苏联向盛世才援助了一批当时较为先进的伊尔-15以及伊尔-16战斗机之后，盛世才与苏联及我党的关系才有所缓和，停飞了8个月之久的飞行班终于复飞，学员们开始学习驾驶伊尔-15与伊尔-16战斗机。伊尔-15与伊尔-16战斗机的改装训练主要由航空队的苏联飞行教官负责。陈潭秋通过和苏联领馆交涉，为飞行班争取到了首批改装训练的资格。吕黎平、方子翼、方槐、方华、夏伯勋等人成了首飞伊尔-15与伊尔-16战斗机的飞行员。

第一章　东北老航校建校的历史背景　★

到1941年秋,飞行班的学员已经完成了教学大纲所有科目的训练,按照当初我党与盛世才达成的协议,飞行班的学员毕业后将会被授予中尉军衔,给予较好的薪水待遇,在新疆航空队担任飞行官。但是,飞行班的学员心里非常清楚,毕业之后盛世才不会保证他们的飞行时间,飞行安排肯定会以第一期、第二期盛世才自己的飞行员为主。他们与苏联教官商量,怎样才能多飞行,多磨炼技术。苏联教官认为,要想继续学习只有一种可能,就是推迟毕业。为此,飞行班党支部召开了一次扩大会议,向全体学员征询意见。"经过大家讨论,有两种选择摆在面前:毕业授军衔,待遇高,而且可以结婚成家。多数同学都二十四、五岁了,参军近十年,是早就够结婚条件的营、团干部。跟我们同年龄,在抗战后方参加革命,现在新疆地方工作的同志,也大多结了婚。如果继续当学员,有利于多飞行,进一步巩固和提高技术,但需要牺牲个人利益。当我们想到党中央对我们的期望和重托,想到一个共产党员应该一切服从革命事业的需要,就很快形成了一致意见:为了党的航空事业,我们要技术,不要官衔。"[①]飞行班党支部代表全体学员将这个想法汇报给了陈潭秋,陈潭秋对此也表示赞同,

---

① 吕黎平:《吕黎平回忆录》,中国农业科学技术出版社,2002,第312页。

并立即与苏联教官协商，最后飞行班除了唯一一名当地中学毕业生学员按期毕业之外，所有我党学员全部推迟毕业。

到1942年4月，第三期飞行班正式毕业。在学习期间，"飞行学员先后飞过苏制乌-2型双翼初级教练机、埃尔-5型双翼侦察轰炸机、伊-15型双翼歼击机和伊-16单翼歼击机4种飞机，平均每人飞行一千个起落，约300小时，飞行技术达到了作战水平"。① 至此，我党利用新疆航空队培养的飞行员与机械师全部毕业。1938年年初加入新疆航空队飞行班第三期以及机械班第二期的我党我军学员共43人。期间吴茂林因患病退学，彭仁发与汪德祥因训练事故牺牲，龚廷寿、邓明因犯了错误先后停飞，调离航空队，严振刚则因工作调动于1941年离开航空队。其余21名飞行员与16名机械员全部顺利完成了学业，"组成了一支空地配套，完全能战斗的航空技术队伍"。②

1942年9月，盛世才将我党在新疆的人员全部逮捕，非法关押，并杀害了当时在新疆的负责人陈潭秋、毛泽民、林基路等人。被捕人员同国民党在狱中坚持斗争4年。在党中央的营救下，1946年6月，国民党军事委员会西北行

---

① 华强、奚纪荣、孟庆龙：《中国空军百年史》，上海人民出版社，2006，第138页。
② 吕黎平：《吕黎平回忆录》，中国农业科学技术出版社，2002。

营主任兼新疆省主席张治中将被关押的党员释放。航空队共31人，其中飞行员15人（吕黎平、方子翼、方华、陈熙、夏伯勋、刘忠惠、张毅、方槐、安志敏、袁彬、赵群、黎明、杨一德、胡子昆、李奎），机械人员16人（严振刚、朱火华、丁园、刘子立、刘子宁、金生、周立范、云甫、周绍光、黄思深、王东汉、陈御风、王云清、陈旭、曹麟辉、吴锋）获释后回到延安。

1940年11月，常乾坤、王弼以及吴元任等部分训练班学员返回了延安。返回延安之后，王弼与常乾坤于11月23日向党中央呈报了建设空军的计划书。在计划书中，王弼与常乾坤"从中国革命和中国革命武装力量发展的形势、需要出发，阐述了建设一支红色空军的重大意义。并结合当时的实际情况，主张将培养专业技术干部这一重要任务提上日程"。[①] 王弼和常乾坤的建议得到了毛泽东的充分肯定，特别是对王弼和常乾坤提出在暂时缺乏航空器材的前提下先培养航空人才，以备将来购买或制造飞机的建议，毛泽东称赞道，"发展航空事业是好的，要有决心和耐心"。[②] 得到党中央的支持后，很快，1941年3月，第18集团军就组建了一所工程学校，"成立该校的目的主要是为了培养航

---

① 介甫：《王弼：新中国航空事业的先驱》，《党史纵横》2009年第3期。
② 渝文：《常乾坤和王弼：人民空军的奠基人》，《军事文摘》2019年第11期。

★ 中国人民航空事业的摇篮

王弼和常乾坤向党中央建议，筹建航空学校，培养航空人才，图为常乾坤（左）和王弼合影

空机械工程人才"。① 这是我党我军第一次自主地培养航空人才的尝试。当时工程学校由王弼任校长，常乾坤担任学校的教务主任。王弼与常乾坤等人经过详细勘察，确定了飞机场及学校校址，决定在安塞县城西 20 里侯家门设立校舍，并抽调了一批学过航空技术的干部担任教员。学校第一期入学的学员过百人，1941 年 4 月正式授课，课程大纲与教学方案主要由常乾坤和王弼讨论制定，教材也以二人

---

① 姚峻：《中国航空史》，大象出版社，1998，第 127 页。

第一章　东北老航校建校的历史背景

在新疆航空队翻译的教材为主,开设的课程主要有航空原理、航空机械等航空基础知识,此外还由刘风、王琏等人担任文化课教员,为学员补习俄语、政治等文化课。由于当时延安无法获得苏联提供的航空器材与技术支持,加上中央提出精兵简政的要求,学校于同年10月改称工程队,隶属于延安抗日军政大学第三分校,校址迁到延安清凉山。由常乾坤任大队长,王弼担任工程科主任。教学也以培养陆军工程兵技术人才为主要目标[①]。在此期间,常乾坤在《八路军军政杂志》上发表了多篇论文,强调了建设空军的重要性,这些论文得到了广泛好评,组建空军的建议也得到了中央军委的支持。1944年5月,第18集团军总参谋部航空组成立,由王弼与常乾坤分别任正副组长。当时航空组的首要任务是对延安机场进行改造扩建。

这里,需要回顾一下延安机场修建前后的史实,特别是1936年西安事变前后的有关事件进程整理。

延安机场是张学良为了起降其私人飞机,命令东北军在延安县城以东延河北岸二里沟河滩上修建的一处简易的土质飞行场地。根据陕西民航志记载,延安机场修建于

---

① 工程队成立后的教学内容,"主要是为我军各特殊兵种如桥梁、爆破和未来空军培养技术人才",参见介甫:《王弼:新中国航空事业的先驱》,载《党史纵横》2009年第3期。

★ 中国人民航空事业的摇篮

1936年1月前后，东西长1000米，宽60余米。当时修建机场的施工条件较差，"最好的运土工具也只有当地人民自制的手推实心木轮车"。①

中央红军在历经五次反"围剿"，被迫踏上了万里长征路，于1935年辗转来到陕北。此时，这里的军事势力还有杨虎城的第十七路军和占据陕南的国民党中央军。1935年9月13日，张学良与西安绥靖公署主任杨虎城共同受命"督剿"北上抗日的中央红军。1935年10月，国民党在西安建立"西北剿匪总司令部"。蒋介石亲自任总司令，并任命张学良为副总司令，调遣东北军主力部队由鄂豫皖进驻陕甘，配合驻扎在此的第十七路军共同"围剿"红军。

1935年9月，在东北军主力部队开进陕甘后，第六十七军军部驻扎洛川。何立中率一一〇师、周福成率一二九师、王以哲率军部特务营等先后进驻延安。1935年10月19日，中央红军抵达陕北的吴起镇。面对当时陕北地区交通极其不便的现实情况，为更好地实现"剿匪"目标，第一时间前往前线获取信息显得极为重要。由于当时陕北地面交通闭塞且暗哨丛生，张学良在拥有当时最先进的私人飞机的基础上决定选择空中运输。张学良的私人飞行员，

---

① 延安市志编纂委员会编：《延安市志》，陕西人民出版社，1994，第297页。

第一章　东北老航校建校的历史背景　★

美国人伦纳德记录了当时的情形。

在飞行员的回忆中，西安、洛川都有了机场，他们经常执行飞行任务的地点还有延安、甘泉。再向西面，由于欧亚航空公司已经开通了经中国西部前往欧洲的航班，所以在甘肃、宁夏等更偏远的省份也有机场。

1935年12月下旬，红一方面军第一师、第八十一师的几个团对甘泉东北军第六十七军的守军进行围攻；后双方达成联合抗日、互不侵犯协议，1936年1月中旬，甘泉解除包围。伦纳德从1935年开始，一直向西北的军队驻扎地或者机场空投物资、运送人力，他在回忆录中记载了西北的所见所闻。这部分资料有助于读者了解红军正式建设西北根据地机场前的情况。1936年前后，伦纳德向在甘泉被围困的1500名士兵空投馒头，他记录了空中眺望甘泉的情形[①]。

一处处带有平顶的棚屋，一条条狭窄的街巷，一堵堵低矮的围墙，壮观的城墙将这座城市围在其中。整个景象看起来仿佛是一把大刷子在一块块布条上轮流涂上白雪和泥土的颜色。这座城市就是甘泉，在中国北部算得上一座具有相当规模的重镇。眼下它正处于红军的围困之中。有

---

① 伦纳德：《我为中国飞行：蒋介石、张学良私人飞行员自述》，刘万勇译，昆仑出版社，2011。

1500名军人在城里坚守,他们属于少帅张学良的部队。我们这次装的馒头每袋大约有125磅重。伦纳德和弗兰克将装有食品的粗麻布麻袋往机舱门口处堆放。此前,为了方便飞机,在西安起飞时,已经把机舱门卸掉。等到时机成熟,伦纳德和弗兰克几乎同时伸腿踢向一个麻袋,麻袋滚出舱外。它正以极快的速度往地面降落。他们是对准甘泉中心的一块开阔的矩形地带进行空投的。头一个麻袋不偏不倚地落在了正中间,它就像一块石头,活蹦乱跳地翻滚了几下之后,突然一下子散开。士兵们呼啦一下子冲过去把麻袋抬走了。飞行员朱利叶斯再次将飞机急速跃升到2000英尺的高度,然后绕圈折返回来,进行再一次俯冲。这样的空投进行了10来次,每一次下降,都要投下去四五麻袋食品。每次俯冲时,红军的火力都变得更加猛烈,更加密集。

飞机进行倒数第二次下降时,朱利叶斯比前几次下降的高度还要低,距离地面更近。此前,伦纳德和弗兰克只是尽可能多地往下投放食品。这次,就在他们将飞机急速升起时,波音飞机的后座突然传来一阵可怕的爆裂声,机尾已经被打得有了裂缝。有枚子弹穿过机身底部,打在一个铸铁零部件上,并将其炸为碎片。这些碎片带着强大的力量四处飞溅,把飞机后座的那个隔间撞击得千疮百孔。

为了方便延安与西安之间的联络,张学良在洛川、延安都陆续建设了机场。如按伦纳德回忆，洛川机场至迟在1936年已经竣工，这里还设有"西北剿总前进指挥所"。①这之后，这些私人飞行员常前往延安运送人员与物资。据飞行员回忆，飞机上看到的延安是一座小城，位于一条狭长的山谷中间。伦纳德在上空飞行了很长一段时间，就在他已经找不到位置时，突然，他看到飞机正下方隐隐约约地出现一些小不点儿的土房子。飞机在小城周围的丘陵上空进行极低空飞行，弄明白了这里还没有被红军占领。随后，飞机定好方位，在位于两座500英尺高的小山中间的一块50码宽的狭长地带飞行，最后降落。

延安机场正是这个时期开始修建的。为方便"剿匪"期间延安与西安两地之间的联络，东北军指挥部命令（总令字108号）："六十七军在肤施县东关以东、桥儿沟以内修建延安机场，限期三个月完成任务，不得延误战机。"当时，张学良已得到线报，国民党开始寻求与共产党谈判，张学良也就更有理由自己也同共产党进行谈判。为了方便他的波音飞机来往西安与延安，东北军在洛川、延安都修筑了简易机场。

延安机场是张学良、杨虎城与中国共产党谈判的交通

---

① 史絮：《延安红色机场的历史考察（1936—1948年）》，硕士学位论文，延安大学，2021。

枢纽。早在20世纪20年代中后期,张学良控制的东北航空处实力已傲视全国,九一八事变后,他自己私人的飞机与飞行员都是顶级的,这给他往返广袤的西北提供了极大便利。正如私人飞行员回忆,如果以前从甘泉去西安,需要好几个月,而现在用波音飞机,只需要短短4小时。中共中央提出"停止内战,一致抗日"的主张,为张学良、杨虎城所接受。到1936年春,他们先后与陕北红军停战,签订互不侵犯抗日友好协定,同时在东北军及十七路军中深入进行抗日教育。

延安机场还为未来的国共第二次合作发挥重要作用。1936年1月中旬,董健吾抵达西安。为尽快与瓦窑堡取得联系,他拜谒了张学良。1936年2月21日,张学良用其私人飞机护送董健吾去延安,并请董健吾将其愿与中共联合抗日的信件一并交给毛泽东。1936年1月21日,李克农同王以哲在洛川进行首次会晤,双方就联合抗日初步交换了意见。3月16日,中共中央在得知张学良坚定的抗日决心后,派周恩来、李克农赴延安同张学良共商联合抗日。4月9日,张学良冒着风雪驾机,同王以哲、刘鼎由洛川飞抵延安。当晚同中共中央军委副主席周恩来、中共中央联络局负责人李克农在延安城外桥儿沟基督教堂进行了秘密会谈,共商救国大计。延安会谈后,中共中央任命刘鼎为中共驻东北军代表在西安开展统战工作。①张学良还用私人飞机护送潘汉年从南京飞回延安，协助邓发前往苏联，送红军慰问品救助邓小平等。

1937年1月，张学良为了表示和共产党合作的诚意，主动撤出延安。1月13日，延安机场与延安城一起被红军接管，成为中国共产党管理和使用的第一个机场，也是党的历史上首个红色机场。②中共中央进驻延安之后，延安机场成了国际反法西斯战线支援中国抗战空中交通线的重要节点。抗战爆发不久，中国空军就在初期与日作战中遭到严重损失。而抗战爆发，中国在国际上并没有获得太多支援，只有苏联，因为国共合作与本国利益，愿意支援中国。1937年8月21日，《中苏互不侵犯条约》在南京签订。《中苏互不侵犯条约》是中国开始全面抗战后第一个针对法西斯侵略的外交关系文件，这是建立在中国抗日战争基础之上的中外关系的新突破，是中苏关系发展道路上的一个重要里程碑。《中苏互不侵犯条约》最积极的意义是为苏联军事援华奠定了政治基础，根据中苏互不侵犯条约，苏联在抗日战争初期向中国提供了大量的援助，其中最知名者

---

① 史絮：《延安红色机场的历史考察（1936—1948年）》，硕士学位论文，延安大学，2021。
② 史絮：《延安红色机场的历史考察（1936—1948年）》，硕士学位论文，延安大学，2021。

即苏联援华空军。苏联空军志愿队由苏联空军总部领导主持，虽属自愿，但基本上都是经过严格挑选出来的共产党员，其中有不少是优秀飞行员。这些被选中的空军志愿队员，首先集中到莫斯科，然后经两条线路到中国：一是乘火车到阿拉木图，然后乘飞机经伊宁、乌鲁木齐到兰州；二是从外贝加尔乘飞机经蒙古国乌兰巴托到肃州，再飞兰州。自1937年年底至1941年，苏联一共向中国派遣了各类空军志愿人员包括飞行员、领航员、射击手、机械师等共3665人。1937年年底，首批空军援华志愿队约150人来到中国，差不多每隔半年左右轮换批次，人数最多的时候是1939年10月，达到425人。[①] 当时苏联对华军事援助"Z计划"的空中路线主要是从阿拉木图至兰州，中共与苏联之间的往来人员、医疗、军事物资等，大多都是从苏联空运到兰州，再由兰州空运到延安的。在抗日战争时期，包括周恩来、邓颖超、王明、林彪、任弼时、王稼祥等中共领导人都是通过这条航线往来于中苏两国。苏联派遣来华的专业技术人员也有乘机在延安抵达者，支援中国抗战，为陕甘宁边区建设提供有力支持。

延安机场曾于1938年进行过一次扩建，当时主要是平

[①] 陈开科：《中国史学中的苏联空军援华志愿队》，《湖南社会科学》2015年第4期。

整和拓宽飞机跑道。随着延安机场起降飞机频次的增加与规模的扩大，原有的土跑道已经无法满足大型飞机起降的要求。18集团军航空组成立之后，王弼又兼任了机场修筑工程处处长，领导延安机场的改建工程，将原跑道改建成"长1400米，宽30米，由石灰、碎石、黄土混合铺成的跑道"。[①] 经改建之后，延安机场的飞机起降更为频繁，当时大约每两周就从上海飞来一架邮政飞机[②]。

如果说抗战初期延安机场在苏联援华方面提供重要便利，那么抗战末期，延安机场最重要的工作之一便是欢迎美军观察组。

1938年4月底，罗斯福总统派驻中国的秘密观察员埃文斯·卡尔逊曾以美军观察员身份到达延安，回去后对陕甘宁边区情况做了客观介绍。1943年年初，美国从早日结束对日战争和自身利益出发，开始考虑与中国共产党建立联系。中缅印战区司令部政治顾问约翰·巴顿·戴维斯向美国驻华军事代表、中国战区参谋长、中缅印战区司令官史迪威提出一份派遣观察使团前往共产党控制区实地考察共产党实力的备忘录。1943年9月，史迪威以参谋长名义

---

① 陕西省地方志编纂委员会编：《陕西省志·民航志》，西安地图出版社，2001，第53页。
② 史絮：《延安红色机场的历史考察（1936—1948）》，硕士学位论文，延安大学，2021，第25页。

正式建议蒋介石：调动西北方面的国民党军队和共产党的兵力，出山西、河南，袭击平汉路，进逼郑州、武汉，以扭转中国局势。他认为拨一部分武器装备给共产党的军队，使之深入华北日军侧翼，可直接威胁平汉路和张家口地区，以减轻平汉路日军进逼的压力。史迪威的建议遭到蒋介石坚决反对，要求美国撤换史迪威，美国从对日作战出发，不同意撤换。

1944年1月，戴维斯再次向罗斯福总统助理霍普金斯提出立即派军事与政治观察团到共产党地区的建议，并认为这件事通过一般外交途径不能解决问题，应由总统直接提出请求。1944年2月9日，罗斯福致电蒋介石，说明为搜集日本在华北、东北的情报和"研究将来陆空作战的各种可能"，需要立即派遣美国军事代表团前往陕北及华北各省进行工作。蒋介石不愿美国与中共接触，没有同意。但在1944年4月，日军发动了豫湘桂战役，国民党战场大溃退后，蒋介石不得不同意美国派遣观察团的请求。美国政府为了稳定局势，先派副总统华莱士访问中国。1944年6月，华莱士率领范宣德、拉铁摩尔取道西伯利亚到中国。先在塔什干听取了美国驻苏大使哈里曼的汇报，了解苏联对中国问题的态度，得知苏联政府支持蒋介石在中国的统治地位和美国在远东的领导地位。在重庆，华莱士警告蒋介石，要"避免俄国克伦斯基政府的命运",并对国民党政府提出一些批评。他向蒋介石表示,美国愿意充当国共之间的调解人,蒋介石同意了。在6月23日的会谈中,华莱士再次提出罗斯福总统关于派军事代表团去延安的要求,蒋介石无法拒绝,被迫同意,但要求把名称改为"美军观察组",以降低规格,由陆军上校戴维·包瑞德任组长。美军中缅印战区驻延安观察组,亦称迪克西使团,成员分属于美国陆军、空军、海军、战略情报局各系统,包括政治、军事、情报、电信、医疗等各方面的人才,于7月22日和8月7日分两批乘飞机抵达延安,前后共有30余人。其任务是收集华北日军和中共方面的情报,分析共产党对战争所能做出的贡献,提供援助共产党的有效办法和为海空军作战提供气象资料。[1]

1944年7月4日,毛泽东在收悉美军观察组将于近期抵达延安的消息后,立即安排民兵平整机场跑道,并派专人研究美军飞机安全着陆问题。7月22日,美军观察组首批成员乘坐C-45运输机从重庆九龙坡机场起飞降落到延安机场时还是出了状况。美军驾驶员钱皮恩驾机安全着陆的同时正要避让后方的护航战斗机,不料美军飞机却突然向

---

[1] 石和平:《图说延安十三年》,陕西人民出版社,2020,第361—362页。

左驶出跑道，致使左螺旋桨及机身毁坏，所幸无人员受伤。第十八集团军参谋长叶剑英、副参谋长彭德怀、政治局委员周恩来等在延安机场热烈欢迎到来的美军观察组成员。观察组成员很快下机，与在机场等候多时的中共领导人一一握手问好。当天下午，延安军民迅速开始整修机场跑道，美军观察组成员看到迎接他们的中国共产党高级将领叶剑英同当地民兵们共同修筑机场的画面而深受震撼，纷纷加入修建机场的义务劳动中。8月7日，第二批成员安全抵达延安机场。"美国人和中国人共同努力，建立了一条新的飞机跑道，该跑道能供轻装的C-46、B-25、B-24和B-29飞机起飞。"1944年12月中旬，机场全面铺设完工后，在延安机场的广场上举行了火炬游行和联欢晚会。机场扩修完成后，民航志中记载，"扩修后的机场建成了一条长1400米、宽30米，由石灰、碎石、黄土混合铺成的跑道"。[1]可以确定的是，扩修后的延安机场较初建时有了大幅改善。扩修后美军飞机在延安机场起降十分频繁，"在延安，最重要也是最值得期待的事件就是飞机的到来，尤其是大约每两周从上海飞来一次的送信的飞机"。延安机场为美军观察组支援延安地区抗战、第一时间运输战略物资搭建起空中桥梁。

---

[1] 史絮：《延安红色机场的历史考察（1936—1948年）》，硕士学位论文，延安大学，2021，第24页。

1945年8月20日,汪伪空军飞行员周致和等人驾机起义,驾驶"建国"号日制立川"九九"式双发单翼运输机从扬州飞抵延安,王弼、常乾坤等赴机场迎接。21日,朱德、叶剑英、罗瑞卿、杨尚昆等在延安八路军总部接见起义人员,叶剑英亲自宣布将"建国"号更名为"820"号。"820"号飞机也成了八路军第一架飞机(红军的第三架飞机)。为保护个人安全,周致和改名为蔡云翔加入了航空组。

第二章

东北老航校在通化时期的创业历程

1945年8月9日，苏联红军出兵东北；8月15日，日本战败投降。8月末，中共冀热辽军区进入东北，东北局势为之一变。9月，成立东北局，全权代表中央指导东北地区一切党组织和党员活动，东北民主联军航空学校正是在这一时期开启了建设与发展的历程，而后来的东北老航校名称也是因此而起，通化这座东北城市则是东北老航校的发轫之地。

第一节　抗战结束与东北局势

"从我们党，从中国革命的最近将来的前途看，东北是特别重要的。"毛主席在中共七大后增补委员的说明中对东北有期待与重视。1921年中国共产党成立之后，东北一直活跃着共产党人的身影。1923年，东北第一个党组织哈尔滨组成立，到1931年之后活跃着的抗日义勇军，中国共产党始终与东北人民战斗在一起。

早在1942年夏，中共中央认真研究了国际和国内局势后，认为在战后相当一段时期，整个国际局势是"民主派各界合作的统一战线的民主共和国局面，中国必须经过民主共和国才能进入社会主义"。国民党既可能和中共合作，也可能发起内战。当时，中共中央认为新四军及黄河以南的部队必须集中到华北去，甚至整个八路军、新四军都"须集中到东三省去，方能取得国共继续合作的条件"。①山东干部也一向有前往东北（比如大连）工作的经验，战后，胶东军区向东北战略进军便是当时的设想，由此，中央对东北的认识也愈加成熟。胶东军区在1941年按照白区工作方针，陆续派同志前往曾经工作过的大连开展工作。1942年，中共北方分局为加强对东北的战略侦察和派遣工作，派赵濯华、张化东、杨雨民等人到冀东解放区，成立东北工作委员会，书记李运昌，副书记赵濯华。

1944年，中共中央决定：晋察冀分局及其所属之党中区党委和冀热区党委、山东分局及其所属之胶东区党委，各组一个满洲工作委员会，专门负责动员和领导一切可能的力量，开展满洲工作。这五个委员会的工作分头进行，"均直接受中央城市工作部领导，并与该部通报"，可由分局电台转发。②

1944年5月21日至1945年4月20日，中共扩大的

---

① 《关于掌握山东问题的指示》，1942年7月9日毛泽东致刘少奇，中央档案馆：《中共中央文件选集》，第13册，中共中央党校出版社1991年版，第419—420页。
② 《中央关于开展满洲工作给晋察冀分局的指示》，1944年9月4日，中央档案馆：《中共中央文件选集》，第14册，中共中央党校出版社1991年版，第321页。

六届七中全会在延安召开。毛泽东在会议上指出："中国的国土，蒋介石丢到哪里，我们就到哪里。还要准备几千干部到满洲去。"晋察军区因为靠近辽宁、热河，1944年3月，军区接到指示（抗战胜利后的冀热辽分局和军区是隶属于晋察冀中央局和军区的），以后的具体任务是"在广泛开展游击战争中，建立多块游击根据地，并把向东北方面发展作为主要方向。要在长城内外，北宁路南、北，滦河东、西，广泛开展游击战，建设热南山地"。1945年12月15日，毛泽东同志发表《一九四五年的任务》，指出"我们必须把一切守备薄弱在我现有条件下能够攻克的沦陷区，全部化为解放区，迫使敌人处于极端狭窄的城市交通要道之中，被我们包围得紧紧的，等到各方面条件成熟了，就将敌人完全驱逐出去"。12月18日，毛泽东同志指示晋察冀："努力向雁北、绥东、察哈尔、热河及冀东敌占区发展，扩大解放区，同时努力从事城市工作。"①

在抗日战争即将取得胜利的前夜，1945年4月23日至6月11日，中国共产党第七次全国代表大会在延安召开。毛泽东在七大书面政治报告中指出："在沦陷区中，东北四省沦陷最久，又是日本侵略者的产业中心和屯兵要地，我

---

① 程子华：《程子华回忆录》，解放军出版社，1987，第282—283页。

们应当加紧那里的地下工作。对于流亡到关内的东北人民，应当加紧团结他们，准备收复失地。"5月31日，毛泽东做大会结论，再次说明："东北是一个极其重要的区域，将来有可能在我们的领导下。如果东北能在我们领导之下，那对中国革命有什么意义呢？我看可以这样说，我们的胜利就有了基础，也就是确定了我们的胜利。我们现在的根据地都不巩固，没有工业，没有重工业，没有机械化的军队，有灭亡的危险。所以，我们要争城市，要争那么一个整块的地方。如果我们有了一大块整个的根据地，包括东北在内，就全国范围来说，中国革命的胜利就有了基础。如果我们有了东北，大城市和根据地打成一片，那么我们在全国的胜利，就有了巩固的基础。"6月10日，毛泽东在谈到选举候补中央委员问题时指明："关于东北问题，我觉得这次要有东北地区的同志当选才好。东北是很重要的，从我们党，从中国革命的最近将来的前途看，东北是特别重要的。如果我们把现有的一切根据地都丢了，只要我们有了东北，那么中国革命就有了巩固的基础。当然，其他根据地没有丢，我们又有了东北，中国革命的基础就更巩固了。"依此，"七大"选举了东北籍的万毅、吕正操为中央候补委员。

正是中共中央早期的东北战略决策，才有东北光复之后,中央迅速地决定出兵东北。

东北地大物博,资源丰富,产业规模化优势显著。

面积辽阔。在九一八事变以前,我们所谓东北,是指东北三省,即奉天、吉林、黑龙江,但自九一八事变以后,尤其自伪满出现后,几并热河及蒙古东部,遂包括我四五省之地域。至1934年12月,废除原四省的名称,划分全东北为奉天、吉林、滨江、龙江、锦州、安东、热河、三江、间岛、黑河等十伪省,旋又发兴安总署,设兴安东、西、南、北四伪省,并废止哈尔滨特别市。1938年新设通化、牡丹江二省。1939年增设东安、北安二省。1941年7月新设伪四平省。1943年10月1日,又将牡丹江、间岛、东安三省地区,改为伪东满总省,兴安东、西、南、北四儒省地区,改为伪兴安总省,另设伪总省长,赋以强力及广泛的补限。所以伪满的行政区域,到这个阶段,有东满与兴安总省,奉天、四平、吉林、滨江、龙江、锦州、安东、热河、三江、通化、北安、黑河等十二省,及一伪新京特别市(长春)。总面积约1306603平方公里(内关东州3462平方公里),约占我国总面积(11209558平方公里,内含外蒙古1612912平方公里,并加入台湾36000平方公里）12%。①

位置险要。东北的位置在我国的东北部，西连内蒙古，北界黑龙江，东隔乌苏里江，邻接苏联，东南部毗连朝鲜，以图们江与鸭绿江为界，南临黄海与渤海，西南界万里长城，毗连河北。②

产业分布。满洲矿业开发会社；钢铁类企业：昭和制钢所，本溪湖煤矿公司，东边道开发会社；煤类企业：满洲炭矿会社，本溪湖煤矿公司，东边道开发会社，满铁抚顺炭矿；金矿类企业：满洲采金会社、满洲矿山会社；非铁金属类：满洲矿山会社；轻金属类：满洲轻金属制造会社；石油类企业：满洲石油会社。各种工业关系会社有：电力：满洲电业会社，鸭绿江水力发电会社，水利电气建设局；液体燃料：满洲合成燃料会社，满洲油化工业会社，抚顺制油工场，抚顺燃化工场；汽车类：同和汽车工业会社；飞机类：满洲飞机制造会社；武器弹药类：奉天造兵所；电气化学：满洲电气化学工业会社；碳酸钠碱工业：满洲曹达会社。上述所举不过大者，其他各种开发会社甚多。③

在产业分布中，与后期航校初建时搜寻物资相关者甚

---

① 詹自佑：《东北的资源》，东方经济研究所，1946，第9页。
② 詹自佑：《东北的资源》，东方经济研究所，1946，第10页。
③ 詹自佑：《东北的资源》，东方经济研究所，1946，第35—36页。

多。至此已可看出，日本殖民统治东北时期对资源的开发利用，东北若为中共所有，"只要我们有了东北，那么中国革命就有了巩固的基础"。

8月9日，苏联红军进军东北，仅用半个月时间，基本瓦解了60余万日本精锐关东军。1945年8月15日，日本投降。8月11日，延安总部命令各路解放军向辽吉热察绥等省挺进。总司令朱德发表第二号命令如下：

为配合苏联红军进入中国境内作战，并准备接受日"满"敌伪投降，我命令：一、原东北军吕正操所部，由山西绥远现地，向察哈尔、热河进发。二、原东北军张学诗所部，由河北、察哈尔现地，向热河、辽宁进发。三、原东北军万毅所部，由山东、河北现地，向辽宁进发。四、现驻河北、热河、辽宁边境李运昌所部，即日向辽宁、吉林进发。①

冀热辽党委和军区在接到总司令第二号令起，便积极动员起来。由第十六军分区组成的东路军向山海关进发。东路军分区司令员曾克林，副政委唐凯，参谋长王珩、张化东。8月30日，与前来的苏联红军一起，解放山海关。曾克林的这支部队将与老航校的命运产生深刻关系，一切从他向沈阳进发开始。

---

① 《延安总部命令各路解放军向辽吉热察绥等省挺进》，《解放日报》1945年8月12日，第1版。

第二章 | 东北老航校在通化时期的创业历程

9月3日15时，曾克林部乘火车开赴沈阳，沿途每到一站，都留下一些部队和随军地方干部接管当地政权。9月4日中午，专列到达锦州市，经与驻锦苏军协商，留下500余人接管锦州，同时，苏联红军还分拨给他们北大营伪满军队武器弹药。9月6日到达沈阳。起初，苏联红军对这支队伍态度不明，但看到沈阳百姓热烈欢迎解放军队伍，便立刻改变了态度。

随苏联红军一起来到东北的，还有重返祖国的东北抗联教导旅。在沈阳的冯仲云同志电告周保中沈阳的情况，周保中便立即向华西列夫斯基元帅求助飞机去延安，华西列夫斯基元帅当即命令驻东北苏军总司令马林诺夫斯基准备飞机，并派懂中文的中校贝鲁罗索夫为代表先赴沈阳。经苏军驻沈阳卫戍司令部找到曾克林，贝鲁罗索夫与曾克林一起飞延安，冯仲云将抗联给中共中央的信件交给曾克林代办。

9月14日上午，专机抵达延安，中共中央派出会讲俄语的中央秘书长杨尚昆、军委一局局长伍修权到机场迎接，将其安排在军委所在地王家坪住下。

当晚至次日凌晨，中央政治局召开会议，集中研讨东北问题。会议听取了曾克林同志的报告，成立东北中央局，以彭真为书记，陈云、伍修权、程子华、林枫为委员，立即搭乘来延飞机前往东北工作,全权代表中央指导东北地区一切党组织和党员活动,并与苏军建立联系,协调行动。东北局办事处暂设在沈阳。

第二节　航校在通化的筹备：人员、器材、油料

抗日战争胜利之后，国内的革命形势有了新的发展，党中央决定成立自己的航校，培养未来人民空军的骨干。"中共中央预见到被日本帝国主义占据多年的中国东北地区会留下一些机场、工厂和飞机，当即决定利用这一条件在东北创办航校。"① 日军侵略东北之后，为预备对苏作战，在东北囤积了大量的作战飞机，修建了大量机场，1942 年，苏联与日本签订中立条约，日苏之间在中国东北直接冲突的可能性降低。太平洋战争爆发后，日本将原本配置在中国东北的先进作战飞机转入太平洋战场。1944 年后，随着美军进攻的步伐逐渐逼近日本本土，日本开始将国内的航空训练机构向中国东北转移。1944 年 3 月，日军在东北成立了日本关东军第二航空军 101 教育飞行团，下辖 8 个教育飞行队。配备了"隼"式战斗机，"九五"式教练机等各型飞机 150 余架，分驻沈阳、长春、齐齐哈尔、佳木斯等地。1945 年，日军大本营将国内的陆军航空士官学校第五十九

---

① 姚峻：《中国航空史》，大象出版社，1998，第 144 页。

期新生全部转移到中国东北进行初级飞行训练。陆军航空士官学校是日军最重要的飞行员教育机构，转移到东北的人数约4500人，组建了5个飞行训练中队，分别进驻牡丹江、海浪、平安等地机场，配备了各型教练机近700架。除此之外，日本关东军第二航空军也驻扎在中国东北地区。日本关东军第二航空军下辖训练部队、飞行侦察部队、作战部队以及后勤补给部队，配备了100余架各类作战飞机。此外，伪满洲国还编有三个飞行队，当时在中国东北，各类可用于作战及训练的日式飞机有近千架。"东北所有机场都得到了一定的维护和扩建，几乎都驻有日本的航空人员和飞机。"[1]第101教育飞行团隶属于日本关东军第二航空军。

苏军对日宣战仅仅6天之后，日本便宣布投降，大量日军航空部队滞留在东北无法撤走，大部分飞机或被苏军破坏，或被苏军缴获运走。但部分地处偏远的机场仍然有一些无人接收、暂未受损的飞机，此外，东北的机场、修理厂等航空设施也大多完好，具备组建航校的客观条件。

基于此，中央决定把我党多年培养和储备的一些干部派到东北，设法创办航空学校，建立人民空军培养干部。1945年9月18日，彭真、伍修权、陈云、叶季壮等同志到达沈阳，组成东北民主联军总部，中央任命伍修权为参谋长，

---

[1] 吕黎平：《吕黎平回忆录》，中国农业科学技术出版社，2002，第376页。

第二章 | 东北老航校在通化时期的创业历程 ★

具体负责航校筹建工作。

毛泽东、朱德、周恩来、彭德怀等我党我军领导人都对创设航校做出了具体指示。当时王弼等航空组人员正忙于接收日军在张北、灵丘以及张家口等地的机场、飞机以及航空器材,并于1945年9月在张家口成立了晋察冀军区航空站,由王弼担任站长,10月中旬,王弼赴东北之后,航空站由油江担任站长。航空站全站共有机务、修理人员80余人,"大部分工作是进行人员培训,曾组织修理过日本飞机残骸。1946年,修理好一架'九九'高级教练机,结果被国民党飞机偷袭击毁。张家口航空站曾负责接待军调

从1945年9月开始,延安航空组人员千里跋涉,分批奔赴东北筹建航校

部三人执行小组,负责飞机起降的指挥安全,接待周恩来副主席、张治中和马歇尔及其一行"。①

王弼在完成组建张家口航空站的工作之后,就遵照中央指示赴东北筹建航校。1945年9、10月间,王弼、常乾坤等航空组成员共分三批进入东北。第一批是由在苏联学习过航空技术的刘风与起义加入航空组的蔡云翔等5人组成,于9月从张家口出发。10月初,航空组成员魏坚、林征率领第二批干部及家属共20人由延安出发。10月中旬,由常乾坤率领第三批赴东北干部30余人从陆路奔赴东北。稍晚一些时候,在张家口的王弼也乘坐沈阳航空队的飞机飞赴东北,飞机在凌源着陆时损坏,王弼又换乘火车至朝阳与常乾坤等人会合。留在张家口航空站的部分干部,如场务科长熊焰、修理厂厂长胡华钦、副厂长徐昌裕以及日籍飞行员长谷川等人也先后离开张家口进入东北。

此时,他们得知曾克林部在接管凤凰城时,遇到了一支300人的航空大队。1945年8月25日,曾克林和唐凯率领冀热辽军区16分区,遵照朱德总司令向解放区所有武装部队发布的第二号大反攻命令,配合苏军向战略重地东北挺进,于9月5日到达沈阳。进驻沈阳后,曾克林部首先

---

① 姜长英:《中国航空史》,清华大学出版社,2000,第200页。

第二章 | 东北老航校在通化时期的创业历程

为筹建航校，各路人马顶风冒雪向东北进发

解散了伪警备司令部，成立了以曾克林为司令、唐凯为政委、张化东为副司令、汤从烈为政治部主任的东北人民自治军沈阳卫戍区。在东北人民群众的支持下，我军粉碎了伪满政权，发展了人民武装，迅速控制了混乱的局面。9月18日，曾克林随同彭真、陈云、伍修权、叶季壮等同志乘机返回沈阳。

当时，在沈阳附近的辽阳、奉集堡机场，驻扎着日本关东军第二航空军第四练成飞行大队。该大队编有300余人①，各型飞机40多架，是日本空军的一支机动性部队，它担负着使用"隼"式战斗机训练从其他兵种调来的初级指挥官和学生出身的见习官兵的任务。

日本宣布无条件投降后，这支部队既不向苏军缴械，也不向我军投降，而是向南行走，企图寻找机会回国。9月底，曾克林部二十一旅二十一团一营接管凤凰城时，这支大队成员在大队长林弥一郎的带领下，逃往距凤凰城5公里的西南。曾克林和唐凯政委得知这一情况后，为防止这股敌人危害群众，同时，也为了争取他们为我军服务，命令二十一旅十二团将其包围，并决定立即派出谈判小组，上山劝降。

曾克林回忆道：我和唐凯同志决定和平收编林弥一郎飞行大队。随后，我令二十一旅组织精干的谈判小组，上山劝降。我方谈判小组由5人组成，以十二团二连指导员聂遵善为代表，由凤凰城伪副县长三桥（日本人）带路并兼翻译，与林弥一郎谈判日空军向我军投降事宜。谈判开始时，林弥一郎深感侵华罪行严重，对向我军投降顾虑重重。聂指导员义正词严地指出，日军兵败军散，退路切断，下山投降是唯一的出路。接着又向日军交代了我军优待俘虏

---

① 日本防务省防卫厅编写的资料显示，第四练成大队在1944年的人数为449人。

的政策。他说,"你们投降前在中国境内参加了战争。但是,这不是你们的意愿。你们是在日本军国主义分子驱使下被迫参加了战争。战争期间,你们及你们的家属都蒙受了灾难,所以你们也是受害者。过去我们是敌人,现在战争结束了,如果明白上述道理,交出武器,我们就把你们当作朋友,以礼相待"。

谈判过程中,日方几次探询我方代表的官衔,聂指导员回答说,"我是旅政治委员特命全权代表,军衔不大,但言必有信"。这番话使林弥一郎解除了顾虑,他召集几位日军负责人商量后,决定向我军缴械,并下山投降。

接着,聂指导员对林弥一郎说,"你们愿意和平接受投降,我们表示欢迎,并愿意尽可能为你们提供方便。我们为你们选定了一个离这里不远、条件稍好的宿营地,请你明天把队伍带到那里,交出武器,我军将为你们举行受降仪式"。

第二天,二十一旅旅部一部分干部战士提前到受降地点做了准备,在那里摆了一张六尺多长、三尺多宽的桌子。为了避免日军难堪,担任警戒的我军战士站在较远的地方。当林弥一郎带领队伍来到指定地点时,二十一旅的代表对林弥一郎说:"请你们把飞行器具放在桌子上,武器放在地上,军官的指挥刀不愿上交的可以不交,这是对你们的诚意做出的让步。"就这样，日本航空队员边走边把飞行器具和武器交了出来，缴械就在平静的气氛中结束了。

这就是曾克林将军回忆中收编林弥一郎飞行队的过程。现在看来，解放军的心胸气概仍然令人钦佩，难怪林弥一郎回忆说："以前看新闻片中有关缴械的描述和画面时，都是在刺刀的威逼下被迫交出武器，那场面难堪之极。但这次对我们的缴械则全然不同，没有一个端着刺刀的士兵。当时，我最强烈的感受是，第一，对方百分之百地守信用；第二，尽量回避使用解除武装一词，而是使用交出武器的说法，避免了使我们感到难堪和悲哀，这使我们很受感动。"

日本航空队被解除武装后，分散居住在当地老百姓家里，曾克林部给他们送去了充足的大米——那时候，来到东北的解放军部队的供给并没有那么富裕，而到1945年底，部队供应也开始紧张，就是这样，解放军部队还是用着中国人民最传统的待客之道招待飞行大队的日本人。这个时候，可以说他们完全没有受到歧视，过着愉快的生活。

几天之后，曾克林部又设宴招待了林弥一郎飞行大队。宴会上，对他们接受我军缴械表示欢迎，并设宴招待了他们的代表。宴会设在一间教室里，桌上摆着丰盛的酒菜。席间，曾克林和唐凯同志不断向他们劝酒，气氛非常友好。饭后，曾克林和唐凯同志又找到林弥一郎等人谈话，向他们交代了我军宽待俘虏的政策,要求他们回到辽阳和奉集堡机场看管好飞机,在实际工作中将功赎罪。留他们在凤凰城住了一夜,第二天,林弥一郎飞行大队就要回到原驻地了,曾克林为他们准备了一份厚礼。他说:"给你们准备了点肉带回去。"林弥一郎直觉也只是"一点肉",结果,礼物送到,又让他大吃一惊!是5头牛和50只羊![1]

林弥一郎飞行大队收编的事情,是10月中旬由曾克林向东北局的同志报告的。

当时担任东北民主联军总参谋长的伍修权受中央委派负责筹建航校的工作,听说此事后,立即与彭真等人商议,决定将这批日本航空技术人员争取过来,为创办航校服务。这也是前文笔者言道,曾克林部与东北老航校的创建颇有渊源的关系所在。伍修权在9月飞回延安,向中共中央报告了入关东北的所见所闻,客观促成了"向北发展,向南防御"战略政策的提出;而他从延安回来遇到林弥一郎的部队并巧妙收编,又为我军发展航空事业打下了人力基础。

很快,彭真与伍修权就将日本飞行队领队林弥一郎(后改名林保毅)召至沈阳,由伍修权出面与林弥一郎谈话。伍修权"对他们讲明了我党战后对待日本战俘的基本态度

---

[1] 曾克林:《曾克林将军自述》,辽宁人民出版社,1997,第130页。

和政策，指明日本侵华战争是少数日本军国主义分子挑起的，侵略战争的责任应由日本军国主义分子承担，对一般日本军人我们加以保护。通过晓以大义，直截了当地要求他们留下来，为我们训练航空人员"。[①] 林弥一郎率领的这支飞行队主要担负训练"隼"式战斗机飞行员的工作，当时这支飞行队的大部分人试图离开沈阳向南寻求回国机会。在伍修权提出要求林弥一郎等人留在东北参与航校建设之后，林弥一郎提出几个具体条件，包括要求东北人民自治军总部（以下简称"东总"）不能以俘虏对待飞行队人员，要保证飞行教练人员有研究、工作和严格要求学生的权利，要保证飞行教练人员的生活习惯，要保证随军家属的生活待遇等。这些条件"东总"全部同意。伍修权为了表示我党我军的诚意，还特意将自己的配枪赠送给了刚刚被缴械的林弥一郎。

伍修权的回忆中，是林弥一郎要求伍修权把随身携带的勃朗宁送给他的：

在会见中还发生了这样一件事，一个名叫林弥一郎的日本空军军官，是这批日本空军人员的头头，看到我身上佩戴着一支十分精致的小手枪，想要我送给他作为纪念。

[①] 东北老航校建校四十周年纪念册编委会：《东北老航校建校四十周年纪念册》，1986，第58页。

这支枪已伴随我多年，既是一件很适用的武器，又是一件很有意义的革命纪念物。可是现在这个与我们为敌多年、刚刚放下武器的人却想要得到它，这几乎是不太可能的事。但是，我一想到他所以向我要这支手枪，也许是有意试探我们对他们是否信任，对他们的友善态度是否真诚，我如果马上拒绝了，势必引起对方的疑虑和误解。我在经过短暂的认真考虑后，毅然决定将这件心爱的自卫武器送给了他。我也考虑到给了他这支小手枪，他也造不起反来。但我的这一举动和谈话竟使这个日本人及其同伴们又惊又喜，十分感动。①

林弥一郎在其回忆录中特别记录了此事，"我被这突然的场面惊呆了，接过手枪不知所措。仅仅在四五天前，我们刚刚交出自己的手枪，而且我们还没有出任何力，也没有肯定地答应下来，他就把自己心爱的、贵重的、有纪念意义的手枪慷慨地赠送给一个尚没有建立信赖关系的人，作为日本人是做不出这种事的。这件事突出地反映了中国领导人有气魄、有度量，而且有感染力和人情味"。② 回到飞行队驻地后，林弥一郎将和伍修权的会面经过详细告知

---

① 伍修权：《回忆与怀念》，中共中央党校出版社，1991，第206页。
② [日]林弥一郎：《我和中国》，载张开帙、麦林主编《东北老航校》上册，蓝天出版社，2001，第81页。

了飞行队众人，飞行队上下都被"东总"的诚意所打动，除了三四十人坚持复员回国之外，其余300多人都表示愿意参与航校筹建工作。其中飞行员近20人，机械师20余人，机械员70余人，其他气象、通讯等地勤人员近200人。

日本航空队的队员一直在学校教学到1952年前后，共培养出各种航空技术干部560名，其中飞行员126名，机务人员322名，领航员24名，场站、气象、通讯、仪表、参谋人员88名。这些人员后来大都成了建设人民空军、创办和发展新中国航空工业和民航事业的骨干。刘玉堤、张积慧、李汉、王海等人，都是这所航校初期培养出来的飞行员。到1958年8月，日本留用航空技术人员陆续回国了。他们都视中国为第二故乡，把在东北老航校工作的经历视为一生中最光荣的一段历史。这些日本人和航校建立了深厚的友谊，他们回国后成立航七会和日中和平友好会，多次组团来华访问，"探望旧友"。

其中，还有一个小插曲。1945年12月15日，部队刚转到通化不久，机务人员修好了一架飞机，林保毅（林弥一郎）亲自试飞，不幸的是飞机起飞时发生事故摔了下来，林保毅负了重伤，医院全力抢救。几个小时后，当他苏醒过来，看到大家守护在他的身旁，都十分关心他时，感动得热泪盈眶。林保毅以后常说，那次负伤苏醒过来时，看见中国同志关切地守护在他身边，深受感动，使他进一步加深了对共产党、八路军的认识，对他以后的思想转变有很大影响。后来他在工作中一直认真负责，为我们培训飞行人员做出了贡献，直到1956年才返回日本。

1977年5月，林弥一郎来华访问，时任中国人民解放军副总参谋长的伍修权同志设宴款待，他说，我们一起吃顿饭，叙旧，今天不谈公事，这是家庭气氛的宴会，我把夫人、女儿都带来了，不必客气。席间，伍修权同志提到当年赠予的那支手枪，他说，当年，我把自己腰间的手枪抽出来给你们，我至今仍然记得清楚。后来，你和你的300名部下给了我们很大帮助，对此我们非常感谢，永远不会忘记。今天我们又见面了，我希望把今天作为一个转机，希望你为中日友好再次发挥作用。林弥一郎非常激动，一再感谢。

林弥一郎的飞行队拥有一批具有实战经验和训练经验，熟悉飞机修理、养护等工作的驾驶员与机务人员。这为建立我军建制化的航空队提供了非常重要的人力资源基础。不过，当时飞机严重短缺，无法满足教学使用。日本投降之前，沈阳的"满洲航空株式会社"和"满洲飞行机制造株式会社"① 以及哈尔滨、牡丹江等地的小型工厂除了可以修理飞机之外，也能够生产一些航空材料。但是，苏军进驻东北之后，这些飞机以及材料大多被就地破坏或销毁，沈阳机场的教练机以及奉集堡机场的战斗机都被摧毁，无法供教学使用。

1945年11月初，刘风带蔡云翔、田杰、陈明球、顾青由张家口来到沈阳，东北局决定就派他们组织日本机务人员修理尚能修复的飞机。由于管理人员太少，刘风到东北局组织部临时要来两个干部：一个是随中央党校干部团刚到沈阳的张保中同志，让他暂时管生活；另一个是从延安调来准备学习飞行的张凤歧同志，让他暂时管其他具体事务工作。为了便于管理日本航空队，蔡云翔把在沈阳刚认识的一个当地的国高毕业生找来当翻译。就这样，刘风、蔡云翔等9个中国人加上林保毅部队的300多个日本人，组织成"沈阳航空队"——这是老航校在1946年建校前，一直用的名称。内部外部都这样叫，同志们也用这个名义开展工作，不过一直没有组织编制和领导机构，除宣布黄乃一任政委外，其他领导干部都没有正式任命。为此，

---

① 飞机厂本是"满航"维修部门改设，基地在沈阳东塔飞行场。1944年秋，沈阳工厂开始受空袭，此后将部分生产部门迁移到哈尔滨、公主岭。这也是后来老航校在搜寻器材时于此二地有所收获的原因所在。

黄乃一曾向总部请示，总部答复："等常乾坤、王弼同志到达后再说。"这个问题，一直到正式成立航空总队时才解决。

9个中国人（包括临时找来的日文翻译），要管理300多个日本人，困难可想而知！要出任务搜集器材、修理飞机时，就一个中国人带上一批日本人，拿着一封总部的介绍信去目的地机场，在当地驻军协助下工作。当时社会环境很不安定，为防备发生意外，同志们每天晚上都"枕戈待旦"，手枪顶上子弹放在枕头下睡觉。这算航空总队成立前的过渡时期。[①]

1945年11月9日，伍修权同志找航空队黄乃一政委谈话。第二天，东北局书记彭真同志又找他谈了话。谈话的内容大致相同，在讲了沈阳和整个东北的情况及战局形势、讲了中央对在东北办航校的条件和决心之后，着重对航空队当前的主要任务、对起义人员的工作方针、对日本技术人员的工作方针，以及对筹办航校在招生和训练工作方面的方针等，做了明确而具体的指示。

关于"航空队"当前的任务，领导们提出：主要是发动群众搜集航空器材；组织日本机务技术人员抓紧修理飞机；

---

① 黄乃一：《东北老航校诞生前后》，载张开帙、麦林主编《东北老航校》上册，蓝天出版社，2001。

学过飞行的同志要尽快恢复飞行,熟练和掌握飞行技术,为航空运输和建立航校创造条件。日后老航校在发展过程中,都是遵循这几条意见来的。关于对起义人员的工作方针,对待起义归来的人,要始终保持热情欢迎的态度。有的人历史、社会关系复杂,最关心对他是否信任。他们起义过来并不容易,要冒很大风险,应该信任他们。工作安排上要让他们有职有权,敢于大胆工作。信任他们,就要了解其思想和经历,了解不是追究历史问题,而是为了帮助他们提高革命觉悟。要耐心细致地帮助他们克服缺点、弱点,对生活、作风上的问题,要教育启发其提高觉悟,不宜操之过急,也不能放任自流。

关于对日本留用技术人员的工作方针,林保毅的部队是侵华空军,受法西斯和武士道的毒害较深,现在之所以答应为我们效力,主要是由于日本战败,他们一时无路可走,为了生活迫不得已,而不是自愿,更不是有什么觉悟,他们是经我军说服才向我们缴械投降的。但他们既然愿意帮助我们培训飞行员,当老师,我们就不能把他们当俘虏对待。我们的方针是生活上优待,人格上尊重,工作上严格要求,思想上尽力帮助。这批人究竟能为我们工作多久,能否尽力地为我们工作,一方面要看整个形势的发展,另一方面更重要的是要看我们的工作,看我们能否按照党的正确方针政策做好教育争取工作。日本人十分强调"军人以服从为天职"。林保毅能率部投降，部队也表示愿为我们效力，这说明他在部队中是有一定威望的，部队还是听他的话的。要教育争取所有的日本留用人员，关键是做好他的工作，使他心悦诚服。在以后的工作中，我们注意做林保毅的工作，取得了较好的效果。

关于办航校首先遇到的招生问题，东北在日本和伪满统治下十几年，目前刚解放，不宜就地招考飞行学生，应考虑从部队选调。究竟选什么样的人，特别是飞行学员需要什么条件，可征求起义人员和日本飞行人员的意见，和他们研究后提出。后来，同志们在征求起义人员和日本飞行人员的意见时，有的人强调文化高、身体好、年轻、聪明等等，而林保毅的意见却出乎大家的意料。林保毅说："你们要选的飞行学生，是你们将来建设空军的骨干。飞行员上了天他就是飞机的主宰，空中虽然有空域的划分，但那只是假设，空中没有万里长城。地面虽有无线电指挥，但听不听你指挥是飞行员头脑里的事。因此，选飞行学生，首先和最重要的条件，是忠实。"那时候，林保毅还不会说个人服从组织这样的话，但他第一个强调的是政治条件。随后，林保毅又提出飞行学员文化水平、身体、年龄等条件的要求和理由。虽然日后的招考，有部分学生的文化条件没有达到当时的设想，但从林保毅的谈话中，共产党人感受到他对培训航空人才的意见是诚恳的，态度是诚实的，工作也是认真的。后来因有的学生文化水平低，学习困难，有的教员和干部产生埋怨情绪甚至主张淘汰，而林保毅和其他主要日本飞行教员仍然耐心带飞，终于让这些学生飞出来了，有的学生在抗美援朝空战中还成了战斗英雄。

于是，根据上级的要求和我们研究的结果，招收飞行学生的条件，当时主要提出了以下几条：一要出身较好，来历清楚，有较高的阶级觉悟；二要体检合格；三要年轻；四要有一定文化水平。

办校的训练方针，不能像美国、苏联和国民党那样，一训练就是三四年，最少二年。革命战争和当时形势需要在最短的时期内培养出自己的飞行员和飞机修理人员。中国共产党人再一次从实际出发，从部队选调来的学生的文化水平不高，就用师傅带徒弟的办法，进行实物教学。比如学修理的，用坏发动机拆卸解剖，每个零件叫什么名称，装在什么部位，起什么作用，工作起来怎样是正常的，怎样是不正常的，如何修理，知道是什么怎么用就行了。非学不可的原理，也只要求先知其然，暂不要求知其所以然。先学实际操作，尽快学会修理飞机、驾驶飞机，以后环境和条件允许，再从理论上学习提高。

实践证明，这些方针是适合当时情况的，是正确的。

1945年11月13日，在沈阳，伍修权同志找黄乃一、刘风同志研究筹办航校的有关问题，这是沈阳航空队成立以后，东北局提出办航校的具体决定。伍修权同志说："在东北办航校是党中央的决定，东北局要我们成立一个航空委员会来加强这方面的领导，指定我负责组建并兼任委员会主任。"接着就提出了筹备委员会的名单。

翌日，东北航空委员会成立。黄乃一、刘风、蔡云翔和林保毅去开会。伍修权同志讲道："中共中央要我们在东北创办航校，东北局决定成立一个航空委员会来加强对航空事业的领导。这个委员会，暂由我、黄乃一、刘风、蔡云翔、林保毅共5人组成。我兼主任，黄乃一兼秘书长。我们党早年培养并一直从事航空研究的常乾坤、王弼2位同志也是委员会成员，他们现在在延安赴东北的途中。委员会近期的主要任务是领导筹建航校。鉴于目前形势和具体条件，办航校不能照搬人家的老办法，不能等什么都准备好了再招生进行教育和训练，应学习和发扬抗大精神，尽快接收学生，教职学员一起动手，边建校、边训练，用最快的速度，在最短的时间内，为中国人民早日培养出自己的飞行员和飞机修理人员。"

会议决定了当前要抓紧进行的几项工作：第一，由刘风主要负责，组织人员去各地修理飞机和搜集航材航油，先从营口、大连、锦州等地开始，由南向北，飞机修好一架，飞回沈阳一架。

第二，由黄乃一负责，征求各方面的意见，提出招收学生的条件。学生来源、训练方针以及航校机构的设置等方案，交委员会下次会议讨论通过后，报总部审批。

第三，为了便于开展工作，应尽快把现有人员组织起来，正式成立航空队，按军队办法实施管理。

东北航空委员会成立之后，刘风马上在东总的安排下与苏军交涉接收日本航空器材的工作。共获得3架单发小飞机、1架双座野外救护机以及2架小型运输机。蔡云翔曾驾驶运输机赴张家口接运赴东北的干部，一架飞机留在了张家口，另一架因接运王弼等人在凌源着陆时受损。此时摆在东北航空委员会面前的首要任务，就是为航校的建立尽可能收集飞机、航空器材以及燃油。航空委员会在成立后的首次会议上决定在王弼、常乾坤等人抵达东北之前，由刘风负责搜集航空材料、燃油以及修理飞机的工作；黄乃一则负责制定航校招生章程、训练方针、机构设置等工作。然而受战局影响，航校的筹备工作开展得并不顺利。

1945年11月下旬国民党军队进攻沈阳，东北局及东总要撤出沈阳向本溪、抚顺转移。

当时，国民党军以两个军突进东北并向锦州急进。迎战国民党部队的解放军部队，都是刚进入东北的部队，十分疲劳，且弹药不全，指挥通信不畅，没有根据地，没有群众基础，调兵增援也来不及。如果在这种情况下执意与全副武装的国民党军一战，难以达到中共中央"全力歼敌，消灭两个军，给蒋以决定性打击"的愿望。

东北局认为分析符合当时的实际情况，同意避战，并报请中共中央批准。11月28日，中共中央军委批准林彪的建议，避战锦州是正确的。随后，驻锦州市内的机关主动撤出。12月起，我军以半个月时间进行整训。按照计划，山东第一师、华中第三师先后撤离锦北地区，经义县、清河边门转移至阜新地区整训；山东第二师返回北镇、黑山一带守备；山东第七师并指挥第十九旅，东进黑山、打虎山地区；冀热辽军区新发展的部队转移至北票、朝阳一带休整。总部决心以主力部队在阜新一带进行集结整训，待机作战。

国民党突然发起进攻，与国民政府与苏联方面就《中苏友好同盟条件》中运兵问题、苏军撤退、接收物资的相关问题谈判有关。

从东北光复伊始，国民党便在对苏谈判中提到运军东北问题。国民政府希望在大连、旅顺、营口、丹东、葫芦岛等辽南海域一侧登陆，或由美军飞机直接运输至辽南重要城市，但苏方立刻提出反对。苏联方面的这一反应，与美苏极速冷战状态有关，而且国民党运输，也是凭借"盟友"美国的帮助，这一矛盾不可化解。国共双方都知道东北的重要性，在解放军已经源源不断入关的现实下，国民政府亟须运输大量兵力来与中共"决战"。

从1945年10月开始，双方就运兵问题反复谈判。10月6日，苏联大使彼得洛夫告知中方，之前提出的运兵地点，"大连因系商港，不能做军港之用，无论何种军队，均不得在大连卸兵，苏联政府坚决反对"，以强硬态度否决国民政府想在大连运兵的希望。[①]

不过一个月，苏联方面又改变了强硬态度。苏联方面同意中国空军在"长春、沈阳降落，并允许中国空军使用这些机场"，国民政府当然立即表示"欣慰，下令空军部队前往长春、沈阳"，苏联同时同意在其军队撤退回国时，国民党军接收长春、沈阳等大城市，中方表示军队"日内可达锦州"。这正是上文所叙，山海关之战后，杜聿明的东北保安部队一路进逼到锦州的对照事实。国民党空军进驻长春、沈阳后，便有了据点，开始对我党我军集中的市镇轰炸，

---

① "外交部"：《接收东北与苏军撤退（四）》，国民党"国史馆"藏档案。

航校于通化开展教学活动期间便遭到国民党空军的轰炸。

到11月，国共双方都不能"全面"控制东北。同时，苏联又要求中共军队退出东北各大城市及主要交通线，让与国民党政府接管，使中共独占东北计划难以持久。就在这个时期，中共中央改变了东北的战略方针。

首先，是国民政府与苏联方面交涉已久的运兵问题得到解决，虽然不能在大连、旅顺、营口等地运兵登陆，但经过国民政府反复交涉，苏联方面同意国民党运兵至秦皇岛。11月17日，苏联政府照会中国政府外交部，声称可帮助中国接收东北并准许运兵、收编团队，但延期1个月撤兵。外交部与苏联大使商谈结果，同意接受苏方意见，苏军撤兵再延至1946年2月1日为止。紧接着苏联回过头来，执意要求中共退出东北各大城市及主要交通干线，让与政府军接管。

1945年11月19日，驻长春、沈阳等地苏军有关方面通知中共机关，中长路沿线及各大城市将交给国民政府接管，要求中共退出铁路线若干里以外，以便国民党军队能顺利接收，苏军亦能回国，且有苏军驻处不准共军与国军作战，必要时不惜以武力驱散。东北局向中共中央报告了这一情况。

11月20日，刘少奇代中共中央起草复电给东北局，同意我方迅速退出大城市及铁路线以外。"大城市让出后，应力求控制次要城市，站稳脚跟，准备和蒋军斗争"①是这一阶段的主题。中央又部署未来撤出大城市后的工作方针：

大城市退出后，我们在东北与国民党的斗争，除开竭力巩固一切可能的战略要点外，主要当决定于东北人民的动向及我党我军与东北人民的密切联系。因此，在一切行动中必须注意政策，给东北各阶层人民以好的影响。从城市退出应保持良好的纪律，除开我们所需要的物资机器可以搬走外，其他一切工厂机器建筑均不要破坏。这些工厂在将来若干年后，仍将归于我有，不怕暂时让给别人。铁路除开军事上有必要者外亦不要破坏。可以在人民中公开宣传为了避免内战、和平解决国共争论而退出城市。但我们要求东北人民实行民主自治。在国民党军队到达时，你们亦不妨经过苏军介绍在各大城市设立办事处派驻代表或设立党部。

应迅速在东满、北满、西满建立基础，并加强热河、冀东的工作，应在洮南、赤峰建立后方，做长久打算。在业已建立秩序的地方发动群众控诉汉奸及减租运动。国民

---

① 《中央关于让出大城市及长春铁路线后开展东满、北满工作给东北局的指示》，1945年11月20日，《中共中央文件选集》第15册，第431—432页。

党将不能满足东北人民的要求，只要我们能争取广大农村及许多中小城市，紧靠着人民，我们就能争取胜利。锦州山海关段之北宁路如果苏军不能允许我军控制，请你们考虑是否加以彻底破坏，掘毁路基成深坑，使之短期不能修复，以便我们能争取时间布置工作。①

11月21日，中共中央又给东北局发来电文，指出：

请你们注意东北长期永久根据地之建立。即在通化、延吉、宁安、东宁、密山、穆棱、佳木斯、嫩江、黑河、洮南、开鲁等地区，必须派必要的老部队和干部去开辟工作，建立后方、建立工业，组织与训练军队，开办学校，以便能够源源供给前线，有如汉高祖之汉中。只有这一计划的成功，我们在东北的斗争才能立于不败之地，并能迟早争取胜利。望即指定部队和负责干部并规定办法去进行这些地区的工作，做长期打算。目前你们部队和干部集中在南满长春路附近工作是对的，因为顽军未到，我们尚可在这些地区抓一把，但必须同时加强长春路两边深远后方的工作，建立巩固的根据地，准备在平原情况严重时有巩固的后方可以进退回旋，否则是危险的，如我在锦州在第一线被击破后，即因无巩固后方而不得不陷于混乱。将来我之主力

---

① 《中央关于东北撤出大城市后的中心任务给东北局的指示》，1945年11月20日，《中共中央文件选集》第15册，第433—434页。

如不能在长春路附近消灭敌人,而必须诱敌深入来消灭敌人时,则我现在必须在深远后方去开展工作,准备战场。①

11月26日,东北局根据中央数电指示精神,发出《关于撤退大城市工作的指示》,要求在城市中已暴露面貌之党政、军干部和组织,必须迅速坚决退出城外无苏联红军驻扎之地区,使苏联在履行中苏条约上,毫无困难之处。这是击破美蒋外交攻势、打退美国干涉中国内政阴谋的必要条件。同时继续坚持城市工作,建立秘密领导机关与组织,以便将来里应外合,收复这些大城市。11月29日,东北局再次向各级党委、各兵团首长发出新的指示,指明:目前我党已无独占东北之可能,必须改变计划。在过去的情况下,我们把主力干部,将工作重心放在南满及长春沿线各大城市及其附近,是正确的。现在由于情况变化,必须把重心放在南满、北满、东满、西满,即放在沈阳至哈尔滨一线之长春路两侧的广大地区中,以中小城市及次要铁路线为中心,背靠着苏联、朝鲜、蒙古国、热河,创造强大的根据地,面向长春路,在长春路及沈阳附近,长春、哈尔滨等大城市,以便在苏军撤退时与国民党争夺这些大城市。这里必须注意,现在我们从长春沿线之大城市中撤退,

---

① 《中共中央关于建立长期永久根据地给东北局的指示》,1945年11月21日,《建党以来文献汇编》,第22册,第875页。

第二章 | 东北老航校在通化时期的创业历程 ★

并不是连中小城市及次要铁路线也退出，尤其不是连一切平原都退出，直退到山沟乡村中去。主要建立以次要城市及次要铁路为中心的，包括广大平原与山岳地带在内之强大的根据地。

11月29日、30日，北满分局分两次发出《对满洲工作的几点意见》给东北局并转中共中央的电报。该电认为："将其他武装力量及干部，有计划地主动地和迅速地分散到北满、东满、西满，包括广大乡村、中小城市及铁路支线的战略地区，以建立三大城市外围及长春铁路干线两旁的广大的巩固根据地。""北满工作的中心，应该放在广大的乡村、中小城市及铁路支线的几个根据地的建立。如以珠河、牡丹江为中心，以佳木斯、依兰为中心，以绥化、北安为中心，以洮南、三肇为中心，以讷河、龙江为中心，建立若干根据地。我们的兵力、干部、资材，必须主动地向那些地区转移，以造成我们前进和后退的阵地。"[①]

从1945年11月下旬起，为照顾苏联外交，中共在东北的各机关和部队，陆续撤出沈阳、四平、长春、吉林、齐齐哈尔、哈尔滨等中长路交通及各大、中城市。国民党政府"接收大员"旋即先行空运进入这些城市，接管市政，

---

① 《东北局关于今后方针任务的指示》，1945年11月29日，《中共中央文件选集》第15册，第449—450页。

同时加紧从关内增调新一军、新六军、第六十军.第七十一军等生力军。

伍修权同志回忆了当时撤出沈阳前与苏联交涉的不愉快经历：

1945年12月，苏联驻军正式向东北局提出，根据他们与国民党政府的协议，允许国民党军队进驻沈阳及周围地区，要我东北局领导机关及军队限期撤出沈阳。国民党后面有美国撑腰，也坚持要进沈阳。我们不赞成苏军这样做，结果引起了我们与苏方的一场争辩。同我们打交道的是苏军驻沈阳少将卫戍司令。这个人很粗暴，不会办外交，自以为是个将军就很了不起，说上面指示要我们退出沈阳。彭真同志和我反复向他说明我军的愿望，讲不应撤出的理由，他却搬出他们上级的指示，说不能讲价钱，必须这样做。最后他竟说，你们不走，就用坦克把你们赶走。彭真同志马上抓住他这句话，说从来还没有共产党的军队用坦克去赶另一个共产党的军队，同他吵了一架。我们将这些情况报告了中央。中央答复我们说，这是苏方当时的政策所决定的，不是他们下级的事，他们是执行莫斯科的指示。最后，我们不得不尊重苏方的意见。1945年12月底，东北局及直属部队有组织地撤出沈阳，向本溪转移。在转移中也发生了一些疏漏，有一些单位没有及时通知到，这是我们的工作没有做好做细,曾经造成一些人对我们的埋怨。①

1945年11月25日起,东北局机关东北人民自治军总部直属单位、辽宁省和沈阳市党政机关、警察、工人武装及新组建之保安部队,开始撤出沈阳市区。彭真、罗荣桓、林枫等率领东北局机关和东北人民自治军总部直属队,先撤至本溪市,供给、卫生、兵工、学校等单位转移到通化地区。

航空队随东北局撤出沈阳转移到奉集堡,并做好随时继续向北迁往通化的准备。当时航空队已经搜集并修理了一批飞机,这些飞机的转场飞行主要是由日本飞行员驾驶的。另有20余架暂时不能飞行的飞机,因为航空器材及零件紧缺也必须拆解运到通化。"但当时既没有火车,也没有汽车,我们只好把20多架飞机的机翼卸下来,装在大板车上,机身装上轮子,把机尾绑在大板车后边,用牛、马、毛驴等牲口拉着大板车,倒拖着飞机向通化转移。"②

一路上经过不少盘旋、曲折的山路,老百姓见了,风趣地说:"嘿!牛车拉飞机,真稀奇!"当时,拉车的同志们也觉得好笑,现在回看这段历史,没有对党的忠诚,对事业的忠诚,共产党人不可能办成这所学校。抗战时期这

---

① 伍修权:《回忆与怀念》,中共中央党校出版社,1991,第203—204页。
② 黄乃一:《东北老航校诞生前后》,载张开帙、麦林主编《东北老航校》上册,蓝天出版社,2001,第32页。

些同志们可能听说过牛车拉飞机的稀奇事,在东北寒天雪地里,他们第一次真正地做起这些传奇的事情,也为后代留下了传奇。

航空队转移到通化之后,立刻按照东北局的指示继续开展航校各项筹建工作。

在东北航空委员会成立后,时局发生了重大变化,国民党背信弃义发动内战,向我东北解放区发起进攻。约11月下旬,东北局和总部撤出沈阳,先驻本溪,又迁抚顺。航空队奉命撤离沈阳后,先驻辽阳,再迁至奉集堡,并奉命准备迁往通化。黄乃一去本溪向总部汇报了筹建航校的各种方案及准备情况。

东北民主联军收编的奉集堡机场和辽阳机场的40余架日军飞机

总部指示：搬到通化后，迅速从部队中选调学生；可成立一个学生训练队，再成立一个飞行队准备执行临时紧急飞行任务；两个队上面设个总的机构来统一领导。

到通化后，总部将筹建航校的事情委托通化地委书记兼后方司令部政委吴溉之和司令员朱瑞来管。在航空队转移过程中，东北局已经下达了指示，要航空队到达通化之后从部队中选调学员成立一个训练队，再建立一个飞行队，尽快帮助我党飞行员复飞，执行紧急飞行任务，两个队之上再设立一个总机关来统一领导。这时航空队的同志们又去总部组织部要来一批干部，他们是顾磊、白平、刘西科、张培根、张清贵及警卫连的连长、指导员和3个排长。

在辽阳时，了解到辽阳军分区接收了一批日伪库存军需物资。于是同志们领了一批日本的飞行皮衣裤和手套，以及单、棉皮鞋日本军棉大衣，数量不大，远不够以后的应用。

部队做好了准备之后，11月下旬航空队开始从官源向通化转移。先遣部分人员去通化准备机场和驻地，随即将能飞的飞机分批转场通化。这次转场飞行中，曾有一架飞机偏航，在桓仁县郊外雪地里迫降，螺旋桨被打坏。飞行员是个日本人，穿的又是日本飞行服装，他害怕从市镇或村里经过，被老百姓抓住当俘虏，只好借他原有的日文的飞行地图，沿着去通化的大体方向，走山沟森林，走了两三天才到通化，回到部队时人已十分饥渴疲乏。但他当即向领导表示要求派机务人员带螺旋桨一同去把飞机修好，并要求把雪地压平后让他飞回通化，若飞不回来，宁可剖腹自杀。航空队的中国同志对他做了安慰和解释，本拟另派人去飞，但林保毅认为，偏航主要是由于大雪后地面目标看不清楚，加之空地间又没有无线电联系造成的，这个飞行员技术是好的，建议仍由他去飞。在判断林保毅和这个飞行员的意见是可取的之后，航空队就派人带器材去修理飞机，碾压雪地，让原飞行员把飞机安全飞回，表示了对这些日本技术人员的信任。这也是老航校办学期间无数个小故事之一，共产党人的信守承诺，让日本技术人员感受到了信任。

不过，先看航空队到通化以后的事情吧。刚刚到了通化，航空队就遇到住房问题，几百号人没营房住，只能暂时分散住在老百姓家里。东北大城市以往都是日本人住比较好的房子，中国百姓只住平房或者棚户区，住房条件差，还很拥挤。突然来了这么多航空队的同志，如何分派住处呢？同志们也发现，日本居民的住房条件更为宽敞，他们就通过航空队的日本人跟日本居民交涉，一部分人住进了日本居民家中。当时，黄乃一和白起同志一同借住在一个日本土木工程师的家里。

在通化暂时安顿好后，便立刻开始招收飞行学员。按照总部的要求和原定计划，飞行学生都要从部队中选调。当时部队都在前线打仗，上哪儿去选调学生？

1945年日本投降之后，山东抗大的1000多名学生披星戴月，赶往东北。

日本投降后，抗大山东一分校接到上级指示转移，从山东临沂出发，踏上了行军路程。在解放区，白天行军晚上宿营；在敌占区，抗大的战士们晚上穿过敌人的封锁线，绕过敌人的炮楼隐蔽前进。到哪里去？接收哪个城市？去受降或是投入新的战斗？这是一次绝密的行军——一开始，大家都不知道目的地。

伴随着行军的是美国的运输机群，从早到晚轰轰隆隆响个不停。他们飞行的方向，同抗大的战士们相同。学生在地上走，美国的运输机在天上飞，好不热闹。在山东龙口郊区，抗大的战士们同美国从海上飞来的飞机遭遇了，飞机飞得很低，擦着树梢，围绕着队伍打转转，这是一架双翼飞机，飞机上的人都看得清楚。由于飞机的骚扰，抗大的队伍停了下来，大家都趴下把枪口对准了飞机，机枪班也做好了对空射击的准备。这时，机枪班长侯书军接到口头指示：飞机不向我们开火，我们也不要向飞机射击。

飞机不见了，抗大队伍恢复了正常的行军。太阳西下，夜幕降临了，这个时候，政委才和大家说此行的目的地。

政委说："同志们！东北是我们的国土，那里的土地肥沃，盛产高粱和大豆，工业非常发达，那里的人民正盼望着我们到那里去。"

政委讲完话后，大家才恍然大悟，行军的目的地是东北。

抗大的战士们是从龙口坐船到达大连庄河的。当时，每个学生发一顶毡帽扮成老乡，列队通过龙口有电灯照明、用石头铺成的通向海边的码头大街。一班坐上了一艘小帆船。那时候，没有导航，最高级的船才是机器帆船。当时抗大山东分校是随着胶东军区向大连方向出发，所以这支队伍也是坐着小帆船航向大连。

船老大怕遇上美国的舰只，不让学生上甲板，大家只好待在又黑又暗又不通风的舱内。在这种环境下很多人晕船，十几个人闷在不通风的舱内，空气也非常浑浊，就是这样，经过漫长的一周时间，才终于接近目的地。快靠岸时换了接驳的小舢板。那时候，邹大鹏的先遣队先期到达庄河，庄河迎来了第一次解放，恰逢庆祝苏联十月革命节。在一个学校的操场上，抗大学生受到了学校全体师生和中苏友协的热情欢迎，第一次听到学生吹起的洋号和打的洋鼓。

这支队伍在庄河未有太久逗留，便从大孤山向丹东前进。在丹东火车站乘上了火车，这辆火车是货运车，大家有的坐着，有的站着，但丝毫不觉得辛苦，反而满心期待。火车过隧道，也让这些战士感到新奇，大家耳朵里全被煤灰塞满了，个个变成了"黑人"。第一站到达沈阳，在火车站广场集合。结果到达时苏联红军已经决定将沈阳"转交"给国民政府，国民党马上要派空降兵来接收。当时火车站有苏联红军士兵，翻译态度很强硬，告诉抗大的战士们，共产党领导的八路军不能代表国家接收沈阳，如果要强行进来，就要把你们赶出去。在车站广场被阻了约2个小时，期间抗大的战士们还唱起了《国际歌》。在等待的间歇，接到上级指示，要部队撤到奉天郊区苏家屯准备同国民党的空降兵作战。在苏家屯，同志们被安排住在一个纺织厂。在这里，部队的装备才得以补充、改善，每人发了一顶日本军用的皮帽子和皮大衣，枪也换成了日本的三八大盖。后来部队又离开工厂，住在沈阳的日本人家里，这是抗战的八路军部队第一次住日本人家里，以前，他们可是敌人！他们住在外间屋的榻榻米上，日本人的家里又卫生又整洁。为了防备苏军对他们的施暴，日本女人都剃了光头，不得不女扮男装。可知当时情况的复杂。

很快，部队又开拔。先是到达抚顺，在抚顺找了闷罐车，结果又被要求下车，说苏联方面要用这些车运输机器回苏联。部队只好从抚顺步行到通化，到这个时候，已经是年底了。整整走了两个月！抗大的这支1000余人的学生，有的被分配到地方，有的被分配到坦克学校，有的被分配到了航空学校。

当时在通化，航空队为招生问题正在发愁，正遇到了抗大分校的学生。这正是选调飞行学员最好的对象。于是，航空队立即向吴溉之、朱瑞同志报告，并经过通化地委请示东北局批准，从山东抗大一分校选调合格学生到航校学习。

原预计选调120名，航空队抽出政工、技术、医务干部（白平、刘西科、何健生等）组成选调小组，会同抗大一分校政治部和各队党组织查看该校全体生档案。选调小组原以为"十里挑一"，挑选120名飞行学生问题不大，但事实并非如此！在初选的基础上，和学生谈话了解情况，进行体检和测验，最后合格的只有109名。可见航空队在那个时候，挑选学员还是很认真的。

老航校的学生还有其他地方选送而来的。1945年底，这批抗大学生转入航空队。翌年初，通化炮校从他们的毕业生中选送了5名学生到航空队，共计114人。1946年夏，正当自卫战争全面展开的时候，华东地区和新四军仍按中央的要求陆续选送学生到东北，其中有王海、邹炎、郭浩等数10人进入航校。航校学生人数增加，学生文化水平略有提升，分别组成了学生一队、学生二队。一队队长是魏坚，政指是胡溪涛。二队队长先是韩志明，后是吴恺，政指是孟力。

老航校的这些学生特点明显。一是年纪轻，多数在十七八岁至二十岁左右；二是觉悟高，而且身体好，他们原来都是从老解放区、部队过来的，老解放区的环境艰苦，他们的身体很健康，虽然有一些营养不良的情况；三是文化程度不高，学生中有些在解放区农村上过小学或初中，有的是参军后在部队学了点文化，多数人的实际文化程度只相当于正规的高小（也就是现在的小学四到六年级水平）。其中，只有炮校、山东抗大和华东选调的部分学生有中学程度。在选调学生直至在以后的培训过程中，关于招收学生的条件一直有争论，有时争论还很激烈。但实践证明，当时从部队选调来的学生，政治觉悟较高，学习目的明确，特别刻苦努力，绝大多数人都学得很好，身体适于飞行的都飞出来了。后来在保卫祖国领空中，在参加抗美援朝的空战中，都表现得很好，有些还成了空战中的战斗英雄，学机务的也很快掌握了维修技术。

航空队接收学生后，人数有很大的增加，全队人员总数已近600人。其中，领导干部、飞行人员、警卫人员和学生共有200余人；日本留用人员有300余人；此外，还有20多名朝鲜人。为了加强领导和管理，经东北局批准正式成立航空总队。总队下设教导队（学生队）、民航队（承担些紧急运输任务，由起义飞行员和部分日本飞行员组成）、机务队（负责外场修理）和修理厂（负责内场大修）。

1946年元旦，全体人员在教导队（原通化中学）的院内操场上集合，举行了航空总队成立大会。大会由朱瑞同志宣布干部任命：

朱瑞任总队长

吴溉之任总队政委

常乾坤、白起任副总队长

林保毅任副总队长兼教导队队长

黄乃一、顾磊任副政委

白平任政治部主任

蔡云翔任民航队队长

刘风任民航队政委

陈乃康任教导队政委

姚峻任队长兼政指

李熙川任副队长

张凤歧任副政指

航空总队正式成立后，修理飞机、寻找器材仍然是主要的工作。到1946年初,在通化共有20来架飞机可以飞行,个别教员复飞的训练已逐步开始。选调来的学生则陆续开始补习文化和学习航空基本理论知识,并随时抽派学生外出执行有关建校的各种任务,如搜集和押运器材、油料,调查机场情况,采购急需零件物资等。

航空总队的党组织进行了及时的调整。选举成立总支,总支大会上,强调党对军队的绝对领导和党的民主、纪律等,并邀请蔡云翔、白起、何健生等列席大会。

在争取教育日本技术人员的工作中,党中央和东北局将延安日本工农学校①的组织干事杉本一夫调来。杉本一夫,原名前田光繁,1937年6月随大批日本移民来到中国,1938年初,应"满铁"所属土建公司的招募成为职员。7月29日,赴河北邢台市京汉铁路双庙车站工作,当天即被八路军俘虏。在八路军战士的思想工作下,他加入了八路军②,后在日本工农学校工作。他到达东北后,专门做留用日本技术人员的工作。这样,在航空总队内部设置了一个日本人工作科(技术人员工作科),杉本一夫为科长,还增加了几名日本机务人员为干事。这样,利于航空总队做好

---

① 延安日本工农学校是一所对日军俘虏兵和投诚人员进行教育的专门学校,由八路军总下治部敌军工作部领导。1940年11月筹办。
② 郭素明:《太行革命斗争史》,山西人民出版社,2018,第215页。

日本技术人员的政治思想工作，取得了较好的效果。①

　　大概在1945年年底、1946年年初，分批前往东北组建老航校的三批同志们会面。当时同志们是在朝阳见面，常乾坤和王弼同志告诉大家需要立即转移去通化，于是30多人的队伍又连夜兼程，经阜新、彰武、法库到达铁岭。在铁岭附近的平顶堡山里，有一个日军仓库兼修理厂。常乾坤、王弼、欧阳翼、王琏、林征、史久一、龙定燎等同志去平顶堡搬运这批器材和设备。大家到了以后像发现了宝藏一般，这仓库里竟然存放着很多飞机仪表、附件，200台发动机、几百桶航油。特别是仪表件和发动机，在之后东丰机场的巧遇中，这些零件发挥了巨大作用。

　　从铁岭前往开原、西丰、东丰、海龙。在东丰的时候，大家看到东丰机场有30来架飞机，不过这些飞机都遭到了不同程度的破坏，比如舱里设备被卸走、表盘被打坏、轮胎被割掉等，发动机、螺旋桨不知是因为不好拆卸还是不知道其价值，反而保留着。在铁岭找到的零件发挥作用了！没有这两次器材的搜集，修理厂修不出飞机，也不能保证训练。②

---

① 黄乃一：《东北老航校诞生前后》，载张开帙、麦林主编《东北老航校》上册，蓝天出版社，2021，第51—52页。
① 张开帙：《对东北老航校的一些回忆》，载张开帙、麦林主编《东北老航校》，上册，蓝天出版社，2001，第109页。

1946年元旦前后，王弼与魏坚、路夫等人抵达吉林。随即魏坚等人乘坐苏军的防疫巡查火车向延吉方向出发继续寻找航空器材。苏军的防疫火车只有两节手术车厢，魏坚等人只能坐在火车头后面的煤车上。在零下30多摄氏度的严寒中，魏坚等人都有不同程度的冻伤。抵达延吉之后，魏坚带队花了3个多月的时间，从延吉向南经过图们、珲春直到牡丹江一路寻找机场设施与航空器材。牡丹江地区有三座机场，分别是海浪机场、团山机场以及铁岭河机场。团山机场与铁岭河机场在苏军进攻关东军的战斗中损毁严重，只有海浪机场跑道尚且完整。魏坚等人向苏军提出要保全机场的要求，"经与苏联红军军官的反复交涉，海浪机场终于保住了，这是我们赴东满调查的重要成果"。[①]

继续前往通化的常乾坤、张开帙等人于1946年2月中旬一路辗转抵达通化。

当时航空队的所剩不多的汽油已经在飞机转场等行动中消耗殆尽，摆在航校筹建人员面前最重要的工作是立刻为飞机找到汽油。张开帙等人立刻在党组织安排下前往抚顺煤矿搜集航空汽油。

张开帙等同志在抚顺发现了一些航空汽油。航空总队

---

① 魏坚：《东满调查和飞行教官训练班的成立》，载张开帙、麦林主编《东北老航校》上册，蓝天出版社，2001，第281页。

得到抚顺当地政府和有关部门的大力支持，特别是抚顺煤矿矿长唐南平。抚顺的油页岩能提炼出航油，当地的同志将仓库大门打开，让航空总队的同志去寻找清点。那时候只有50加仑装油用的桶，同志们找到航油后用桶装油，最后装了20多个车皮拉回通化。大家都觉得，是因为当时各个部门都希望拥有共产党人自己的空军队伍，所以对这件事情特别支持。

抚顺的航空汽油，是由抚顺的油页岩提炼出来的。从抚顺拉到通化这列火车，是装载同志所搜集到的物资的第一列火车。这一列火车的油料(其中有些是汽车用汽油)，对于老航校的同志在通化的飞行和以后由通化搬迁到牡丹江的转场飞行，以及到牡丹江后开始的飞行训练，起到了一定的保证作用。[1]

运回航油之后，同志们又去东丰，将之前在机场看到的几十架飞机拉了回来。

油料运回通化之后，张开帙等人又被派往东丰机场拆运飞机。东丰机场集中了几十架日本飞机，以后用得最多的"九九高练"有近30架。张开帙同志说："它们之所以还能腾飞，一是由于老航校修理系同志们——多是日本朋友

---

[1] 张开帙：《对东北老航校的一些回忆》，载张开帙、麦林主编《东北老航校》上册，蓝天出版社，2021，第111页。

的艰苦努力；二是欧阳翼、王琏等同志在铁岭工作的成果，是铁岭接收的仪表和附件等给这些飞机补上了'心脏'（发动机）。"①

一起到东丰机场转运飞机的，还有吴之一率领的日本朋友。机场的房屋也遭到比较严重的破坏，屋顶、门窗都给拆掉了。同志们先是自己动手做了铁皮屋盖，还做了一些简易的门窗。所有人挤在几间铺秸草的房里，自己办伙食，吃大锅饭，修飞机。

飞机需要被妥善地拆卸，再装车运输。从拆卸、装车、拉动、卸车都组成小组，由小组自己研究本组要使用的工具和解决办法，安排组内人员各自的工作时间，最后拟定全部工作计划，并申请火车皮到站的时间。同志将计划拟定后，在梅河口找到梅河口东北民主联军总部向参谋长肖劲光和后勤部部长叶季壮汇报后，二位首长便满足了同志们提出的运输要求。这样，在东丰机场住了一个月，辛苦了一个月，将这批飞机拆好，装上火车，运往牡丹江。这是继运输航油后，运往航校的第二车物资。

在东丰机场的工作，还有一个小插曲。当时，这里位于解放军控制的边缘地区，每天都有从沈阳起飞的国民党

---

① 张开帙：《对东北老航校的一些回忆》，载张开帙、麦林主编《东北老航校》上册，蓝天出版社，2021，第111页。

飞机侦察、空袭。张开帙留下吴之一协助更早到达的张仲铭拆解这些飞机。吴之一后来回忆,"敌机低空飞临机场开炮射击,有时炮弹打到身边时才知敌机来了,这时大家只有就地卧倒或趁敌机俯冲射击再拉起的空隙起身急速跑向停机坪边的掩体隐蔽。我们就是这样,敌机来了就隐蔽,走了就起身再干,每天坚持不懈地拆运飞机发动机及其他尚可使用的飞机零部件。这期间我们有一名学员在运送发动机途中遭敌机突然袭击,为收集航空器材献出了年轻的生命"。[①]吴之一、张仲铭以及部分日本机械师一起分成了拆卸、装车、运输等多个小组,克服了工具不足、运力有限等一系列问题,经过一个月的埋头苦干,将东丰机场的这批飞机拆解运回了通化。在此期间,张开帙等人又赶赴四平搜集航空器材。张开帙等人刚刚抵达四平就接到了"东总"火速撤出四平的命令。

撤退过程中,航校同志去到林彪的指挥所,当时未见到林彪,却要他们迅速离开四平,也不说什么原因。这些同志在公主岭机场意外又找到一批飞机和器材。主要是"九九高练"用的发动机、螺旋桨和其他一些器材。在四平城里,还发现一个小型的机械加工厂,有10多台各种型号

[①] 吴之一:《赴南满收集航空器材》,载张开帙、麦林主编《东北老航校》上册,蓝天出版社,2001,第396页。

的机床，工厂的负责人尚信不仅同意航校将机器搬走，他也跟着机器到航校参军。这些机床后来用在组建的老航校机械厂，不仅能做一般机械零件，还可以加工别的零件。

这次在公主岭搜寻的器材怎么运到学校去呢？同志们找到了林彪，向首长提出需要一些马车、民工来运输这批新发现的航材。林彪让管后勤的同志帮助航校的同志们解决了需求，同志们找到马车和民工之后，直奔机场开始运输。其实，在要求运输力量的同时，后勤还给同志们批了钱，航校的同志们同这些民工说，"由地面装一台发动机上马车给多少钱，拉一台发动机到火车站给多少钱"，本来这些民工以为是义务劳动，没想到还有资金，于是齐心协力。笨重的发动机被搬到马车上，又从马车转到火车上，在没有大型机械的年代，这些都是靠人力完成的，本不可想象，然而却真正完成了。最有趣的要数这第三批"坐火车"运输的航材了，当时这些列车都是运兵车，有时候放好一台发动机，车就开走了，那么就等下一辆列车来，再放一台发动机，或者一个螺旋桨，就这样，一点一点，"也不知道装了多少车"。航材汇集在佳木斯，最后运回北大荒的密山。

之后，张开帙等人又从公主岭奔赴长春，与更早一些出发向长春方向搜集航材的刘风、许景煌、欧阳翼等人会合。当时在长春的刘风、许景煌等人是随解放长春的东北民主联军一同出发的。"刚进入长春近郊，就受到国民党空军 p-51 飞机的扫射。刘风很有经验，一听到微弱的飞机声，立刻要汽车停靠在路旁树荫下；大家迅速下车，待敌机临近时卧伏在路沟中，因而没有受伤。解放长春后，在机场和市区搜集了不少降落伞、电嘴、导管、风挡等航材。"[①] 两部分人员会合之后又紧急前往哈尔滨。和许景煌一起赴北满的顾光旭带领数名航空队机务人员在哈尔滨搜集器材时，不慎误入了日军部队的化学战试验场，由于对化学战设施不熟悉，顾光旭等人在查看仓库设施时不慎中毒，一名日本机务人员和一名朝鲜学员牺牲了，顾光旭和另一名日本机务人员幸存了下来，但也终身遭受着化学武器的戕害。

尽管面临着种种危险困难，张开帙等人还是打听到哈尔滨孙家机场存放了 20 余架飞机，包括隼式战斗机、"九七"式战斗机以及数架双发运输机。且大多是重型飞机或者新型战斗机。

"这批飞机就是老航校以后拥有的带火药味的飞机。"孙家机场是"满洲飞行机制造厂"的一个机场，也有大机库的，苏联红军来得早，这里完好的物资给他们运走了，不过，同志们看到像"一排型架、铆了一半的机翼""铁和铁量规、

[①] 郦少安，刘子立，许景煌，徐昌裕：《回忆老航校机务处的工作》，载张开帙、麦林主编《东北老航校》上册，蓝天出版社，2021，第293页。

形状各异的铁块子"这样苏军没运走的零件,当然不舍得丢,也将它们装上车给拉走了。就这样,"到老航校就成了很吃香的东西了,大家都争着要,我们训练处、机械处还没有分到呢"。①

大家转运物资,正是伴着激烈的东北战局进行着的。当时在哈尔滨搜集的物资需要转运到佳木斯,所以在哈尔滨搜集物资的同志们,同哈尔滨铁路局、火车站都很熟悉,这些同志们都是凭着支持建立人民空军的信念为大家服务。有一次,同志们要来20多个平板车和煤车,准备运器材,到了哈尔滨站,申请了一辆火车头,可是眼瞧着火车头在大家面前开走了,没有停留,也没有返回,怎么回事?还有这么多物资要运输!于是同志们去找车站的岳烈(军代表),他告诉同志们,"情况紧张,东北局已决定放弃哈尔滨"。老航校搜集器材已属不易,却还要伴着东北动荡的战局,这些同志们同样功不可没!

当时根据党中央"让开大路,确保两厢"的战略部署,哈尔滨的部队正在紧张撤离,火车司机及火车燃料都十分紧张。在好不容易找来了司机、储备了燃煤之后,运载飞机、航材的火车终于离开了哈尔滨开往牡丹江。由于燃煤

---

① 张开帙:《对东北老航校的一些回忆》,载张开帙、麦林主编《东北老航校》上册,蓝天出版社,2021,第116页。

质量不好，火车只能时走时停，张开帙等人都随身带了枪支，一路提防土匪，在火车动力不足的时候，一行人还要下车帮忙推火车头。在经历千难万险之后，这一车飞机、零件、设备终于在1946年7月抵达了牡丹江——这时候，老航校已经从通化转移到牡丹江了！

1946年1月4日，奉中共中央军委命令，东北人民自治军改称为东北民主联军，总司令林彪，政治委员彭真，副政治委员罗荣桓，副总司令周保中、吕正操、萧劲光，参谋长萧劲光、伍修权（3月接任），政治部主任陈正人、副主任周桓，后勤部部长叶季壮，政治委员杨至诚、副部长贺诚。

总部直属部队和单位计有：警卫团、炮兵旅（旅长贾陶，辖第二团）、炮兵学校（校长朱瑞，政委邱创成，副校长裕民）、工兵学校（校长唐哲明，政委余益元）、航空学校（副校长常乾坤，政委吴溉之）、军政学校（副校长何长工，副政委吴溉之，教育长陈伯钧）、政治部后勤部（供给部部长张济民，政委魏廷槐，卫生部部长贺诚，兵站部部长李长杰，兵工部部长韩振纪、王逢源，铁路管理局局长郭洪涛、孙鲁光）等，共8750人，长短枪1800支，轻机枪3挺，另第一师仍归总部直辖，全师7200人，基本武器装备有各种长短枪3500支、轻机枪125挺、重机枪12挺、小炮30门，其他火炮 4 门。①

1945 年 10 月，常乾坤等一行 20 余人，星夜赶赴东北。大约是 1946 年 2 月 11、12 日，常乾坤同志率领魏坚、吴恺、张开性、许景煌等十多人，辗转到达通化。这些同志大部分都学过航空，原来，航空总队懂技术的党员只有刘风一人，现在好了，力量壮大到十几人，航空总队有了政治和航空技术兼备的领导人才，成立航空学校的条件基本具备。

随着人员与器材的陆续抵达，到 1946 年 2 月中下旬，航空总队已经有了一批从日伪手中搜集来的飞机航材、政治和技术兼备的领导骨干以及符合条件的学员，航空学校主要架构已经初具规模。1946 年 3 月 1 日，东北民主联军航空学校在吉林通化正式成立，代号"三一部队"。何长工同志在大会上宣读了东北民主联军总司令部、总政治部关于航校主要领导干部的任命：

校长：常乾坤

副校长：白起

副政委：黄乃一、顾磊

政治部主任：白平

教育长：蔡云翔

---

① 唐宏森：《国共争战大东北》，科学出版社，1999，第 208 页。

校参议兼飞行主任教官：林保毅

训练处长：何健生

学生大队大队长：刘风

政委：陈乃康

军政委员会在最初的几次会议中讨论并一致通过几项决定："一是继续大力搜集航材、航油；二是继续进行飞行训练准备，首先让过去飞过的同志恢复飞行，使尚未飞出来的尽快飞出来……以便一旦日本人回国，我们自己有人带飞，能继续进行飞行训练；三是机务训练以实物教学、实际修理为主，争取早日掌握修理飞机的技术，以后条件允许再进行补课，从理论上提高深造。这也是为了一旦日本机务维修人员回国，我们自己有人能继续维修好飞机，使飞行训练不致中断。"[1]

为了能使航校的飞行训练持续不断，学校又组织大批人员四处搜集航材。收集，就是为了抓紧练习飞行，外面的同志一边搜寻，学校里的同志就抓紧修理飞机，修复、试飞，如此反复。因为日本飞行员一直没有中断飞行，所以由他们带飞原来有飞行基础的同志，这批同志有刘风、魏坚、吴恺、方华、于飞、顾青等。

---

[1] 黄乃一：《东北老航校诞生前后》，载张开帙、麦林主编《东北老航校》上册，蓝天出版社，2021，第40页。

伴随着航校的飞行训练的是国民党空军的频繁轰炸。前文所述,国民党空军已经入驻东北几个重要机场,并行修复,这些飞机往来轰炸、扫射,想要炸毁老航校的飞机、机场,但大家仍然坚持学习,一边疏散防范,一边坚持飞行训练。

除了航材、燃油以及人员缺乏之外,东北的战局发展也对航校有很大的影响。1946年3月11日,苏军开始由沈阳沿铁路逐渐向北撤退,于12日凌晨全部撤离沈阳,国民党军队随即进驻沈阳,并以沈阳为基地,向南满的东北民主联军发起进攻。

1946年2月起,苏联红军开始沿中长铁路逐步撤退回苏联。尚在昆明的《中央日报》就在2月中下旬报道了东北苏军大部撤退的消息,在长春的马林诺夫斯基元帅的参谋长向中国媒体声明"苏军自中国东北撤退,曾两度在中国政府要求下停顿,但最后撤退行动于(1946年)1月15日开始,而且尚在陆续撤退中,最大部分苏军现已撤退。撤退行动亦由于中国政府军队迟于接收苏军现驻军地,且中国政府曾数次抱怨苏军未等候中国军队到达即行离去,苏军撤退也遭遇道路破坏,及日军残余组成的东北伪军的扰乱等阻碍"。①

3月初,东北行营主任熊式辉因在长春未能达到接收目的,愤而返回锦州候信。同时,"东保"副司令长官郑洞国(3月16日始发表)梁华盛分别自南京、广东先后抵达锦州。熊式辉等商定趁苏军撤退之际,在空运不及且毫无保障的情况下,首先从陆路打通交通线,第一步占领沈阳地区。为此命令在北宁线待命的新六军、第五十二军自3月7日起发动进击,为接收沈阳做准备。当天,新六军新二十二师主力占领辽中县东南之肖寨门、三台子、七台子等地,一部进占台安县东南之八宠胡同。10日,新六军第十四师进至沈阳以西之大民屯附近,整编第二〇七师进至沈阳西北之公主屯附近;第五十二军第二师进至沈阳以西之皇姑屯,并与先期进驻铁西区的第二十五师取得联系。

3月12日,驻沈阳的苏军战斗部队全部撤走,苏军警备司令卡夫通随即通知东北保安司令长官部前进指挥所主任彭璧生、沈阳市市长董文琦等,接收市政及城市防务。13日,第五十二军进入沈阳市,南面占领浑河铁桥、变电所,北面控制北陵区机场;新一军进驻沈北和皇姑屯,新

---

① 《莫斯科方面昨日广播东北苏军大部撤退 沈阳苏军司令高夫堂发表声明称苏军搬运重机器根据三国协定》,昆明《中央日报》,1946年2月27日,第1版。

六军进驻沈南之苏家屯地区。16日，成立沈阳市警备司令部，司令赵公武，副司令彭壁生，前进指挥所使命即行结束。同日，东北行营及长官部工作人员百余人，由锦州乘火车到达沈阳。4月5日，熊式辉率领行营人员由锦州飞抵沈阳，进驻原苏军警备司令部。郑洞国、赵家骧率领长官部其余人员，也于同一天乘火车到达沈阳，进驻铁路局大楼。

  在此期间，调入东北接收的部队加紧输送，抢占各地。3月15日，第七十一军自上海奉调东北，先头第八十七师于是日在秦皇岛登陆，19日全部集结在新民、彰武一带。第九十四军第五师亦于15日集中建昌，尔后经绥中车运锦州，继转运盘山。

  这样，调入东北的国民党军队已达到24.7万余人，除第五十二军为半美械装备外，新一军、新六军、第十三军、第七十一军全为美械装备，其军力素质属一等、二等。其总的军事战略意图是凭借军事手段，以沈阳地区为基地，利用此地四面辐射之交通，趁苏军北撤时机，分路出击东、南、西、北方向，集中力量夺取中长路两侧战略要地，并控制辽东半岛逼退民主联军，进而拿下东北。具体行动分为两个步骤：第一步，先巩固沈阳及其外围城市，如铁岭、抚顺、辽中、辽阳等城市；第二步，重点进攻南满，夺占本溪、鞍山、海城、大石桥、营口等工业资源区，然后再以全力沿中长路北进四平、长春、哈尔滨。但在大规模战斗未开始之前，先期进驻沈阳地区的国民党军积极向市东、市南外围地带实施小规模出击，驱赶民主联军部队。

3月中旬，在通化地区的四所我军军事院校的主要领导人一同到"东总"所在地抚顺汇报工作。"东总"明确要求四所军事院校立即派人到北满地区选择新校址，做好转移准备。经过实地考察，航校将新校址选定在牡丹江地区，并决定将暂时未能修复的飞机以及大部分航材、燃油提前转运到牡丹江，已经在通化开展复飞训练的飞行人员暂时留在通化继续训练。到1946年4月，留在通化的飞机先后转场抵达了牡丹江。

在航校由通化向牡丹江转移的过程中，"东总"正式任命王弼为航校政委。王弼以及相关机要人员绕道佳木斯考察机场情况之后，由佳木斯乘坐火车返回牡丹江。火车抵达林口时，由于前方铁路遭到破坏，一行人只能用携带的电台向牡丹江军区发报，请军区通知航校派飞机来林口接运人员。之后蔡云翔与何健生驾驶运输机来到林口，将王弼等人以及电台设备接回了航校。

梅河口失守之后，通化到牡丹江的铁路运输彻底中断，但还有一部分飞机和航材未来得及从通化运出。与顾光旭一样在哈尔滨误入日军化学武器实验场的欧阳翼当时正在医院治疗，听说还有一批航材留在通化无法运出，身为航校材料厂厂长的欧阳翼二话不说,立刻带领 17 名日籍技术员、两名通信员以及股长于海龙来到南满地区,寻找办法和途径将留在通化无法飞行的 28 架飞机及两个车皮的飞机零件运到牡丹江。

战局突变之时,在吉辽军区的是周保中、万毅等部队。1946 年 1 月 4 日,"东总"成立后,原吉林周保中、万毅、周赤萍等部称"东北民主联军吉林(辽)军区",下连成第七、第八纵队,司令员周保中,政委林枫。2 月间,山东第二师罗华生部、冀鲁豫军区第二十五旅邓克明部进入伊通、吉东等地,吉辽军区随即将关内来东北的主力与就地新发展的部队整编为直属 3 个旅及 1 个纵队、3 个军团。①

抢运部队到了吉林便去见了周保中同志。周保中对同志们说,"敌人的大炮已经打到柳河(距通化很近),你们现在去临江太危险了,还是回安东"。但同志们坚持要去,于是周保中让参谋长给同志们准备了一些武器防身,就这样,伴着恶劣天气(11 月的东北大雪封山)向着目的地出发。第二天,同志们在明月沟下车,翻越长白山,这里的天气更加恶劣,有电影《林海雪原》之感——"北风呼啸,大雪纷飞,山高路险,一天只能走 8 里路,晚上还要露宿在深

---

① 唐宏森:《国共争战大东北》,科学普及出版社,1999,第 211 页。

林"。跋涉数天之后，同志们到达临江县，其中艰苦，岂是后人寥寥几笔所能叙述。

同志们将停放在临江县的物资全部转运到了通化。当时辽东（南满）军区的司令员肖华、政委白坚、副政委唐凯等人都来见转运物资的同志们，听取了同志们的汇报。肖华说："你们承受的压力太大了，停放在通化的飞机需要大修，高志航的弟弟负责留守工作，可他现在已经带着金条和家人跑了。通化没有工厂和设备，怎么拆卸？你们运的是军用物资，想走国际线（到朝鲜再转运回国），还有敌人的突袭，还是放弃吧！"

同志们："你们在通化驻守多久？"

白坚回答："10天左右。"

同志们说："给我们5天，保证完成任务。"这又是一项在别人看来不可能完成的任务，可是一路走来，老航校已经完成了许多看似不可能的任务，欧阳同志并不是在夸海口。

就这样，抢运队的同志们立刻投入拆卸安装工作，伴着敌人随时的突袭，完成拆卸，向辽东军区要来了马车和民工，连夜运输。

这个时候，苏联红军已经陆续撤离。在这年2月的声明中，苏联红军曾说，国民党军队要求他们等待自己到来之后再撤退。同时，苏联也不想以中共出现，给国民党苏联破坏《中苏友好同盟条约》为口实,现在铁路线仍然为苏联红军控制,想要借铁路运输,十分困难。

先解决煤炭问题。那时候是蒸汽火车,需要煤。欧阳翼同志精通俄语,前去苏军看守的煤矿谈判,苏方答应给中方一半煤,并留下一部分准备运走的火车头和车皮供中方运输。于是,抢运队将所有物资装在火车站准备转运。当时是在集安站,如果不赶紧走,就是明显目标等待轰炸,后果不堪设想。怎么办,紧急关头,欧阳翼想到11月7日利用苏联节日的机会,准备了10多头猪,一些香烟和酒作为礼物与苏军司令部搞好关系,终于令火车离开集安车站,沿国际交通线经过鸭绿江抵达朝鲜满浦。

抵达朝鲜后,由于运输的是军用物资,所以火车一直无法离开满浦。欧阳翼等人又与当时我党驻朝鲜的机构黎明公司取得联系,黎明公司副经理李士敬得知欧阳翼负责运送的是航校的飞机及零件,便立刻给朝鲜领导人金日成打电话,又与黎明公司经理朱理智一起带欧阳翼去朝鲜军事委员会面见金日成。当时金日成认为,欧阳翼等人负责运送的是军用物资,如果通过朝鲜转运入我军控制区域,就会在国际舆论中造成非常不好的影响,朝鲜方面也会陷入被动,因此建议欧阳翼等人将飞机零件等留在朝鲜,由朝鲜航校接收。金日成所说的朝鲜航校是指于1945年成立的新义州航空队。当时共有教员、学员500余人，在新疆与刘风、吴元任等人一起学习过飞行的王琏这时候已经回到朝鲜，正在新义州航空队担任队长，就在欧阳翼等人抵达平壤前，新义州航空队第二期学员刚刚编入平壤学院航空科，王琏担任航空科的科长。朝鲜航校也是初创时期，飞机、航材也同样紧张。欧阳翼等人没有办法，只能想办法凭借个人关系劝说金日成放行飞机和零件。当听说与王琏一起在苏联和新疆学习飞行的刘风正在东北航校工作时，金日成很高兴，向欧阳翼等人介绍自己当年与刘风是东北抗联的战友。刘风是连长，金日成是连指导员。因为这层关系，金日成最终决定，让欧阳翼等人将装载飞机的火车进行伪装，连夜运走。

在顺利抵达朝鲜境内的最后一站南阳时，欧阳翼等人又被驻朝苏军阻拦。当时在火车站的苏军领导人认为欧阳翼等人运送军用物资违反了相关规定，要逮捕几人。欧阳翼没办法，只得借上厕所的机会与图们火车站驻南阳火车站的中方办事员取得联系，要他火速联系图们卫戍区司令员姚斌营救。中方办事员见事情紧急，来不及等到车站通行，潜水游过了图们江向我军报信。之后欧阳翼又与苏军领导人谈判，告知苏军他们的行动得到了朝方金日成、中方朱理智等人的支持，苏方对他们的扣押是无理的，后果是严重的，苏方见事情闹得很大,便主动和朝方以及中方取得联系。在得知欧阳翼等人的行动已经得到了金日成的批准之后,苏军领导人对之前的扣押表示了歉意,并亲自率军列队欢送欧阳翼等人离开南阳回到图们。这时吉林军区已经得知了欧阳翼等人在朝鲜的遭遇,吉林军区司令员周保中也来到了图们准备与苏方交涉,见欧阳翼等人平安押送飞机归来也十分高兴。航校派来接应的人也与欧阳翼等人取得了联系,并在吉林军区的安排下将飞机运回了牡丹江。欧阳翼大胆设想的借道朝鲜运送飞机的计划至此终于胜利实现。

经过艰难的搜集工作,在航校建立前后,航校的航材工作人员及学员共搜集了飞机120余架、航空发动机200余台、油料(包括酒精)200余桶、航空仪表及飞机零件200余箱、各种机床设备及原材料2800多车。后来担任航校校长的刘亚楼曾经风趣地说,我们是靠破铜烂铁创建空军的。"靠搜集敌方的飞机和航材起家,在世界空军史上绝无仅有,它透出窘迫和无奈,也透出一种强大的精神,一种在逆境中迎头而上,如赤手空拳的斗虎英雄一步跨上虎背,挥拳打虎的精神。"①

---

① 郭晓晔:《英雄万岁》,中国文史出版社,2019,第67页。

第三章

东北老航校的训练、教学组织与生活（上）

★ 中国人民航空事业的摇篮

第一节 航校在牡丹江时期

到 1946 年 5 月，航校的主体已经基本从通化转移到了牡丹江。牡丹江地区局势相对稳定，这为航校开展正常的教学训练工作奠定了基础。此外，航校上下花费了近半年的时间在南满、北满地区搜集飞机、航材以及燃料的工作也初见成效，基本具备了正式开展教学训练的条件。

张开帙同志回忆了老航校开办初期的一些飞机。因日本侵略东北，中国共产党又在抗战胜利初期便赶赴东北，所以老航校初期使用日本教练机为多。

九九高练（Ki-55），1939 年 4 月由立川飞机公司研制，军用高级教练机，在九八侦察机基础上拆除后座防卫机枪并加上操纵杆、拆除机上无线电通讯机、拆除起落架的轮盖、在后座加上仪器飞行设备、简化座舱仪表。初期由于发现的九九高练最多，所以是主力机型之一。1945 年底，东北人民自治军在东丰机场缴获了日本关东军第四练成飞行队 30 余架九九高练；后来，东北民主联军在吉林辉南县的朝阳镇又找到了 19 架九九高练，另外在公主岭机场也找到其零件，在铁岭与开原间的平顶堡找到 100 余台发动机、汽油与备件，经修理拼凑后约有 30 架可以使用，成了老航校的主力教练机。

1938 年，日本陆军与日本航空输送会社看中了洛克希德 14 型超级伊莱克特拉高速客机，采购了 30 架，并开始仿造，1941 年 7 月，一式高教定型、量产，生产持续到 1945 年 6 月，各型累计生产了 1342 架。一式高教一直为日本军队的练习机型，也有一些装备给了伪满军队。另外，一式高教还曾赠送给"汪伪政府"，1945 年 8 月，蔡云翔起义时正是驾驶的一式货运。

在各项事务性工作有条不紊地推进的同时，航校组织在通化已经复飞的同志，以及有过一定飞行训练基础，可以在较短时间内担任飞行教学训练工作的同志成立了一个教员训练班，率先开展飞行训练（大部分有过飞行经验的同志都是驾驶苏制飞机的，而航校此时只有日制飞机）。教员训练班包括刘风、吴恺、魏坚、张华、许景煌等 12 人，由林弥一郎、蔡云翔、吉翔担任飞行教官进行带飞。

1946 年 6 月，机械班首先开始授课。机械班第一期共有学员 70 人。从山东抗大选送的王海、邹炎、夏元谦等人都是机械班第一期的学员（王海、邹炎等后转入飞行班第二期学习）。按照教学计划，机械班第一期学员先学习机械及航空理论，课堂教学也以学习教材为主，实际操作为辅。

但是当时学员文化素质相对较低，航校的教材更是匮乏，因此机械班的学习只能采用教员讲授、学员听讲记笔记的形式进行。当时为机械班授课的都是日籍教员，而航校的日语翻译非常少，蔡云翔等人曾在沈阳招募了几个懂日语的高中生到航校担任日语翻译，但有两个人难以适应航校的艰苦条件选择离开，这令日本教员授课时必需的翻译人员更加捉襟见肘。此外，这些懂日语的翻译大多也未接受过专业的机械及航空教育，翻译专业词汇的能力普遍不高，这也让课堂的教学质量大打折扣。常规理论教学开展了一个多月之后，学员普遍反映，既听不懂理论，也看不懂机械结构图，甚至有些学员对学习产生了抵触情绪，声称要放弃学业去前线打仗。

为了切实提高教学质量，航校领导充分发扬民主，组织教员与学生对教学中存在的问题集思广益，畅所欲言。"有的（教员）主张坚持常规教学，理论学不进，就先集中时间学文化，然后再学理论。有的则认为，这样做时间太长，在当时那种环境中坐下来学文化，学不下去，建议先学实务，从一个一个机件学起，逐步掌握全飞机。这个意见得到了领导、教员、学员的普遍赞同。"[①]虽然航校可用于飞行的飞

[①] 张开帙：《老航校的工程机务教育》，载张开帙、麦林主编《东北老航校》上册，蓝天出版社，2001，第217页。

机数量非常少，但可以供机械班学员进行实物教学的机械零件相对还比较充裕。因此，航校调整了机械班的教学思路，以实物取代挂图，以实际操作取代理论，以帮助机械班学员快速掌握基本的飞机机械维修工作。以气压高度表教学为例，之前机械班的学习是用挂图讲解气压高度表的构造及工作原理，调整教学思路之后，机械班学员以小组为单位，每个小组分得一个气压高度表，教员在课堂上示范拆装过程，学员就可以按照教员的拆装步骤学着拆装。教员讲授其他机件名称、功能以及互相联系时，学员就可以以手中的实物为参照，了解和掌握教员讲授的内容。对于一些内部构造比较复杂、难以拆解的机件，教员也想了很多办法帮助学员理解机件构造，"例如汽化器的油路比较复杂，解剖图看不懂，解剖的实物又没有，很难使学员确信教员所讲的内容。日籍教员想了个办法，用马哈洛牌香烟来吹烟路，使烟从预定的油孔冒出来，以证实教员所讲内容的准确性。教员示范后，几个同学围着一个汽化器当场实验，很快都明白了。"[1]

为了快速培养合格的机械师，航校丝毫不吝啬费尽周折收集来的航材，基本上是只要库房里有的零件，都可以

---

[1] 张开帙：《老航校的工程机务教育》，载张开帙、麦林主编《东北老航校》上册，蓝天出版社，2001，第217页。

发给实习室供学员拆解学习,如果库存缺乏,就派专人去哈尔滨、长春购买。在很多教员和学员还没有解决住房问题的时候,航校就将学员大队后院和整排库房拨给训练处改建实习室。实物教学也得到了刻板的日籍教员的欢迎,毕竟实物在手,很多翻译错误也可以避免。当时日籍教员做了专门的分工,塚本好司负责发动机教学,御前喜久三负责机身构造教学,柳下岁之负责电气设备教学,川原田四郎负责油路系统教学,西谷政吉、吉武久弥、服部义雄负责基本操作教学。塚本好司是日籍教员中最早接受实物教学的,以实物讲解气压高度表工作原理、化油器油路构造等教学方法都是他首创的。发现学员对于这种教学方式接受度较高之后,塚本好司又尝试通过实物教学来讲解"九九"式高级教练机所用的八–13发动机原理。八–13发动机的气缸呈星形排列,构造比较复杂,"为了让学员听懂弄明白,塚本君就让5个学员编成一组,按照1、3、5、2、4的顺序围成一圈。然后每个人都伸出右手,握住一根木棍,按照1至5的顺序,分别念着进气、压缩、工作、排气推着木棍转圈。只转了几圈,学员们对这个原本犹如天书般深奥的理论问题就基本弄明白了"。[①] 塚本好司不依赖于书

[①] 朱新春:《樱花啊,樱花——一个日籍飞行员的中国情结》,人民出版社,2010,第86页。

本、教案以及翻译的教学方式取得了成功，这极大地鼓舞了日籍教员继续开展实物教学的热情和信心。御前喜久三在讲解机身构造时，也放弃了挂图讲解的老办法和身为教员的"尊严"，亲自扮演飞机，以两只手臂当作机翼。在课堂上，他一手高一手低来模拟飞机倾斜；反转手掌模拟飞机转弯；用低头弯腰向下的姿势模拟飞机下降；用昂头踮脚的姿势模拟飞机拉升。机械班的学员通过御前喜九三的动作模拟很快就对飞机结构、部件以及相关功能形成了初步印象。

关于如何进行工程机务教学的思想统一后，上课时普遍采用实物教学的方法，每人一个或几个人一个实物，教员讲解如何分解和组装，由学员分解，使大家看清实物内部结构，然后讲它的结构、内部各零件的相互关系和相互作用。一个高度表，过去在黑板上画来画去，经过翻译，讲了好几天还弄不懂，现在上一堂课差不多就懂了，不仅知道它叫什么，而且知道它"肚子"里都有些什么和它的作用。实物教学成功的经验，鼓舞了日本教员（当时没有中国教员）和翻译搞好教学的信心，他们改变了教员难当的思想，积极性大大提高了。大家都围绕实物教学想办法，赶制帮助授课的图表，同时制作了一些模型，解剖了一些实物。全体教员积极地按新要求备课，收到了满意的效果。原来有点视学习为畏途的同学，学习的积极性也空前高涨起来。

根据客观实际形成的这种教学方法，需要较充足的物质保证。对此，老航校的领导是舍得下本钱的：把牡丹江当时学生大队大楼后院的一排库房，全部作为机械一期同学的实习室，并专门调拨了木料，很快把筒子房隔成几个专业实习教室并及时装好电源；对需要的飞机部件都如数发放。学员在各个实习室所用的工具(每人一套)，需求量很大。基本作业教室所需要的各种工具、设备和器材，其数量也是很大的。老航校的领导对这些需求总是尽量满足，凡学校有的，再困难也要满足机械学员学习的需要；学校没有而市场上能够买到的，都尽力去买。为建设这几个专业实习室，学校多次派人到哈尔滨去采购，基本作业教室里的一切，几乎都是在哈尔滨市场上购买的。

自1946年7月开始采用新教学方法，边教学、边建立实习室，短短一个多月就建成了基本作业、飞机、发动机、仪表、电器、军械6个专业实习室(没有无线电专业，因当时多数飞机缺无线电设备)。学员在基本作业教室里要学会正确地使用各种常用工具，学会加工各种基本的产品。在发动机教室里，学员主要熟悉发动机结构及其各个部分的动力原理，并初步学会磨气门、换涨圈、发动机定时等工作。通过学习，学员看清了活塞连杆和主轴的关系，再没有人认为是螺旋桨带活塞转动了。经过对一个个仪表、一个个电器、一个个军械的分解熟悉，再登上飞机，座舱里那些五花八门的仪表、开关、把手等再蒙不住人了。在飞机实习室（在院子里），学员们不仅知道了飞机有哪些部分、各叫什么名字、它们的作用以及维护它们应注意的问题，而且明白了同是用发动机做动力，为什么汽车不能飞，而飞机却能翱翔长空的道理。

这种教学活动符合机械一期同学的实际，因而深受同学们的欢迎，大家为建设人民空军而学习的劲头也越来越高。从牡丹江搬到东安后，住房那么紧张，可老航校领导仍然设法满足实习室的需要。机械一期同学看在眼里，更激发了学习热情，一个个都埋头苦学。现在想想，那时他们几十个人在那样恶劣的条件下艰难地学习，并取得了优异的成绩，实在是来之不易啊！到1947年4月飞时，他们个个都熟悉了飞机，并且知道了它们的一些"脾气"和简单的维修技能。机械一期同学这一阶段的学习，可称为实物教学阶段。

1947年9月全校停飞后，冬训开始，机械一期的同学们由各个机场又回到东安铁路以北的校部训练处集训。大家带回了实践中所遇到的许多知其然而不知其所以然的问题，迫切希望通过理论学习弄懂这些问题。在这种情况下，训练处提出要开制图、空气力学、飞机构造学、航空发动机原理和燃料学等课程。老航校领导批准了这个计划。因为是紧密结合同学们实践中所遇到的问题上课，收效很好。对如何在飞机上排除偏航、头重等故障，大体在道理上弄清楚后，也就敢于下手了，对于飞行中飞机拉黑现象不仅知道有哪几种可能的原因，而且知道余气系数这种道理，也知道了发动机爆震和汽油的奥克坦数有一定关系，等等。经过一个冬季(1947年9月—1948年4月)的理论学习，机械一期的同学已是既有经验又有理论知识的工程机务干部了。随着飞行季节的开始，他们奔赴各自的岗位，每人可以掌管一架飞机，并自如地完成任务。事实证明，"实物教学—见习实践—理论、文化提高"这种教学程序，不是一般的凑合教学，而是在学员文化水平低、教学中教员与学生语言不通等特殊情况下取得显著成效的创举，也是老航校领导、教员、学员和机务队共同创造的宝贵经验。

老航校机械一期的教学经验，以后机械二、三、四期虽未全盘照搬，但基本上还是采用了。先后训练出来的300多名工程机务干部，后来都成了空军、海军、民航、航空工业甚至航天工业某些部门的工程技术骨干。

老航校对飞行员必须掌握的航空机械知识，除课堂讲课外，还充分利用训练处的实习室进行实物教学，并严格要求飞行人员在机务工作日帮助机务人员工作，每次飞行后，要求他们帮助机务人员推飞机，借以熟悉飞机，密切空地勤人员的关系。因此，老航校的飞行员也都能较熟练地检查飞机。

老航校训练处机械科的机械教员，直到航校搬迁东安之前，全是日本人。他们是塚本好司、御前喜久三、柳下岁之、西雅夫、川原田四郎、小野寺、西谷八郎、吉武久弥，1946年到东安后才增加了丁济平。这时老航校组建了一个教员训练班，有熊焰（从哈尔滨办事处调来）、陈明秋（从机务队调来）、陈静山（从修理厂调来）和张开峡等5人。但实际上熊焰到了修理厂工作，而其余4人都在各个工作岗位上工作，并没有组织训练。1947年2月，中国教员队伍中增加了唐世耀、唐玉文、袁钊、刘贻和秦福铨，王强同志也亲自讲过课，但教员的主力仍是前面所说的那几位日本朋友。他们从一开始到最后离开中国，都在为培养中国人民航空的机务骨干而尽力。从机械三期开始，日本籍教员人数有所增加，中国籍的教员也增加了方致远等人，翻译小宋也改当了教员。

由于机械学员不断增加，航校决定成立三大队，统管各机械中队和混合中队，由严镇兼任大队长，金生任政委，张开峡兼副大队长。实际上，张开峡开始时因陪同机械三期学员在东安学习以后又外出搜集器材，一直未在学校；而严镇同志又因意外事故去世，所以三大队的担子始终压在政委金生和以后任命的副大队长两人的肩上。

这种以实物为主的教学在航校机械班第一期开班后，取得了相对不错的教学成果。在较短时间内，机械班学员已经基本能对飞机发动机等关键零件的构造、功能、动作原理了如指掌，基本能够胜任更换磨气门、换涨圈、对发动机定时检修等机务工作。从1947年7月开始，随着"九九"式高级教练机的抵达，机械班又有针对性地对"九九"式高级教练机的维护维修展开学习训练，为之后的场务工作打下了坚实的基础。

图为东北老航校的主训机种——"九九"式高级教练机。原图由"日本老战友回娘家团"于2007年6月10日提供

随着这一批包括"九九"式高级教练机在内的飞机、航材抵达牡丹江，老航校的飞行条件有了进一步改善。尽管教员训练班的学员尚未完成训练，老航校领导还是决定先组织航校第一期飞行班展开飞行训练。由于用于训练的飞机数量不足，老航校决定将年龄在23岁以上的学员编为飞行甲班，23岁以下的学员编为飞行乙班，甲班先开展飞行训练。当时甲班共有学员12人，包括吴元任、姚峻、许景煌等，由吴元任担任队长。吴元任是1938年2月从延安出发赴新疆航空队学习的6人中的一员。回到延安后，吴元任曾担任工程学校的秘书，并继续学习航空理论，因此有一定的飞行理论知识储备。

但像吴元任这样具备一定理论知识的学员人数较少，与机械学员一样，第一期飞行学员的文化水平也普遍不高，很多学员甚至只有小学学历，不但没有掌握飞行、领航必要的数学知识，甚至连外文字母都是第一次接触。林弥一郎第一次给飞行班上航空理论课的时候，为了测试学员们的知识水平，先在黑板上写了两道和航空理论相关的简单几何题和物理题，并试探着要学员解出答案。而学员们没有一个人明白这两道题该如何解答。"林保毅（林弥一郎）只好又写了一道乘法算术题，再向下一望，见那一排排正儿八经地坐了一地的学员们，除了个别几个人忙着计算之外，绝大多数学员仍是大眼瞪小眼地望着他，林保毅（林弥一郎）这才明白，共产党、八路军是把世界上最不可能完成的教学任务交给了自己。略作镇静的林保毅（林弥一郎）稍一思索，果断地将手中的航空教案一扔，大声宣布，下面先学习四则运算！这相当于大学生水平的航空理论课，就此变成了小学生的算术课。"①为了提高学员的文化水平，飞行班学员很快就自发地结成了学习小组，由文化水平相对较高的学员为文化水平相对较低的学员进行补习，王弼、常乾坤等理论知识比较丰富的老航校领导，还专门抽出时间给飞行班学员讲解发动机原理与飞行原理。此外，与机械班学员一样，飞行班学员也面临着语言不通的问题。给飞行班讲授航空理论知识的也是日籍教员，而翻译由于缺乏航空知识，往往将一些专业术语、专门零件翻译错误，这加大了学员学习航空理论知识的难度。此外，由日籍飞行教员带飞的时候，由于翻译无法随行，飞机中也缺乏通话设备，位于后舱的教员只能以拍打前舱学员的头或者身体，再以手势来指导前舱学员的飞行动作。

---

① 朱新春：《樱花啊，樱花——一个日籍飞行员的中国情结》，人民出版社，2010，第83页。

东北老航校教学条件简陋，图为学员在宿舍里学习航空理论

飞机各个部件和各个系统是怎样分解和组装的都是用实物讲解，图为学习航空理论用的实习飞机

尽管航校排除万难，终于在牡丹江开始了正常的教学，但噩耗却不期而至。后来成为老航校训练飞行主力机型的"九九"式高级教练机1946年7月才运抵牡丹江，在这之前，老航校飞行甲班用于飞行训练的机型是1945年10月前后在沈阳等地缴获和搜集来的"英格曼"初级教练机。这批"英格曼"初级教练机原本有10余架，但大多残破不堪，老航校只能将这些飞机拆解再拼凑起来，"飞机右翼是一架飞机上的，左翼是另一架飞机上的，尾翼是第三架飞机上的。没有防风罩，又找不到树脂玻璃，就用赛璐珞装在铁管焊成的框子上代用。螺旋桨最紧缺，往往是把弯曲了的桨叶用铁匠炉加热砸平，放在平台上测量校正后接着使用。两架飞机用一副螺旋桨是常有的事，这架飞机飞完，立刻拆装到另一架待飞的飞机上。起落架上的轮子往往也是轮换着使用的。"[①] 在山东参加我党工作，后抵达牡丹江加入航校的日本飞行教官木暮重雄第一次见到航校机场的飞机时，惊呼这简直是航空博物馆的露天展览场，"摆放在露天展览场上的那些杂七杂八的各型飞机，有的没有机翼，有的没有蒙皮，有的没有起落架，有的没有发动机，有的没有座舱罩，有的没有仪表盘，共同的一点是，都没有通信设施。

---

① 郭晓晔：《英雄万岁》，中国文史出版社，2019，第83页。

也就是说，无法进行空空与空地联络。一旦上了天，这些飞机就成了没有线的风筝，根本就没人能管得了。再仔细看这些杂牌光怪陆离的机身，黄的、白的、灰的、蓝的，东一块、西一块、上一块、下一块的金属补丁，更让人怀疑它们还能不能飞得起来，即使飞起来后又会不会散架"。①除了飞机是维修拼凑起来的之外，航校也缺乏飞行训练必需的降落伞等逃生设施，甚至很多飞机都没有安全带，飞行员只能用粗糙的麻绳将自己绑在驾驶座上。这样的飞行条件显然埋藏了巨大的安全隐患。

飞行训练正式开始是在1946年6月6日。飞行训练的第二天，计划下午由林保毅（林弥一郎）驾驶"九九"式高级教练机带飞教员训练班的魏坚，由吉翔驾驶"英格曼"初级教练机带飞许景煌。上午，航校飞行科科长吉翔还特意叮嘱教员与学员，由于飞机机况不好，一旦在100米以上的高空出现任何状况，只能做直线迫降，不能转弯，否则飞机就有失速的危险。林保毅（林弥一郎）驾驶飞机带飞魏坚的飞行顺利结束。而吉翔带飞许景煌时，由于航校的"英格曼"教练机多是拼凑维修的，甚至某些机件由于缺乏开口销，只是用铁丝穿缝连接起来的，因此飞机刚一

---

① 朱新春：《樱花啊，樱花——一个日籍飞行员的中国情结》，人民出版社，2010，第81页。

升空，还不到100米就出现了故障。当时航校能够勉强飞行的"英格曼"初级教练机只有4架，按照飞行训练的原则，学员必须先在初级教练机上完成训练，才可以上中级和高级教练机进行飞行训练，因此这4架"英格曼"初级教练机极为宝贵。为了保护飞机，在明知道出现故障后做180度转弯返场存在巨大风险的情况下，吉翔还是强行驾驶飞机转弯，但飞机在转弯过程中失速，直坠地面。吉翔当场牺牲，许景煌也昏了过去，在牡丹江医院抢救了三天才醒了过来。

一个星期后，噩耗又接踵而至。当时在航校担任教育长的蔡云翔在建校前的航空总队时期就担任了执行飞行任务的飞行队队长职务。蔡云翔是在抗日战争胜利前驾机起义的，在汪伪空军中，蔡云翔是驾驶伪总统府专机的驾驶员，技术精湛，经验丰富。在起义之后，蔡云翔多次执行过我军的飞行任务，是深受信任的驾驶员。由于我军的飞机几乎都是从日伪手中缴获、搜集来的，飞机故障频繁，蔡云翔在执行飞行任务过程中也遭遇过很多险情，但都凭借着高超的飞行技术将险情一一化解。老航校成立之后，蔡云翔也多次驾机执行"东总"直接委派的任务。1946年6月前后，国民党军队对南满解放区的攻势非常猛烈，通化地区的形势非常危险。当时在通化有一大批东北币尚未运出，而梅河口铁路又屡遭敌机轰炸,已经无法使用。而北满地区的建设急需这一笔钱,"东总"要求航校派飞机去通化将这一批东北币运到北满来。校领导便决定将这个重要任务交给航校驾驶技术最好的蔡云翔来执行。

蔡云翔从牡丹江出发时飞机就发生了故障,起落架上的轮胎掉落。为了迫降,蔡云翔只好在牡丹江上空驾机盘旋,当时也在牡丹江的"东总"炮兵学校师生误以为蔡云翔驾驶的"立川一"式双发运输教练机是国民党军队的轰炸机,见蔡云翔的飞机不断盘旋,便用高射机枪和高射炮对空射击,蔡云翔不得已,只能凭借其高超的驾驶技术在航校学员临时用麻袋铺就的迫降场上紧急着陆才保住了飞机。

蔡云翔在飞机更换了起落架轮胎之后继续执行任务。"从牡丹江起飞后,飞机中途在敦化着陆加油。敦化军分区司令部正好有几个干部南调,顺便搭机去通化,由于人和行李较多,还带了几桶准备回程用的汽油,飞机超载。从敦化起飞后,飞机爬高很困难,蔡云翔便选择在一片原是森林、后失火烧光、空中看来似乎较平坦的地方迫降,不幸撞在一棵树桩上,飞机爆炸起火,全机人员遇难"。[1]

由于蔡云翔是执行"东总"的任务,且飞机第一次升

---

[1] 黄乃一:《东北老航校诞生前后》,载张开帙、麦林主编《东北老航校》上册,蓝天出版社,2001,第48页。

空时就出现了故障。当时航校内部有声音认为,蔡云翔的飞机是遭到了敌人的破坏。这种议论让老航校的日籍工作人员,特别是日籍地勤、机务人员感到了极大的压力。王弼与常乾坤等老航校领导力排众议,坚持实事求是的态度,派老航校副政委顾磊担任事故调查组组长,率人前往敦化进行现场调查,确认蔡云翔飞机失事是由于飞机超载以及迫降意外所导致的。木暮重雄在日后谈到这次事故时曾表示,老航校领导实事求是的态度,以及对事故客观、全面、深刻的分析,"彻底打消了大家对我们日本人的怀疑,保护了我们日本人的积极性"。①

在这两次事故之后,航校将所有勉强使用的飞机全部返厂重修。吉翔坠机后剩下的3架使用过度,严重老化,发动机、螺旋桨都存在故障隐患的"英格曼"初级教练机被航校全部淘汰。

淘汰"英格曼"初级教练机避免了事故的发生,却也带来了新的问题。当时航校没有中级教练机,仅余的3架"英格曼"初级教练机又全部淘汰,刚刚开始飞行训练的学员班面临着停飞的窘境。当时航校里有人认为,应当寻求苏联的支援,但限于国际、国内形势,从苏联获得飞机的可能

---

① 朱新春:《樱花啊,樱花——一个日籍飞行员的中国情结》,人民出版社,2010,第83页。

性几乎为零。而剩下的选择，就是越过初级教练机以及中级教练机阶段，让从未飞行过的飞行班学员直接上"九九"式高级教练机。这个计划一提出就遭到了日籍教员的集体反对。木制的"英格曼"初级教练机只有100多匹马力，而"九九"式高级教练机是全金属外壳，发动机有450匹马力，平飞速度达到每小时250公里，差不多是"英格曼"初级教练机的一倍。完全没有飞行经验的学员，没经过初级教练机与中级教练机的过渡，就直上高级教练机开始飞行训练的风险是不言而喻的。一向全力支持航校教学计划的日籍主任飞行教官林保毅（林弥一郎）这一次也反对学员直上高级教练机的计划，他毫不客气地对常乾坤校长说，"全世界各国都是采用循序渐进的三级教练法。没有一个国家，也没有一个飞行员是连初级、中级教练机都没飞过关，更别提没飞过，就直接上高级教练机的"。[1]

但航校短时期内没有初级教练机以及中级教练机的事实已经无法改变了，教学训练也不可能就此停止。既然飞行学员班直上高级教练机是唯一的选择，那么接下来要做的，就是如何克服困难，保障飞行安全，做到万无一失。为此航校领导接连召开数次会议，分析学员直上高级教练

---

[1] 朱新春：《樱花啊，樱花——一个日籍飞行员的中国情结》，人民出版社，2010，第89页。

机的困难和不利因素。通过多次讨论，航校领导与飞行教官们都认为，尽管"九九"式高级教练机的速度更快，但是其性能也远优于木制的"英格曼"初级教练机，且航校的"九九"式高级教练机数量较多，零件储备更充裕，航校的机务人员检修"九九"式高级教练机的经验也更多，可以尽可能排除事故隐患。此外，当时教官训练班的学员基本都已经驾驶过"九九"式高级教练机放了单飞，他们也大多认为，通过增加地面练习和空中带飞时间，飞行班学员直

加强地面准备，增加带飞时间，确保在"九九高练"上顺利单飞。图为吴恺教练组，左起：王洪智、刘玉堤、吴恺、韩明阳、林虎

上高级教练机开展训练,甚至是单飞,都是有一定把握的。这样,史无前例的飞行学员跨越初级、中级阶段,直上高级教练机的计划正式开始实施。林保毅(林弥一郎)等日籍飞行教官也以专业的军人素质坚决地执行航校的教学计划。为了保障飞行安全,林保毅(林弥一郎)不但亲自教学,亲自带飞,还亲自带领日籍机务人员检查每一架"九九"式高级教练机的维修养护情况,机械班与飞行乙班的学员也几乎全员出动,不分昼夜地对"九九"式高级教练机进行保养,仔细检查每一处零件,努力确保飞行甲班学员的飞行安全。

原计划林保毅(林弥一郎)等日籍飞行教官要带飞行甲班学员飞"九九"式高级教练机15个小时才能考虑要学员单飞。但是时间不等人,为了加快培养飞行员的速度,常乾坤与中日飞行教员反复研究,认为一些有过飞行经验的学员在带飞12个小时后,可以具备单飞的能力。而选择谁作为第一个单飞的学员,这不但决定着学员的飞行安全,也决定了学员直上高级教练机训练计划能否成功。在和林保毅(林弥一郎)反复商讨之后,航校领导决定由飞行甲班班长吴元任第一个放单飞。吴元任的带飞一直是由林保毅(林弥一郎)执行的。吴元任原本在新疆就有过一些理论学习与飞行训练的经验。来到航校之后,吴元任的进步极快，就连保守持重的林保毅（林弥一郎）也认为，由吴元任来执行单飞任务是最合适的。

吴元任的单飞日期选在了7月下旬。那一天航校上下气氛凝重。机场上，航校领导、飞行教员、地勤机务人员几乎都沉默不语，只有吴元任即将单独驾驶飞行的那架"九九"式高级教练机机尾拴绑的红布条在微风中猎猎作响，那是学员放单飞的标志。所有人目送着吴元任坐进驾驶舱，紧张地盯着飞机慢慢滑入跑道、加速、升空，以标准的姿势在空中完成第一次转弯；之后又按照飞行预案完成第二次转弯；改入平飞；第三次转弯；第四次转弯；下降；稳稳落地；减速；滑行；停车。直到吴元任的飞机完全停稳，人群这才发出震耳欲聋的欢呼声，学员们一拥而上，像迎接凯旋的英雄一样，将一个用野花编织的花环戴在吴元任的脖颈上。"吴元任直上'九九高练'的成功，给大家很大的鼓舞，增强了教学员的信心。直接上高级教练机进行飞行训练，这是我们在艰苦的环境中迫不得已走出的一条路。在这条前人没有走过的路上，我们靠领导与群众相结合，靠革命坚定性、创造性与科学性的紧密结合，赢得了胜利。"[①]

---

① 黄乃一：《东北老航校诞生前后》，载张开帙、麦林主编《东北老航校》上册，蓝天出版社，2001，第54页。

第三章 | 东北老航校的训练、教学组织与生活（上）

1946年7月，飞行一期学员开始在"九九高练"上单飞

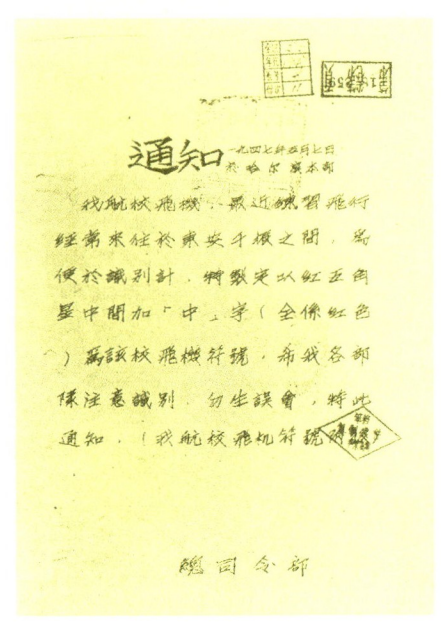

东北老航校直上"九九高练"初期，统一了机徽。图为"东总"关于统一飞机符号（机徽）的通知

图为经"东总"批准的老航校飞机符号（机徽）。红五角星中间加入"中"字，表示是中国人民的飞机，象征中国共产党创建了东北老航校。由于航校初建，作战条件尚不成熟，所以机徽的五角星不带尖，表示不露锋芒

继吴元任之后，飞行甲班的其他学员也很快完成了直上"九九"式高级教练机的训练科目。飞行乙班的学员也逐渐跟上了进度，即将开始由教员们带飞。眼看飞行训练重新回到正轨，航校上下还未来得及松一口气，新的问题又出现了。飞机飞行需要专门的航空汽油，而日军留在东北，且未被苏军运走破坏的航空汽油几乎已经都被航校搜寻殆尽了。东北解放区还不能生产航空汽油，从国外进口，又受限于当时的国际环境而毫无可能。随着飞行训练规模的不断扩大，航校储存的航空汽油即将告罄。一旦航空汽油用尽，飞行训练就只能终止。"东总"甚至决定，航校有粮食（航空汽油）就办，没有粮食就不办。可以说航空汽油问题是航校生死攸关的问题。

飞机训练没有航油，犹如婴儿断奶

面对这个难题，航校上下继续发扬集思广益的传统，一起想办法。"林保毅（林弥一郎）说，太平洋战争后期，由于美国海军切断了日本与中东的海上运输线，使日本的汽油来源断绝，听说当时日本空军做过用酒精代替航空汽油的试验，不知是否成功。白起副校长也说，20年代他在法国留学时，也曾听说过用酒精做飞机燃料的传说。张开帙也提供了一个启示性的线索，说他在搜集航材的时候，曾在朝阳意外发现日本人从木材中提炼的两桶'松根油'，用作汽车燃料。"①几个人的思路都指向了以酒精代替航空

---

① 郭晓晔：《英雄万岁》，中国文史出版社，2019，第105页。

汽油的可能性。就在航校上下考虑以酒精作为飞机燃料是否可行之时,"东总"接连发来的两份材料又让大家的心情像坐过山车一样起伏跌宕。第一份资料证明了林保毅（林弥一郎）的说法：1945年初美国舰队控制中国南部海域之后,日军在印度尼西亚获取的石油无法北运,在中国东北地区的日本航校曾经试验使用抚顺生产的酒精代替汽油开展飞行训练。而第二份资料又表明：日军使用酒精代替汽油的试验是失败的,飞行试验导致了31人死亡,因此关东军司令部下令停止了这项试验。

中日技术人员共同研究,改造飞机发动机汽化器,研究用酒精代替航油

第三章 | 东北老航校的训练、教学组织与生活（上）

"关东军搞不成，未必我们就搞不成。"学员直上高级教练机计划的成功对航校上下士气的鼓舞在这个时候发挥了巨大的作用。航校领导决定开展以酒精代替航空燃油的攻关实验。攻关小组由副校长白起牵头，小组成员包括蒋天然、陈景山、顾光旭以及日籍机械师刑部利保、原田辰好等人。这时候航校的机务人员也在新获得的日军飞机上发现，有的飞机化油器喷嘴有两种尺寸，认为其中比较大的、不常规的喷嘴尺寸很可能是用来适配酒精燃料的。以此为线索，攻关小组在反复试验后发现，"使用纯度超过95%的酒精，将飞机发动机的喷嘴口径扩大到2.5毫米，同时再适当调整进气阀、排气阀的间隙和点火位置，可以使发动机的最大转速达到每分钟2030转的飞行要求"[1]。得知实验获得成功，航校领导立刻将以酒精代替航空汽油的计划报告给了"东总"和东北局。当时兼任东北财委会主任的陈云得知此事后亲自批了100万东北币给航校，让航校建设航空酒精生产厂。航校把这个任务交给了蒋天然。蒋天然是航校在哈尔滨办事处的负责人，而哈尔滨也是当时东北唯一还没有被国民党占领的、有一定工业基础的大城市。经过调查，哈尔滨三棵树地区有一座大型现代化酒精厂，可

---

[1] 朱新春：《樱花啊，樱花——一个日籍飞行员的中国情结》，人民出版社，2010，第91页。

以生产高纯度的工业用酒精，但这座工厂在苏军的控制之下。蒋天然与苏军进行了多次交涉，苏军才同意将酒精厂的管理权转交到航校办事处手上。之后蒋天然又接收了一座私营的现代化大型油脂工厂，也将其转型为酒精工厂。为了管理这两座工厂，航校办事处专门组建了一个贸易公司来调配供应工厂所需的生产原材料。

当时国民党军队已经在松花江以南集结，准备进攻哈尔滨，并且派遣了很多特务进入哈尔滨执行情报搜集及破坏任务，航校办事处管理下的两座酒精工厂以及贸易公司就是特务破坏的主要目标。"9月份的一天，哈尔滨警察局要我们办事处一名负责同志去开会，我（吴之一）代表办事处达到警察局后，当时哈尔滨市警察局局长陈龙同志个别向我通报了敌特情况：为了收集情报和破坏酒精的生产，国民党派遣北满特派员潜入了哈尔滨，并打算派人打进我们的贸易公司，同时国民党还委任了我们接收的油脂工厂前经理为国民党北满保安副司令，要他为国民党反动派效力；敌特还威胁办事处雇佣的勤杂工暗杀我方工作人员。由于警察机关侦破及时并一举将其特务网成员全部抓获，国民党特务的各种阴谋才没有得逞。"[①] 尽管困难重重，

[①] 吴之一：《忆哈尔滨酒精工厂》，载张开帙、麦林主编《东北老航校》上册，蓝天出版社，2001，第409页。

用酒精代替航油取得了成功，图为机组人员领酒精，给飞机"加油"

航校哈尔滨办事处还是在蒋天然、吴之一、徐昌裕、胡华钦、郦少安、熊焰等人的努力工作下，出色地完成了酒精的生产任务。当蒋天然将酒精样品送到"东总"，时任"东总"后勤部长的叶季壮高兴地对陈云说，"这100万没扔进大海，是扔进了金库"。[1] 到1946年底航校办事处撤离哈尔滨之前，航校酒精厂生产的酒精不但满足了航校飞行训练的需要，一部分还供给"东总"用于野战军所急需的汽车燃料。

① 朱新春：《樱花啊，樱花——一个日籍飞行员的中国情结》，人民出版社，2010，第92页。

★ 中国人民航空事业的摇篮

老航校从苏军手中接管了哈尔滨酒精厂，调拨原料，恢复了酒精生产

尽管酒精在地面实验中已经可以使飞机发动机提供飞行所必需的转速，但是在地面开机与在空中开机完全是两回事。如果单纯以酒精为燃料，当冬季来临气温下降之后，发动机效率就会下降，会导致飞机在空中停机。而飞机降落时，由于飞机速度减慢，风速比发动机的转速大，也会导致气缸温度下降，导致发动机停机。在酒精燃料较为充裕的前提下，以林保毅（林弥一郎）为首的日籍教员与日籍技师又发扬其特有的钻研精神，彻底解决了以酒精作为

燃料在飞行和保养方面的难题。林保毅（林弥一郎）等人的办法是，"飞机两个油箱，一个装汽油一个装酒精；气缸两个油路，一个供汽油一个供酒精，且随时可以切换；以汽油启动发动机，待气缸温度上升，再改用酒精；空中突然遇冷或飞机降落时发动机停机，要以汽油启动发动机"。①这种反复切换燃料供应的方法虽然可以大幅减少汽油的用量，但是也加大了飞行员的飞行风险，飞机的飞行续航时间也极大地缩短了，以前加满航油可以飞行4个小时，现在改用以酒精为主、汽油为辅的方式，飞行时间不得不减少到两个小时。

用酒精代替航油解决了飞行训练的需要，图为给飞机加酒精

---

① 黄宁宁、黄达达：《东北老航校前期政治工作六个"没有"刍议》，《东北老航校研究》2019年第2期。

第二节　航校在东安时期

1946年9月以后，东北局势愈加凶险。国民党军队持续对南满、北满解放区发动进攻，沈阳、长春等主要城市相继沦陷。哈尔滨、牡丹江地区也受到国民党军队的威胁。根据战局变化，"东总"要求航校继续向北转移，航校在考察了很多地方的条件之后，决定搬迁到东安（今密山），并选定东安以及千振的机场作为航校的飞行训练场。

航校在通化成立之后，消息很快就传到了国民党军队的耳中，为了扼杀这支刚刚诞生在摇篮里的未来红色空军，国民党空军不惜一切代价破坏航校的日常训练。在哈尔滨派遣特务破坏航校的酒精工厂，试图暗杀航校人员仅仅是国民党破坏航校的手段之一，出动空军轰炸航校机场更是家常便饭。牡丹江地区由于航程离国民党控制的沈阳机场相对较近，国民党空军几乎每天都会在上午10点左右以及下午4点左右，从沈阳飞抵牡丹江对机场进行空袭破坏。当时"东总"缺乏防空武器，航校的飞机也几乎都无法挂弹升空，因此航校的飞行训练只能选在早上或者傍晚敌机的轰炸间隙。地勤人员常常凌晨两点就要到机场完成飞行训练前的准备工作，等飞行训练在8点左右结束之后，地勤又要赶紧把飞机油箱里的燃料放空，再将飞机隐蔽起来。航校迁到东安之后，国民党空军的轰炸也紧随而来，且比对牡丹江机场的轰炸更为频繁。航校的飞行训练起降不得不和敌人的空袭"打时间差"，"如果在训练中遇敌袭击，跑道上的T字旗就变成X，并升起红色信号弹。正在空中的飞机见到信号就立即离场，飞到相对安全的空域盘旋待命"①。此外，为了避开空袭的国民党飞机，林保毅（林弥一郎）等飞行教员又提前教授学员超低空飞行的技术。当时的飞行甲乙两个训练班的学员都很快掌握了低空飞行的要领。

为了与空袭的敌机打游击，老航校只有利用早晚时间飞行

---

① 《东北老航校发展概要》，《东北老航校研究》2019年第2期。

为了尽可能避免敌人轰炸对航校的飞机、航材造成损失，航校决定将部分飞行训练转移到更偏僻的千振机场。航校是在1946年秋开始向东安与千振转移的。东安与千振纬度更高，冬季更长。航校整体搬迁到东安不久，气象条件就不允许继续开展飞行训练。"于是，航校党委便根据林保毅（林弥一郎）等人的建议，决定抓住冬季停飞的机会，先进行为期6个月的文化补习，使学员从加减乘除的四则运算学起，学完三角、几何和物理等基础课程。也就是说，要用6个月的时间，完成小学6年和初中3年的全部课程。"①

拆卸破旧飞机航炮，一边飞行训练，一边组织地面反空袭

---

① 朱新春：《樱花啊，樱花——一个日籍飞行员的中国情结》，人民出版社，2010，第94页。

在牡丹江时期，航校的教学主要以实物方式开展，日籍教员大多是技术高超的飞行员和机械师，尽管实物教学与传统飞行教学有不少差别，但教员们大多也都能够胜任。而系统地讲授代数、几何、物理知识，日籍教员也颇感为难。航校集思广益、能者为师的传统在这个时候又一次发挥了应有的作用。不管是教员还是学员，谁对授课内容更熟悉，掌握得更扎实，谁就走上讲台当教员。学员班的卜刃刚刚高中毕业，就被学员们推举为代数老师。飞行教员于飞学过机械工程，有数理知识基础，就充任代数、三角、飞行原理三门课的教员。当时于飞手边恰好有一本中华书局出版的高中三角函数教科书，这就成了难得的教材。一开始，于飞按照教科书的授课进程给学员们讲解，但发现学员们普遍兴趣不高，对数学有明显的畏难情绪。于飞便换了一个授课思路，"我便先讲三角学对以后飞航法、学轰炸射击等的关系和应用，引起大家的重视和兴趣，之后再扼要地讲解，尽量把自己从实践中摸索的规律，如各种三角公式的速记方法传授给学员"。[①] 这种方法一下子吸引了学员的兴趣，学员们学习代数、三角函数的热情空前高涨，于飞只用了40个课时，就把从函数到解三角方程的全部内

[①] 于飞：《忆我在老航校任教》，载张开帙、麦林主编《东北老航校》上册，蓝天出版社，2001，第237页。

容都讲授完了。在讲授代数、三角函数等课程中积累的经验，对于飞讲授更为复杂枯燥的飞行原理课程有很大帮助。于飞避开了那些深奥的术语、公式，直接从飞行驾驶入手，以实践联系理论的方式告诉学员们，为什么飞机盘旋坡度超过45度后，杆、舵的作用开始互换；为什么"九九"式高级教练机操纵不当就会产生翼尖失速，这些直接从飞行实践中得来的经验让学员们一下子就理解了枯燥的原理和公式。除了代数、三角和飞行原理三门课程之外，于飞甚至有一段时间还代讲过气象学和政治理论。当时航校气象组主要由两位气象专家负责，分别是马岚和内田英俊。由于气象组承担的工作量比较大，马岚完全抽不出身来进行教学，而内田英俊又完全不懂汉语。授课经验相对丰富、得到学员们一致好评的于飞又被校领导指派兼任飞行乙班的气象课教员。当时不但气象课缺少教材，航校的气象站也未完全建设好，既缺少设备，也缺少信息，很难进行天气预报。于飞只能自己搜集参考资料自己编写教材，甚至连牡丹江地区的一些农谚"日落云里走，雨落半夜后"也被于飞拿来当作一种经验传授给了学员。后来于飞回忆这段经历，风趣地说，自己完全是赶鸭子上架，现学现卖。

利用飞行间隙,修建宿舍和教室

担任航校卫生队指导员的麦林由于在延安外文学校学习过俄语,就被拉来做了俄语教员。麦林后来回忆,"当时一无教材、二无教具、三无参考书的情况下,一个没有教学经验的人,独自一人开一门外语课,谈何容易"。①航校的学员大部分没有学习外语的经验,部分在国统区读过高中的学员学习的也是英语,几乎没有一个人有俄语基础,这让毫无授课经验的麦林也颇感为难。在训练处李东流处长以及其他懂俄语同志的帮助下,麦林明确了教学目标,

---

① 麦林:《老航校俄语教学回忆》,载张开帙、麦林主编《东北老航校》上册,蓝天出版社,2001,第231页。

就是在较短时间内,帮助学员掌握俄语的基础语法,储备一定的单词量,为学员们进一步学习俄语打下基础。通过近半年的教学,飞行第一期乙班、机械班第一期以及航校在东安成立的领航班的学员基本掌握了俄语的基础语法,这为后来航校与苏联专家的合作打下了基础。

蔡云翔的遗孀钱克英是在蔡云翔牺牲一个多月后才赶到牡丹江的。航校安排钱克英在训练处做文书工作。航校转移到东安之后,钱克英也在成立不久的机械班第三期担任了国文教员。机械班第三期人数很多,编成三个学员中队。与机械班第一期学员基本来自山东抗大不同,第三期机械班的学员来源比较复杂,有"东总"选派来的学员,也有冀东军区选派来的学员,还有一部分是在哈尔滨招收的初中毕业生。学员的文化水平参差不齐,有些已经具备初中、高中水平,有些甚至连写公文、书信都不知如何下手。钱克英也没有语文教学的经验,只能一边学习备课,一边编写教材教案。当时航校给钱克英布置的教学任务是在较短时间内,让学员的语文水平达到中学程度,为进一步学好航空理论打好基础。钱克英在其他教员的帮助下,从地方语文课本中选择适当的课文编写教材,并根据航校的实际情况,加开了应用文写作课程。当时各中队每周要上两次语文课,每周写一篇作文。语文课的授课几乎贯穿了航校在东安的全部时期,后来航校部分学员转移回牡丹江,钱克英也随同去牡丹江授课。

　　航校转移到东安、千振之初,条件极为艰苦。东安虽然是当年"伪满洲国"的一个省,下辖7个县。但是省会东安街人口并不多,只有两万多人,由于常年受日伪压榨剥削,也没有什么像样的工业和商业,街市萧条,百姓生活困苦。航校的校址选在密山县城(东安街后改称密山县)西北角的一个旧日军军营里。顾光旭等先遣组虽然抢在完全入冬之前对旧兵营的房屋进行了加固,但大部分房屋仍然四处漏风。1946年底到1947年初的冬季,东安的温度长期处于零下18摄氏度左右,有时候夜间气温会下降到零下40摄氏度左右。由于校舍是由旧军营改造来的,房间里都没有暖气设施,只能用破汽油桶改造成的煤炉取暖,而煤炭又极为匮乏,很多房间的炉子不到半夜就熄灭了,挤在通铺上的教员、学员只能爬起来原地跺脚跑步,让身体稍微暖和一点。教员与学员手脚生冻疮是非常普遍的,甚至有学员因为治疗冻伤不及时而截肢。

　　战事紧张,加上冬季补给不利,航校的给养也时常匮乏。学员们的主食都是煮玉米,或者是掺了很多榆树钱的玉米饼子,菜就只有萝卜白菜,这样的伙食也只能保证一天两顿。如果能吃到玉米面蒸的窝窝头,或者加了红豆的小米饭,那就是改善伙食了。日本教职员工虽然按照"东总"的要求，能够吃到特供的大米和白面，但基本也吃不到肉。休息日里，去密山县城仅有的大街上用津贴吃一顿猪血汤或者白菜炖豆腐，就是日本教职员改善生活的唯一办法了。

利用飞行间隙，组织部队开荒种地

尽管条件艰苦恶劣，航校的各项工作还是有条不紊地继续开展。1947年初，一批新的力量补充到了航校，这是从新疆辗转而来的原新疆航空队成员以及驾机起义的刘善本机组。航校的教学力量再一次得到加强。

1940年，常乾坤、王弼以及吴元任等人回到延安后，从西路军留守迪化人员中选拔进入盛世才航空队的我党飞行员依旧留在新疆。1942年，国际反法西斯形势发生了重大变化，德军入侵使得苏联无暇继续支持新疆的盛世才，盛世才政治投机的本性也逐渐暴露。1942年7月5日，蒋介石派宋美龄等人赴迪化拉拢盛世才，盛世才眼见得不到苏联援助，便决定正式倒向国民党政府，清剿留在迪化的中共干部，"1942年9月17日，盛世才以'督办请你谈话'的名义将陈潭秋、毛泽民、林基路及学习航空技术的人员软禁起来"。[①]

新疆航空队的同志被集中到迪化的督办公署大楼后，又被秘密转移到盛世才培训技术兵的教导队营房加以软禁。软禁之初，航空队的同志还可以在营房院内自由活动。利用自由活动的机会，航空队党支部迅速召开了会议，对当前的局势进行了分析，"大家清醒地感到，盛世才为了表示他反共坚决，向蒋介石邀功请赏，可能要对我们下毒手，也可能慑于我党和苏联在国内国外的巨大影响，以及他自己几年来一直信誓旦旦要坚持'六大政策'，一时尚不敢出尔反尔，把事情做绝。那将会长期囚禁我们，或将我们驱逐到苏联去。党支部根据这些情况分析，制定了从最坏处着想、往最好处努力的斗争策略。一方面，口头和书面向

---

① 徐行、杨鹏飞：《陈云与新中国人民空军的奠基》，《军事历史研究》2012年第4期。

图为我党在新疆获救的航空训练人员，1946年7月10日回到延安时的合影

盛世才提出强烈抗议，要求恢复自由，开展合理合法、有理有节的斗争；另一方面，认真研究在非常情况下越狱的可能性，以备一旦盛世才下毒手，坚决反击敌人，减少牺牲"。[1] 为了更好地开展斗争，航空队同志决定首先想办法恢复与党组织的联系。航空队的陈熙、吕黎平趁守卫不注意翻墙跑出兵营，并与苏联顾问取得了联系。得知陈潭秋等人也被软禁逮捕，无法与迪化的党组织取得联系之后，吕黎平等人希望苏联教官向苏联驻迪化领事馆求助。1943年1月，吕黎平等人多次想办法与苏联教官联系，得知苏

---

[1] 吕黎平：《吕黎平回忆录》，中国农业科学技术出版社，2002，第319页。

联驻迪化领事馆已经向中共中央发了电报,转述迪化的情况。苏联方面也多方打听,但始终没有陈潭秋等人的消息。不久,苏联驻迪化领事馆也关闭了,新疆航空队的我党同志彻底与党组织失去了联系。

1943年2月,航空队成员被转移到迪化南门"刘公馆"看押。虽然失去了自由,但航空队的同志还是想尽办法在航空队党支部的领导下,制订了学习计划,利用手头现有的资料,继续进行航空理论知识的学习。此外,航空队中理论素质较高的同志还主动向其他同志讲授"政治经济学""新民主主义论"等我党理论课程。1943年9月,陈潭秋、毛泽民等人被盛世才秘密杀害。航空队的软禁条件也更加恶劣。1944年11月,航空队成员被转移到了新疆第二监狱。吕黎平等人很快与狱中的党组织成员取得了联系。当时在第二监狱的党组织领导人主要是马明芳、张子意以及方志纯等同志。在狱中党组织的领导下,由张子意向新疆航空队的同志们传递了党组织的消息,帮助航空队的同志坚定了斗争的信心。在新疆第二监狱长达一年多的囚禁中,吕黎平等航空队成员与狱中的其他共产党员一起同敌人展开了坚决的斗争。1945年3月与1945年8月,航空队的同志进行了两次绝食斗争,抗议敌人对关押的共产党人进行严刑拷打。在狱中,航空队"绝大多数同志面对敌人的严刑拷

★ 中国人民航空事业的摇篮

图为我党在新疆学习航空和驻疆办事处的 131 人，获救后回到延安时的合影

问，严格按照我党提出的'八路军抗战有功''百子一条心，集体回延安''反对分散关押'等斗争方针与敌人进行针锋相对的说理斗争，表现出共产党人坚定的立场和不屈不挠、视死如归的高尚品格"。① 尽管在狱中，航空队成员也没有对革命的未来失去信心，他们坚信自己有一天一定会驾驶我军的战机重上蓝天。在吕黎平、严振刚等人的组织下，航空队成员秘密地复习航空理论，徒手进行飞行模拟训练。

抗日战争胜利后，张治中奉蒋介石命令赴新疆与"三

---

① 马宏骄：《红军人员在盛世才航空队学习及获救始末》，《党史文汇》1998 年第 1 期。

区暴动"代表和谈。张治中启程前,周恩来与邓颖超曾专门拜访张治中,希望张治中从中斡旋,帮助释放关押在新疆的政治犯。张治中到新疆之后,与蒋介石就释放关押在新疆的政治犯问题反复磋商,最终,蒋介石于1946年5月批准释放关押在迪化的我党我军人员。6月10日,包括航空队成员在内的我党在押人员全部被释放。7月9日,航空队成员与其他同志一起抵达了延安。回到延安后,朱德、毛泽东、刘少奇等先后宴请了航空队成员。在得知航空队30多人已经能够驾驶和维护四种机型的飞机后,我党我军的领导人都很高兴。"毛泽东仔细询问了航空队的学习训练情况和在新疆狱中的生活后,立即派人把中央接待处的负责人找来,要他们安排新疆回来的同志就地休养三个月,伙食按延安最高水平的小灶标准。最后,毛泽东还特别嘱咐,伙食里要加牛奶和鸡蛋"。① 在休养了仅一个多月之后,吕黎平等同志的身体和精神状态都得到了彻底恢复。1946年8月29日,朱德总司令召集新疆航空队的成员开会,在会上,朱德总司令向新疆航空队的同志们表示,"八路军确实需要有一支航空部队,配合地面部队作战,中央对你们寄予了很大希望,希望你们及早恢复技术,参加作战。因此要

---

① 罗胸怀:《中国空军纪事》,中央编译出版社,2010,第16页。

求你们提前结束休息，准备接受新的任务。八路军总部根据中央指示，决定将新疆回来的航空人员编成一个航空队，暂定名为八路军总部航空队"。①八路军总部航空队成立之后，由方子翼担任队长，严振刚担任政治指导员。当时八路军并没有飞机可供使用，因此，航空队成立之后的主要工作，就是着手做前往东北的各项准备。在此期间，航空队上下也已经得知我党在东北成立了航空学校，正在培养我军自己的飞行员。方子翼、吕黎平等人多次找到朱德总司令，请缨赴东北。

就在航空队成员获释赶赴延安的途中，1946年6月26日，国民党空军第八大队刘善本机组驾机起义，率领机组成员张受益、唐世耀、唐玉文、何辉庭、李荣琛、江焕章等人驾驶一架美制 B-24 轰炸机由成都飞抵延安。这是第一次国民党空军起义投奔革命。6月29日，延安为刘善本机组召开了盛大的欢迎会，在会上，朱德总司令亲自致欢迎词称，"刘上尉退出内战义举，标志着全国人民争取和平民族独立运动高潮的到来"。②刘善本到达延安后，就立刻表示，希望能够在延安的广播电台发表讲话，向全国人民广

---

① 王有生、彭明全：《红色飞鹰——新疆航空队传奇》，蓝天出版社，2013，第336页。
② 陈辉：《发生在蓝天上的起义——国民党空军飞行员驾机起义纪实》，《党史博览》2004年第11期。

播自己退出内战的声明,想以自己的经历唤醒更多渴望和平反对内战的国民党官兵。毛泽东得知此事后,亲自找刘善本谈话,告诉他我党正在安排力量营救他在上海的家人,所以暂时不能向全国公告他驾机起义的消息。直到1946年7月5日,延安《解放日报》才在头版头条的显著位置刊登了刘善本机组驾机起义的消息。八路军总部航空队成立后,刘善本作为教员加入了航空队。刘善本毕业于国民党航空学校轰炸科,抗日战争全面爆发之后,又由国民党空军选送到美国学习驾驶当时较为先进的美制B-24轰炸机,无论是航空理论还是飞行实务,刘善本都有较为丰富的经验。因此,党中央决定,派刘善本与新疆航空队的同志一起赴东北加强航校的教育力量。1946年9月,八路军总部航空队与刘善本机组一行40余人从延安出发奔赴东北。航空队原计划经张家口前往热河,再寻机进入东北。但队伍经过绥德时得到消息,傅作义的部队正在对张家口发动猛烈进攻,一行人随即决定走长治向东入山东,再从烟台乘船赴大连。由于延安已将航空队前往东北的消息通知了沿路的党政机关,因此一行人在前往东北的路途上得到了各单位极好的照顾。在山西吕梁军区,军区司令员彭绍辉亲自率人护送航空队通过同浦铁路封锁线,进入渤海地区后,山东惠民军分区与胶东军区接力护送航空队通过羊角沟、昌

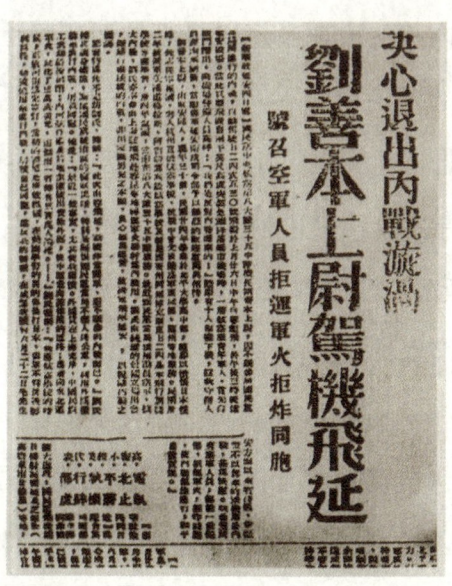

《新华日报》报道了刘善本带领机组人员驾机起义的经过

汪伪空军和国民党空军起义人员驾机飞抵延安,弃暗投明震惊朝野。图为刘善本与机组人员张受益、唐世耀、唐玉文的合影

汪伪、国民党空军驾机起义统计表

起义时间	单位	机型	架数	飞行员	起飞机场	降落地点
1945年8月20日	汪伪空军	99双发运输机	1	蔡云翔、于飞、张华、顾青、陈明秋、田杰	扬州	延安
1946年4月20日	第9地区司令部	L-5	1	上尉飞行联络官王延洲	徐州	清河
1946年6月26日	8大队	B-24	1	上尉飞行参谋刘善本；上尉台长何辉庭；空勤机械师唐世耀；上尉飞行员张受益；空勤通信师唐玉文；准尉台长李荣琛、江煐章	成都	延安
1948年9月23日	4大队23中队	P-51	1	上尉分队长杨培光	北平	四平
1948年12月16日	8大队33中队	B-24	1	中尉飞行员俞渤、郝桂桥、陈九英；中尉领航员周作舟、张祖礼	南京	石家庄
1948年12月29日	4大队23中队	P-51	1	中尉飞行员谭汉洲	青岛	沈阳
1949年1月3日	空军军官学校	C-46	1	上尉飞行教官谢派芬；中尉飞行教官蒋声翰；机工长李穰华、田维初、荀富贵	杭州	郑州
1949年1月12日	空军军官学校	L-5	1	上尉教育副官高平（原名高全铮）	杭州	宿县
1949年1月14日	3大队28中队	P-51	1	中尉飞行员阎磊（原名阎成荫）	南京	济南
1949年1月15日	20大队11中队	C-46	1	中尉飞行员刘焕统、邹耀坤、宋宏儒	青岛	沈阳
1949年1月27日	空军军官学校	PT-17	1	飞行生周正（原名周梦龙）	杭州	合肥
1949年1月27日	空军军官学校	PT-17	1	飞行生李延森	杭州	合肥
1949年1月30日	民航公司	C-47	1	飞行副驾驶李筠；交通管制站长邢国铮；交通管制员刘书荣、华兴杭；机械员陈铁生	上海	济南
1949年2月2日	民航公司	L-5	1	无线电管制员李愚；上海航行管制员刁家平	虹桥	
1949年2月3日	8大队13中队	B-24	1	中尉飞行员张雨农、任永荣、黄友夯；中尉射击员黄文刚	上海	北平
1949年2月19日	10大队	C-46	1	中尉飞行员徐骏英；少尉飞行员魏雄英；少尉领航员张镐；少尉通信员赵昌燕	上海	济南
1949年2月22日	10大队	C-46	1	中尉飞行员杨宝庆	西安	唐山
1949年3月7日	1大队、空军军官学校	"蚊"式	1	中尉飞行员王玉珂；上尉副中队长刘继广；中尉飞行教官禹庆荣	上海	石家庄
1949年3月7日	10大队	C-47	1	中尉飞行员唐宛体；中尉通信员李孪冕；机工长彭树新	汉口	赤峰
1949年4月7日	1大队9中队	B-25	1	中尉飞行员梁惠福；少尉排长黄琪玲、王亚蒙	汉口	郑州
1949年4月9日	10大队	C-46	1	中尉飞行员刁光第；中尉领航员沈济世；少尉军械官于振超；少尉通信员王凡；机工长罗锡令、宋永信；少尉机械员徐迈	上海	济南
1949年4月17日	8大队、20大队	C-46	1	上尉分队长杜道时；中尉机械员郝子仪	新竹	徐州
1949年6月15日	11大队41中队	P-47	1	上尉作战参谋毛履武	南郑	安阳
1949年9月8日	中央航空公司	C-47	1	中队长李福遇	香港	广州
1949年10月16日	10大队	C-47	1	上尉飞行员江富考；机工长周震南；兵陈尚明、石建儒	嘉义	南京
1949年10月17日	空军军官学校	AT-6	1	飞行生魏昌蜀	冈山	福州
1949年12月26日	1大队3中队	PT-17	1	中尉军械员岳哲安	台中	福州

邑封锁线。胶东军区司令员许世友也是西路军出身,与新疆航空队的很多同志都是旧相识,听说他们是去东北航校,许世友非常高兴,"他亲自挑选了可靠老练的船员和一艘柴油机货轮,并专门拨了三艘汽艇和两个营带着小炮护送。傍晚,他挽着方子翼的膀子把大家送到了烟台码头送上船"①。从烟台抵达大连之后,大连警备司令边章伍又安排一行人乘苏军的船只到朝鲜登陆,再由在朝鲜的黎明公司将一行人接到平壤,从平壤乘火车抵达图们。航空队从图们到达牡丹江之时,已是1947年1月中旬。从延安出发时尚是初秋,而此时已近早春。一行人舟车劳顿颇为辛苦,大部分人便留在牡丹江休整,由总队长方子翼、指导员严振刚以及刘善本继续赶往当时"东总"所在地哈尔滨。1月底,"东总"的命令传达到了牡丹江,总队全体人员立刻赶赴东安航校报到,刘善本也被"东总"任命为航校副校长。2月初,一行人抵达了东安。尽管有将近五年没有飞行,但原新疆航空队的14名飞行员有近300小时的飞行经验,其余机务人员也有非常丰富的修理维护经验,原新疆航空队成员的加入,对一直缺乏教员以及中层干部的航校来说意义极为重大。

当时航校几次搬迁校址,在战火中边摸索边办学,各

---

① 郭晓晔:《英雄万岁》,中国文史出版社,2019,第129页。

种局面都难以打开。"原航空队党支部书记严振刚召集支委开了个会,着重就当前阶段我们应该如何发挥作用的问题交换了意见和看法。同志们认为,目前我们虽然还没有工作职务,但应该持主人翁的态度,以过去我们在新疆航空队时期的空地团结、克服困难的精神现身说法,起表率作用,做航校建设的促进者,既不应对消极因素旁观不理,也不要在情况没搞清楚以前就主观片面地仲裁是非。当前,很需要重视思想工作,营造一种团结、协调的艰苦创业气氛,特别要多宣扬党中央对航校奋斗目标的指示,坚定大家的信念……应该以党中央的指示和刘亚楼同志代表东北局提出的办校方针,作为航校统一的思想基础"。[①]

在经过一段时间的休整和熟悉后,1947年3月中旬,航校领导对航校的架构进行了调整。所有飞行人员统编为一个飞行大队,下辖飞行教员队和飞行学员队两个飞行队。飞行经验相对丰富的新疆航空队飞行员与汪伪、国民党起义飞行员编为飞行教员队,大队飞行干部和飞行班第一期甲班学员编成飞行学员队。相应地,每个飞行队配备一个机务保障队。两个飞行队在不同的机场开展训练,飞行教员队由日籍飞行员带飞,快速熟悉日式飞机的驾驶。在飞

[①] 吕黎平:《吕黎平回忆录》,中国农业科学技术出版社,2002,第389页。

行教员队可以带飞之前，飞行学员队也由日籍飞行员带飞。原新疆航空队16名机械师则分配到各个机务队和修理厂中担任领导工作。到3月下旬，原新疆航空队的主要同志都在航校担任了相应的职务，严振刚担任机务处处长，陈熙担任飞行大队教导员，吕黎平担任飞行教员队队长，吴恺担任政治指导员。4月初，东安天气转暖，重新开展飞行训练的条件一具备，飞行教员队就进驻了密山县五道岗机场，飞行学员队则进驻了千振机场。

　　飞行教员班的人员是由新疆航空队和起义人员组成，图为飞行教员班部分人员合影

　　在八路军总部航空队与刘善本机组成员抵达东安之前，

航校的领导班子已经有过了一次调整,马文担任政委,王弼担任第二政委,黄乃一改任政治部主任,顾磊担任校务处处长,原政治部主任白平调往"东总"。航校的领导机构军政委员会由马文担任书记。在东安度过的1946年底到1947年初的冬季,尽管条件艰苦,但却是航校自成立以来一段难得的相对安定的时期。从航校前身航空队成立时起,在不到一年的时间里航校数次搬迁,由沈阳到通化,再到牡丹江,又搬迁到东安,航校人员也在动荡中从四面八方赶来,人员复杂,彼此之间的了解不够充分、配合不够默契。除了刚刚抵达的原新疆航空队的同志之外,航校的领导与教员主要由三部分人构成,"一是八路军总部航空组为主的来自延安的同志,其中常乾坤任航校校长,马文、王弼任政委,还有在苏联学过飞行的刘风以及由共产党派到国民党空军学过航空的魏坚、吴恺、张开帙等;二是先后从汪伪空军和国民党空军起义过来的同志,其中白起、刘善本任副校长,李东流、张受益、何健生任训练处正副处长;三是林弥一郎带领的投降过来的日本第二航空军第二十六教育飞行队的成员"。[1] 新疆航空队以及在苏联受训的同志的飞行经验都来自驾驶苏式飞机,而国民党起义飞行员则

---

[1] 吕黎平:《艰苦创业》,载张开帙、麦林主编《东北老航校》上册,蓝天出版社,2001,第95页。

大多是受美式飞行训练,熟悉美式的战斗机、轰炸机的驾驶,至于林弥一郎等日籍飞行员接受的则是日式飞行训练,熟悉日式飞机。由于航校的飞机全部来自关东军,因此,主要的教学和带飞工作都是日籍飞行员承担。而日本战败,特别是在二战后期的空战中完败于美国空军的事实,让很多国民党起义飞行员对日式飞机和日式飞行教学不屑一顾。木暮重雄后来回忆说,当时的国民党起义飞行员非常质疑日本制造的"九九"式高级教练机的性能,他们更愿意在日

1947年3月东北老航校部分领导合影。左起校长常乾坤、副政委黄乃一、副政委顾磊、政委王弼、政治部主任白平、第一政委马文、副校长刘善本

籍飞行员面前谈论美式飞机能够完成的特技动作和美军的先进技术,"他们讲得眉飞色舞,不仅讲螺旋飞行,还讲无线电航行,利用六分仪进行天文航行,利用雷达进行轰炸等"。[①] 很多学员也对日籍飞行员有抵触情绪,甚至出现了学员不给日本飞行教员敬礼的"事件"。

　　航校人员复杂,出现一些摩擦与隔阂是在所难免的。航校成立之后数次搬迁,越来越艰苦的条件,也放大了航校内部的问题。加上我党我军在东北的发展面临困难,航校在东安的生活又极为艰苦,不但一些日籍工作人员出现了思想波动,希望回国,航校内部也出现了叛逃事件。航校的军务参谋吴树声原是华东某部的参谋,随部队进入东北之后又被"东总"分配到航校工作。吴树声的父亲当时在国民党军队中任职,在吴树声随军北上之时曾与其父见面,思想出现动摇。加上对我党我军在东北"让出大路,占领两厢"的战略方针不理解,又受不了东安地区严酷艰苦的生活,而选择了携带航校部分资料叛逃。这次事件也让航校领导意识到,航校内部亟待一次整风来统一思想。马文赴航校任职之后,航校政治部与党务委员会提议在航校内部进行一次思想整顿,这个意见得到了航校军政委会的同意。

[①] 朱新春:《樱花啊,樱花——一个日籍飞行员的中国情结》,人民出版社,2010,第103页。

上报军区批准后，从1946年底到1947年初，航校开展了一次规模很大的思想整顿运动。这次整顿是在马文与黄乃一的主持下开展的，主要是参照延安整风的经验，组织全校师生认真学习"东总"下发的整风文件，提高思想认识与政治觉悟；开展广泛的批评与自我批评；建立对航校的教员、学员的政治审查制度。

这时候，原新疆航空队的同志再一次起到了团结表率的作用。吕黎平等人在日常教学活动中有意地向带飞的日本教员表示尊重，对日本教员的要求一丝不苟地执行。1947年4月，飞行教员队在林保毅（林弥一郎）等日本教员的带飞下，在五道岗机场率先开展训练，"在五道岗飞行的两个多月时间里，我们天天都和日本教员打交道，彼此间思想交流也日渐增多。或许是为我们训练中的顽强进取精神所教育，学习中的虚心求教的诚恳态度所感动，生活中的乐观情绪所感染，日本教员对我们的成见不像我们刚到时候那么大了。他们对我们在这样困难条件下所取得的良好训练成绩和进步表示非常满意和佩服"。[①] 由林保毅（林弥一郎）带飞的吕黎平、方子翼、夏伯勋等人只飞行了三个飞行日就可以单飞了，其余同志也很快实现了单飞。飞

---

① 吕黎平：《吕黎平回忆录》，中国农业科学技术出版社，2002，第394页。

行班一期甲班稍晚一些也在黑田正义、内田元五、西谷正吉等人的带飞下，在千振机场开始飞行训练。经过一个冬天的思想整风，中国学员与日本教员之间的感情加深了，关系也更加融洽。当时黑田正义的夫人感染了肺病，由黑田正义带飞的张建华和阮济舟"把自己那非常可怜的一点点津贴费省下来，每攒到一定数量时，就专门上街买一些水果、糕点、白糖等营养品给师母送去"。① 黑田正义是当时航校的日本飞行教员中除林保毅（林弥一郎）之外技术最好的飞行员，他原本不属于林保毅（林弥一郎）的飞行教育大队，而是在1945年8月从日本本土送"隼"式战斗机给林保毅（林弥一郎）部队的，他驾机抵达东北之后，因日本宣布投降而滞留东北。黑田正义是日本本土飞行队的尖子飞行员，是当时整个航校为数不多可以带飞特技飞行的飞行员。在黑田正义的倾囊相授之下，张建华和阮济舟很快也掌握了诸如50米超低空飞行、空中翻滚等技术动作。

在千振机场进行了一个多月的飞行训练之后，飞行班第一期甲班转移到了汤原机场。之后飞行班第一期乙班学员在飞行教员木暮重雄、山本猛利等人的带领下进驻了千

---

① 朱新春：《樱花啊，樱花——一个日籍飞行员的中国情结》，人民出版社，2010，第118页。

振机场。在经过近一个月的地面理论学习与模拟飞行训练之后，包括林虎、刘玉堤、韩明阳等在内的飞行班第一期乙班学员也在日本飞行教员的带飞下完成了训练计划，放了单飞。木暮重雄等日本飞行教员也被调整到了刚成立的领航班担任空中实习教官。

领航班是1947年4月飞行教员队进驻五道岗机场之后，由副校长刘善本建议成立的。领航班由刘善本兼任主任教官，从机械班中挑选了25名学员组成了领航班第一期。队长是吴恺，安志敏担任领航班党支部书记，方槐、安志敏、木暮重雄、长谷川正、大澄国一等担任空中实习教官。除了使用"九九"式高级教练机进行空中实习训练之外，航校仅有的几架双发运输教练机也成了领航班的专用训练机。

领航班计划用一年半的时间完成整个训练。最初计划从1947年4月到8月进行地面理论教学，从1947年9月到1948年4月进行空中航行实习，从1948年5月开始再用5个月的时间进行空中射击、投弹训练。尽管学习计划仅有1年半的时间，但领航班开设的课程有近40门，除了基本的航空理论与航空机械基础知识之外，领航班的学员还要学习领航学、轰炸学、气象学、陆海空军战术等课程。当时这些课程几乎都没有教材，担任领航班主任教官的刘善本在美国受训的时候学习过领航，也有担任飞行编队的领航员带领编队驾机跨越大洋的实际经验。没有教材，他便自己动手，亲自编写了十余万字的领航教材。由于领航班的学员基础比较差，他在授课时，也参考了航校实物教学的宝贵经验，深入浅出地教授学员领航知识。"比如讲解罗盘的航向指示时，真北、磁北、罗北这三条线看不见、摸不着，很难理解。他就在晴天晚上，带大家到机场看北斗星，叫两个同学拉一根线瞄北极星定出南北方向，然后在地面划出8个方位线，再把飞机纵轴对准不同方位，让大家轮流到座舱看罗盘指示。一面转动飞机，一面讲解真北、磁北、罗北的关系和概念。这样的实际教学，使大家很快听懂了。"[1]刘善本等人的认真教学极大地激发了领航班学员们的学习热情，缺乏教材，大家就互相抄笔记，没有教具，大家就自己动手制作。领航离不开计算尺，但当时计算尺极为紧缺，刘善本就带领学员们使用木板制作了一个大计算尺，用照相机将小计算尺的刻度拍照冲洗之后，贴到大计算尺的相应位置。没有模拟轰炸瞄准具，学员们就自制了一个高两米左右的带木凳的木架，木架上装上瞄准具，木架下的转轴上装好用白布画的大幅的地形图，进行轰炸瞄准练习时，一个学员坐在木架上，两个学员在木架下转

[1] 陆汀：《对领航班的回忆》，载张开帙、麦林主编《东北老航校》上册，蓝天出版社，2001，第224页。

动转轴，让白布上的地图向后跑，以模拟在轰炸机上进行瞄准投弹。

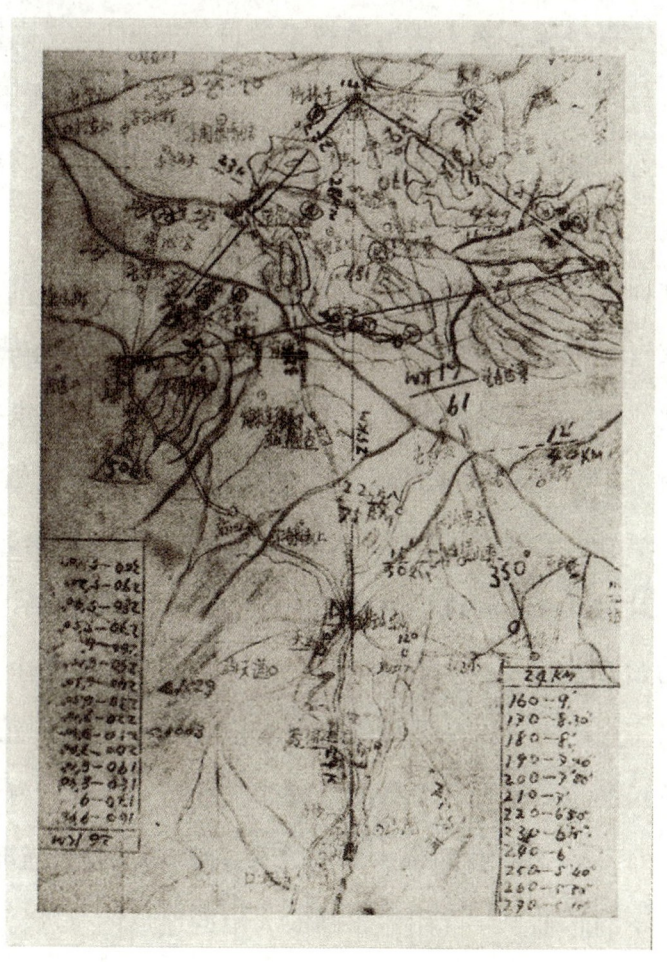

东北老航校领航地图奇缺，图为飞行一期甲班学员姚峻当年绘制的领航图

第三章 | 东北老航校的训练、教学组织与生活（上）

图为东北老航校校长、政委亲自组织编写的各类航空教材

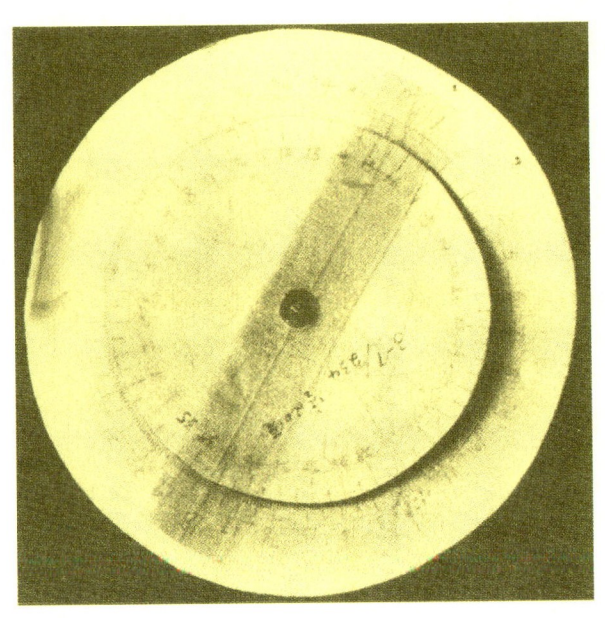

东北老航校自制模型教具，图为自制的领航计算尺

日籍飞行员木暮重雄在领航班担任空中实习教官时间不长，又被调回飞行学员队，担任飞行班第一期乙班的飞行教员，同时也带飞飞行教员班的学员。当他在汤原机场带吕黎平的时候，遭到了国民党空军飞机的袭击。

那是1947年8月的一个下午，当时的飞行训练计划是方华单飞"隼"式战斗机，木暮重雄带吕黎平飞"九九"式高级教练机，方华的飞机先起飞，之后木暮重雄与吕黎平驾驶"九九"式高级教练机也顺利升空。就在木暮重雄与吕黎平飞完了当天的最后一个科目准备返航降落之时，坐在后舱的木暮重雄突然听见机舱后传来一阵"嗒嗒嗒"的声音，有过战斗经验的木暮重雄立刻意识到这是飞机机关炮开火的声音。当时航校的飞机都没有武装，这只能是敌人的飞机！木暮重雄回头观测，发现有3架国民党空军的美制P-51战斗机正在机场上空展开战斗队形。另一架攻击木暮重雄与吕黎平驾驶的"九九"式高级教练机的P-51战斗机刚刚扫射完，从侧向拉升。木暮重雄知道，敌机的这次拉升是为了进行下一轮攻击做的准备。"九九"式高级教练机没有武装，速度也没有P-51战斗机快，他当机立断，用后舱的教员驾驶设备接管了飞机驾驶，之后他利用娴熟的驾驶技术躲过敌机的攻击，在极短时间内完成转弯、下降、着陆、减速、刹车等技术动作。飞机停稳之后，木暮重雄与吕黎平迅速离开飞机躲入掩体,但停放在机场上的飞机还是没有躲过 P-51 的攻击。P-51 俯冲扫射,"九九"式高级教练机被击中起火。

老航校训练飞机被敌机击中,紧急着陆后飞机已经起火。图为空地勤人员冒着敌机的扫射,奋力扑救起火的飞机

见到宝贵的教练机中弹起火,刚刚才脱离危险的木暮重雄与吕黎平二人又一跃而起,不顾敌人的炮火直奔飞机,扑打火焰,试图将大火扑灭。负责维护飞机的地勤人员也冲了上来,在几个人的努力下,飞机终于保住了。在空中驾驶"隼"式战斗机的方华也注意到了突然来袭的敌机。尽管方华驾驶的是一架战斗机,但这架飞机也没有配备武器,且起落架是固定无法收回的,如果与敌人进行空中格斗毫

无胜算。方华急中生智，驾机迅速爬升占据有利攻击位置佯装发起攻击，位于下方的国民党飞机驾驶员可能没有想到我军航校有战斗机，又见方华驾驶飞机抢占了有利的攻击位置，也来不及分辨飞机是不是配备了武器，起落架是不是收起，便惊慌地抛下副油箱加速撤离。

在这次事件中，木暮重雄抢救飞机的举动得到了学员队上下的一致赞扬，中国学员对日本教员的敬重也加深了几分。之后，在海浪机场也发生了国民党空军的P-51战斗机袭击机场的事件，当时，日本机械师佐渡忠义冒着生命危险，驾驶启动车吸引了国民党飞机的注意力，停放在海浪机场的十余架"九九"式高级教练机才获得了转移隐蔽的时间，没有被国民党飞机摧毁。随着国民党空军对航校的袭扰越来越频繁，航校也计划在为数不多的"隼"式战斗机上装配机枪，飞行员也专门进行了攻击和战斗训练，以备敌机再来袭扰时可以进行反击，保卫航校。但这一计划上报到"东总"之后，却没有通过。"东总"的理由很简单：不能过早暴露我军的实力。航校的任务就是为建设空军培养干部，航校培养的飞行员每一个都是宝贵的，每一个都将在未来、在更广阔的蓝天里建功立业。航校上下也很快调整了思想，遵照"东总"指示，在训练时间、训练方式上和国民党空军打起了游击战。尽管敌机几乎每天都来袭扰，但航校利用敌机袭扰的空当还是很好地完成了各项教学任务。到1947年初秋，一度因病休养落下了进度的刘玉堤也在木暮重雄的带飞下跟上了进度，飞行班第一期乙班全部放了单飞。

1947年夏，东北民主联军对南满地区的国民党军发动了夏季攻势。当时刚刚从五道岗机场转场到海浪机场的方华和长谷川一两人接到命令，驾驶"九九"式高级教练机飞往哈尔滨执行任务。在蔡云翔牺牲之后，航校已经很少有人执行训练之外的飞行任务了。方华和长谷川一两人都不知道任务细节。两人驾机赶到哈尔滨联军总部之后才得知，两人的任务是空投一批前线作战急需的作战地图，空投地点在四平西侧一个没有明显地标的地点。航校副校长刘善本担任地面指挥，他为两人做了详细的任务布置。当时航校的飞机都没有雷达和其他导航设施以及通信设备，导航只能依靠罗盘及目视。方华与长谷川一为了安全，又有意避开了长春、沈阳等目标明显的地区。但凭借高超的飞行技术和丰富的驾驶经验，二人出色地完成了任务。

1947年9月，随着航校规模的扩大、人员的增多，特别是在原新疆航空队近30名红军干部补充到航校之后，对航校进行架构调整就显得非常必要。在东北局和"东总"的指示下，航校进行了一次整编，"整编的主要作用是把我党早期培养的航空骨干调整到领导岗位。任命'东总'参谋长刘亚楼兼任航空学校校长，任命东北军政大学政委吴溉之兼任航校政委，常乾坤改任副校长，王弼改任副政委，调薛少卿到航校任副政委兼政治部主任，原副校长白起、刘善本分别改任航校飞行参议和飞行主任教官"。① 经过这次人员整编，航校建立并落实了党委领导制度。无论是航校机关、直属队还是学员队都建立起了基层党组织。

进入10月之后，东安、千振等地区开始下雪，飞行训练因季节与气候的原因只能再一次暂停。利用这段时期，航校在刚刚建立健全的党组织领导下，在全校上下再一次开展了整风运动。"10月21日，航校新任政委吴溉之向全校排以上干部做了整风动员报告。根据东北局指示和他此前对航校的调查，他着重讲了办校方针、领导、政策、工作、思想等八个问题。至于亟待纠正的错误思想和表现，他主要讲了两个方面：一是在训练中，存在着急于参战、依靠外援、重技术轻政治、重实际轻理论、重飞行轻机械的倾向；二是日常生活中，平均主义、自由主义、本位主义、山头主义、极端民主化以及图享受怕艰苦、不安心航校工作的思想有所滋长"。② 当时各个解放区都在开展"三查三

---

① 《东北老航校发展概要》，《东北老航校研究》2019年第2期。
② 郭晓晔：《英雄万岁》，中国文史出版社，2019，第169页。

整"运动,即查阶级、查思想、查作风,整顿组织、整顿思想、整顿作风。这既是全党全军为转入战略反攻进行的整风运动,也是在解放区进行土地改革的必要思想准备。"在不同的部队,关于"三查三整"的提法不完全相同,但其基本精神是一致的。这场运动是一次在全军开展的大规模的阶级教育和思想整顿,是解放军政治工作的重大创造,对改造俘虏也起到了重要作用。"① 相对于其他部队,航校的人员构成更为复杂,政治工作也更重要。在"三查三整"运动中,航校以政工干部为主,通过大力开展群众性思想工作来打消学员只愿学飞行不愿学机务的错误情绪,各级党委广泛地、持续地与学员谈心,讲清了航校当前的最大任务,帮助学员理解了航校是培养人民空军"红色种子"的重要意义,"逐步把大家的思想统一到坚决完成党中央交给的办好航校的任务上来"。②

除了帮助大家统一思想之外,航校也利用入冬后暂时无法开展飞行训练的时间,腾出手来开展文娱活动,丰富航校的课余生活,力图在艰苦的环境中打造乐观、积极的学习生活氛围。航校的日本教员和机械师大多爱好棒球,

---

① 卢毅:《解放战争时期中国共产党改造俘虏的历史经验》,《理论学刊》2013年第4期。
② 薛少卿:《思想政治工作是创办老航校的重要保证》,载张开帙、麦林主编《东北老航校》上册,蓝天出版社,2001,第68页。

尽管东安冬天的气温很多时候都在零下 20 摄氏度左右，但这也无法阻挡日本教员和机械师的热情。而中国飞行员和学员们很多人喜欢打篮球，航校篮球队的队长是于飞，主任飞行教官刘善本也是篮球队的主力。"他们常与地方球队比赛，每次出赛航校的一帮球迷都要随往呐喊助威。参加市篮球联赛时，队员们勇敢顽强，敢拼敢打，一路过关斩将，最后击败由体育教员组成的市联队夺得冠军。"① 航校的排球队也名声在外，曾获得东安市运动会的排球冠军。除了体育活动外，航校的文艺工作也开展得有声有色。航校文工队曾被东安市其他单位邀请，在东安市公演了三天歌剧《白毛女》。"这台《白毛女》由毕业于延安鲁迅艺术学院戏剧系，并曾在延安成功导演过《白毛女》的张成中做导演，由卫生队的指导员麦林饰黄母，由领航班的李琦饰演杨白劳，由警卫营的王淑春饰喜儿，由训练处的杨劲夫饰黄世仁，由领航班的张执之饰大春……轰动了整个东安城。以后，教员工会编演《白毛女》时，就由日本人宫地贞子饰演喜儿这个角色了。"②

---

① 郭晓晔：《英雄万岁》，中国文史出版社，2019，174 页。
② 朱新春：《樱花啊，樱花——一个日籍飞行员的中国情结》，人民出版社，2010，第 116 页。

老航校篮球队在驻地比赛中屡次夺冠

老航校由教学员组成高跷队，图为高跷队在东安街头表演

颇具阵容的军乐队，奏响了东北老航校的主旋律

尽管冬天无法开展飞行训练，但飞机的保养与维修工作依然繁重忙碌。经过整风整顿之后，航校机务处处长由原新疆航空队的严振刚担任。机务处下设飞机修理厂、机械加工厂以及材料厂。机务处副处长徐昌裕兼任修理厂厂长，熊焰任副厂长，陈景山任机械厂厂长，欧阳翼任材料厂厂长。航校在牡丹江时期曾搜集了一批修理飞机必要的设备，但在转移到东安的过程中，部分设备损坏，另有部分设备留在了牡丹江。因此，航校在东安时期的机务处主要是利用原日军的冷藏库以及粮食、渔业加工厂的厂房，加上从哈尔滨等当时仍在我军控制下的城市搜集来的机床

及其他机械制造设备建立起来的。三个厂的技术骨干仍然是日本技术人员,除了原林弥一郎部队的机械师之外,也有一些原"满航"的技术人员以及原日本关东军的技术人员补充进来。

冬季扫雪是经常性的劳动,图为老航校人员在清扫机场积雪

老航校人员冬季靠粗针大线的棉衣棉裤御寒。图为女学员队列训练

当时从哈尔滨等地得来的机床并不配套,几乎没有专用维修飞机的设备,飞机零部件、原材料更是缺乏,铝板、明胶玻璃等自不待说,就是连砂纸、砂轮这样的小设备都非常匮乏。甚至当维修厂修复一台航空发动机,要进行试车的时候,整个机械厂都找不到一个试车台。航校只能想办法派人到当时在苏军占领下的大连采购物资。"当时去大连需经图们绕道朝鲜,要通过一道道关卡。有一次徐昌裕和欧阳翼到大连采购一批修理材料与工具,运经图们过境时,过境证明上一共盖了27个图章才予放行,可见采购器材的艰难。"[1]即便如此,能够采购到的设备和原材料也极为有限。航校机务处只能发动全体技术人员自己想办法,自己制造修理工具和零件。"工作中遇到的首要困难是没有现成图纸资料,需要的零件只能由日本技师牵头的设计组按实物测绘出的图纸制造。制造零件用的是什么材料,也没有可供分析鉴别的设备,只能用报废零件到砂轮机上打磨,看火花来鉴别。对搜集到的钢材,也用这个办法识别……再一个难关是不少零件要做防锈处理。当时找不到铬镍等金属,只能采用发蓝处理来代替。在中谷技师的指导下,做了20多次试验,才得到从配方到合适的氧化层厚

---

[1] 朱新春:《樱花啊,樱花——一个日籍飞行员的中国情结》,人民出版社,2010,第149页。

度的整套技术数据,使大量弹簧和轴类零件延长了使用寿命。"[1] 随着修理飞机的速度不断加快,材料不足的压力也越来越大。原料实在无法采购搜集,修理厂就用其他材料代替。没有铝板,就用白铁皮替代,没有明胶玻璃,就在白铁皮焊接而成的风挡盖上镶普通玻璃。没有试车台,修理厂就把一架不能使用也没有修理价值的飞机前舱拆解下来,装上发动机仪表盘,再把发动机仪表盘与发动机架装在另一架报废飞机的机身上,接通电路和管路后给发动机试车。

老航校经过东拼西凑,一些破旧飞机恢复了原形。图为互相拆装飞机零部件

---

[1] 郦少安、刘子立、许景煌、徐昌裕:《回忆老航校机务处的工作》,载张开帙、麦林主编《东北老航校》上册,蓝天出版社,2001,第298页。

当时在机务处工作的日本技术人员（包括一些朝鲜籍技术人员）共130余人，除了日本技术人员之外，航校机械班第一期与第二期的学员也从1947年下半年开始，陆续分配到了各个修理厂和机务队，在日本技术人员的带领下进行实习。除了实习的学员之外，机务处还招收了两期练习生，在各工厂学习修理制造技术。练习生由修理厂、机械厂分开招生，两期每期30人左右。第一期的学生主要是由冀东军区选派来的，第二期则主要是从东安及附近各中学毕业生中招收。练习生的学期为一年半，修理厂练习生主要学习发动机原理，机械厂练习生则主要学习机械制图和车床制作。由于练习生招收的数量不多，因此每个人除了文化学习之外，大部分时间都是在各个工厂里由日本技术人员手把手带着学习，进步很快。等航校机械班第一期、第二期学员结束实习回到航校集中授课之后，练习生们也可以在修理厂、机械厂独当一面，很多人不等毕业已经可以单独工作了。

从1947年2月机务处成立，到1948年3月航校迁回牡丹江，在一年的时间里，机务处共维修飞机10架，发动机66台，有力地保障了航校飞行训练的正常开展。

第四章

东北老航校的训练、教学组织与生活（下）

随着形势的好转，东北老航校本部遂迁回牡丹江办学，进入一个稳定发展时期。辽沈战役结束之后，东北全境解放，东北老航校本部也于1949年3月从牡丹江迁往长春，并改名为"中国人民解放军航空学校"，由此，东北老航校在长春落地生根并开枝散叶。

第一节　航校本部迁回牡丹江

经过"四保临江""三下江南"的作战后，1947年冬，东北战场的形势较1947年初有了很大的改观，在东北民主联军主动发起的夏、秋、冬三季攻势下，国民党军队在东北的进攻态势受到了有力的遏制。

1947年12月5日，中央军委致电东北局询问航校情况，指出："建立空军已经成为我党的迫切任务。"东北局于1947年12月12日复电中央军委，对航校的情况进行了详细汇报，"（航校）根据现有全部器材及干部，计划到1949年底完成训练课单独飞行的飞行员120人，领航员35人，机械员 240 人至 300 人，如不发生意外，此计划定能完成"。①在 1947 年底，航校已有两个飞行学员班近 70 人，已全部可以驾驶"九九"式高级教练机，其中吕黎平、方华等七人已经能独立驾驶日制"隼"式战斗机，按照计划，到 1948 年 6 月，还有 12 人可以完成单独驾驶双发轻型轰炸机的训练任务。领航班共 24 人（一人转入哈尔滨工业大学学习），预计 1948 年底毕业。机械班两期学员共 160 人，其中有 17 人已经具备了单独执行各类维修维护任务的能力。

到 1948 年春，除了长春、沈阳、锦州等大城市之外，东北的大部分地区已经重新回到了我党我军的控制之下。随着东北民主联军更名为东北人民解放军，1948 年 1 月，航校也改称"东北人民解放军航空学校"。到 1948 年 3 月，随着天气的回暖，飞行训练也即将恢复。东北军区也决定将航校本部重新迁回牡丹江。

这时飞行班第一期的甲乙两班已经开始分科训练，除了使用"九九"式高级教练机继续进行单飞训练外，有的学员也开始使用修理厂修理完毕可以飞行的"利川一"式双发轻型运输机学习驾驶运输机，航校修复后可以飞行的 5 架"隼"式战斗机全部分配给原新疆航空队的红军干部驾驶，

---

① 郭晓晔：《英雄万岁》，中国文史出版社，2019，186 页。

他们也是我党我军真正意义上的第一批战斗机驾驶员。与此同时，航校又组建了飞行班第二期，学员全部从机械班中选调，包括王海、邹炎、徐怀堂、徐振东等16人入选，于1948年4月进驻千振机场开始训练。由华东军区、冀东军区、晋察冀军区、大连汽车学校以及东北军政大学选派的一批学员也到达航校，经过考试与体检，这批学员被编入航校学员三大队，于1948年5月开始预科学习，主要是给这批新学员补习中学数学、物理课程以及政治教育。由于文化课教员不足，航校又从前一期学员中抽调文化程度相对较高的胡宗凯、郭浩担任数学教员，由陈煜、鲁珉讲授物理，蔡云翔的遗孀钱克英则讲授语文。之后这批学员大部分编入了1948年下半年相继开办的机械班第三期和第四期，女生则编入了通讯班、仪表班以及气象班。

航校本部迁回牡丹江之后，原东安、千振、汤原的机场仍继续使用。各飞行班根据训练进度、任务的不同相继进驻各个机场开展1948年的春季训练。1948年4月初，已经完成全部飞行训练，可以独立驾驶"隼"式战斗机的夏伯勋、吴元任等人奉命在汤原机场组建航校飞行一大队二中队。这是航校专门成立的歼击机学员中队，夏伯勋担任二中队队长，吴元任任指导员，林保毅（林弥一郎）等四位日籍飞行员任教员。"二中队的飞行学员是从一期甲、乙班中飞过九九高练的优秀学员中挑选出来的,有吉世堂、林虎、孟进、徐登昆、李汉、陈亮、刘玉堤、牟敦康、李延森、王树荣、方华、李向民、阮济舟、马杰三、李宪刚等15人,他们思想过硬,作风顽强。中队配有6架隼式战斗机,两架九九袭击机和两架九九高练机,还有两架二式高练。至此,中国人民空军第一个歼击机中队就诞生了。"①

航校本部是1946年底从牡丹江迁往东安的。经历过1947年一整年的春训、夏训、秋训,到1948年3月航校本部迁回牡丹江,航校的航材经过一年多的消耗,短缺越来越严重。1948年5月下旬,航校召开了一次机务工作会,会上,航校领导提出开源节流的总方针,并专门发布了命令,做出了节约航材的具体规定,"将来不能飞战斗机的飞行员在'九九'高教上要少飞特技,准备将来飞战斗机的飞行员也应尽量节省使用'九九'高教;飞航线起落时,每人每天不得超过五次,飞空中动作时,每人每天为二十五到三十分钟;机场剩下的废滑油应注意集中保存,由器材厂分期运回统一处理;各机务队将工具和器材做一次清点,多余的交回器材厂,以便合理分配,调剂使用"。② 但是,仅靠

---

① 夏伯勋:《歼击机中队在汤原诞生》,载张开帙、麦林主编《东北老航校》上册,蓝天出版社,2001,第287页。
② 郭晓晔:《英雄万岁》,中国文史出版社,2019,第192页。

节流并不能改变航校航材紧缺的现状，机务处派出很多同志到各解放区搜集采购航材，时任机务处副班长顾光旭赴哈尔滨寻购器材时，途经马家沟机场，无意间见到几个俄罗斯人正在玩滑翔机，"那是一种木制单座初级滑翔机，听说是日本人走时丢下的。那个'白俄'弄了三四十人拽着滑翔机跑，他坐在上面操纵，能飞二三十米高"。[①] 一直在为缺乏航材苦恼的顾光旭意识到，滑翔机训练是当前航校在缺乏航材的前提下一种不错的训练方法。回到牡丹江，他立刻向常乾坤汇报了这一发现。20年代在苏联接受航空训练的常乾坤想起自己当年在欧洲时，曾听说过英国与德国都曾利用滑翔机训练飞行员，觉得这也许是个好办法。在与王弼等人讨论之后，由政委王弼牵头，机务处长蒋天然、副处长顾光旭带领周勇进、褚福天等机务人员在马家沟成立了一个滑翔机制造厂试制滑翔机。6月，顾光旭等带领制图员、机械师等进驻马家沟滑翔机场，"先仿照'白俄'的那架滑翔机画出图纸，并根据中国人的特点，重新设计了操纵系统、座椅、脚蹬及拖拽机构；起落橇改为活动轮子，以便利用吉普车牵引。之后让木匠打出木头架子，也就是机身和机翼的骨架，用蒙布一点点蒙好绷紧，再把操纵系

---

① 周勇进：《马家沟的滑翔训练》，载张开帙、麦林主编《东北老航校》上册，蓝天出版社，2001，第276页。

统里外的零部件装上,用钢索把操纵面连接起来"。① 这样一架可以用于飞行训练的滑翔机就制作完成了。

顾光旭等人第一批制造了两架滑翔机,于7月27日由日籍教员鲍武生试飞。试飞结果表明,滑翔机的有效飞行高度可以达到80米到100米,飞行时间最多可以达到两分钟,飞行距离最远可以达到1300米,各项操作系统都可以正常操作,安全性也有一定的保证。试飞成功后,常乾坤校长随即宣布,航校自制的滑翔机正式命名为"八一"式初级滑翔机。

8月5日,"东北军区政委罗荣桓、副政委李富春、参谋长兼航校校长刘亚楼等首长亲自到马家沟观看了滑翔机的飞行表演,并做出了同意用航校自制的滑翔机培养学员的决定"。② 随即,航校第一期滑翔机训练班在8月15日正式开班,周勇进、褚福天、吴奇等8人成了航校的第一期滑翔机学员。滑翔机训练一开始先是地面训练,主要由鲍武生等人讲解滑翔机的结构、性能以及操作要领。之后8个学员分成两组,先练习滑行,再由吉普车牵引滑翔机上升到相对较低的高度进行滑翔训练。由于滑翔机只有一

---

① 郭晓晔:《英雄万岁》,中国文史出版社,2019,第190页。
② 朱新春:《樱花啊,樱花——一个日籍飞行员的中国情结》,人民出版社,2010,第167页。

个座位,因此滑翔机训练不能像其他飞机那样由教员带飞,只能是教员操作滑翔机示范,学员在地面观看、模仿、体会,然后上机练习,教员在牵引车里观察学员的动作,发现问题就用大声喊来纠正。

尽管滑翔机相对于飞机速度较慢,飞行高度较低,但危险同样存在。在滑翔机班开展训练之后不久,耀先及李维义先后在驾驶滑翔机时出现意外,两架滑翔机都不同程度地受损,只能返厂维修。

滑翔机的试制与滑翔训练的开展,都是航校针对缺乏飞机、航材的现实进行开源节流的办法。但滑翔机毕竟只能进行较为初级的飞行训练,要按照计划培养足够的飞行员,还是需要质量过硬的飞机。为此,主持航校常务工作的常乾坤与王弼在1948年8月23日与28日,先后两次写信给党中央,汇报航校面临的困境,"急求中央为航校增添50架初教机、50架高教机、50架战斗机和20架运输机"。[①]

航校上下的迫切心情是可以理解的,但是航校的这一计划在当时来说是有些不切实际的。而且,越过军区向党中央打报告,也违反了基本的组织原则。1948年9月初,罗荣桓、伍修权等在哈尔滨召见了常乾坤、王弼、吕黎平、蒋天然等航校主要领导,再一次就航校的办校宗旨,以及

---

① 郭晓晔:《英雄万岁》,中国文史出版社,2019,第193页。

眼前的主要任务做出了重要指示。罗荣桓首先表示，航校的领导同志提出的一些要求在时机上是不恰当的，当时我党我军正在做重大的战役准备，无暇也无力争取航空外援，航校提出的近200架飞机的要求是不能实现的。之后，罗荣桓又进一步对刘亚楼稍早一些时候提出的"短小精悍，持久延长"的办学宗旨进行了解释，所谓"短小精悍"，就是要在现有的器材条件下培养飞行和技术骨干；"持久延长"就是要坚持得住，培养得了，尽可能延长器材的使用寿命，用尽可能少的器材训练尽可能多的人才，不能盲目追求航校过快过大的发展。

气筒是老航校的一件宝贝，图为用气筒给飞机轮胎打气

损坏的螺旋桨没有补充来源，只得同机型的几架飞机共用一副螺旋桨。图为互相换用螺旋桨

从某种意义上来说，这次会议是对航校1948年5月做出的开源节流方针的再一次重申。但航校领导8月向党中央写信求援，也从一个侧面反映了航校发展严重受制于飞机不足、航材缺乏的窘境。随着我军在1948年9月发动辽沈战役，航校飞机不足、航材缺乏的状况得到了彻底缓解。也是在这次会议上，罗荣桓、伍修权等东北野战军的领导进一步明确了航校眼前的工作重点，"首先，航校要对培训航空人才的计划进行修改与具体安排，以保证落实，其次，

根据东北战场的大好形势，提出了由航校负责接收长春、沈阳国民党空军人员、器材设备的指示"。①

飞机轮胎供不应求，只能几架飞机共用一组机轮。图为一边组织飞行，一边更换轮胎

1948年9月7日，中央军委命令东北野战军发起一场以歼灭敌人有生力量为主要目标的大战役，由林彪、罗荣桓、刘亚楼组成总前委，林彪为总前委书记。随即，东北的各路大军迅速展开行动，于9月11日切断了国民党军向锦州撤退的路线，正式打响了辽沈战役的第一枪。

① 吕黎平：《吕黎平回忆录》，中国农业科学技术出版社，2002，第417页。

辽沈战役发动前,东北地区我军正规部队有近70万人,另有各类地方武装近30万人,而国民党军队只有55万人。据统计,到1948年8月战役发起前夕,东北野战军已经控制了东北96%的土地,各解放区人口总数占到东北人口总数的85%以上。国民党军队的陆上交通基本都被切断,55万军队被压缩在长春、沈阳、锦州三个互不相连的地区,补给几乎完全依靠空运。尽管国民党空军在东北地区占有绝对优势,但对战局的影响不大,国民党空军官兵厌战情绪日益积累,驾机起义的情况层出不穷。

9月23日,国民党空军第四大队上尉飞行员杨培光驾驶一架P-51战斗机起义,由北平机场飞到四平降落。总前委通知航校派人接收这架飞机。航校接到通知后,立即派吕黎平带几个机务人员赶到四平。经检查,这架P-51战斗机完好无损,但油箱里的航空燃油已经耗尽,当时解放区也没有P-51战斗机专用的燃油,吕黎平等人也没办法把飞机飞回航校去,而P-51战斗机是美国制造,航校的机务人员对飞机不熟悉,也不敢贸然拆卸。没办法,吕黎平等人只能将飞机的机关炮和炮弹卸下来运走,将飞机就地隐藏。杨培光起义的消息很快就传到了国民党空军的耳中,为了摧毁这架飞机,国民党空军又出动了多个架次的飞机向四平方向搜寻。对于缺少飞机的航校来说,这架P-51战斗机无疑是件难得的宝贝,航校领导决定,不惜一切代价也要将这架飞机运回航校。于是,副校长常乾坤亲自率领曹前玉、刘荣华以及张孔修再一次赶到四平,指导当地的机械厂赶制拆卸所需的专门工具。将飞机拆解后,常乾坤等人又在敌人的不断袭击下将这架 P-51 战斗机运回了航校。这也是解放军获得的第一架 P-51 战斗机。

P-51 战斗机绰号"野马",是美国北美航空公司在 1940 年按照英国空军的要求制造生产的,是二战时盟军装备数量最多的轻型战斗机。P-51 战斗机的尺寸与航校的日制"隼"式战斗机基本相当,但其航程、航速、升限等,都比"隼"式要出色很多,可以说,P-51 战斗机是喷气式战斗机问世之前最出色的战斗机。1943 年,美国将一批早期型号的 P-51 战斗机交付给驻昆明的"飞虎队",之后 1944 年到 1945 年,大批新型号的 P-51 战斗机被交付到了国民党空军手上。这些 P-51 战斗机帮助国民党空军彻底扭转了抗日战争空中战场形势,日军无论是"隼"式战斗机还是最先进的"疾风"式战斗机都不是 P-51 战斗机的对手。在 1945 年 5 月 31 日,国民党空军曾在南京上空以 16 架 P-51 战斗机对战日军 30 架战斗机,歼灭了日军 10 架空中战机,取得了压倒性的胜利。

解放战争爆发之后,P-51 战斗机作为国民党空军的主力战斗机多次飞抵航校机场挑衅、袭击，出于保护飞行员和飞机的考虑，当时的东北军区也否决了航校让仅有的"隼"式战斗机带弹升空与国民党的 P-51 战斗机对战的请求。可以说，航校上下对于这匹"野马"是又恨又爱。

然而，随着东北战局发生决定性的变化，国民党的 P-51 战斗机开始不断地被我军击落或缴获。就在常乾坤率队将解放军的首架 P-51 战斗机运回航校不久，"前方又来电，一架 P-51 被击中，迫降在辽宁彰武县的一个村庄边上。前次随常乾坤去四平卸运飞机的刘荣华奉命率 5 名中日机务人员，昼夜兼程赶到飞机迫降地"。[①] 然而刘荣华等人出发之前并不知道被击落的是一架 P-51 战斗机，赶到迫降地后才发现，他们携带的日式解刀和扳手无法拆卸美式飞机，正在他们一筹莫展的时候，前方传来消息，沈阳解放了。"我们立即派人去沈阳，到原国民党空军司令部，找到老航校沈阳组接收负责人刘风同志，说明了来历，要了一套美制 P-51 飞机工具，回来后顺利把飞机拆卸运到了沈阳。"[②]

在拆解这两架 P-51 战斗机的同时，航校党委进一步贯彻"东总"对航校的指示，决定将航校的领导班子一分为

---

① 郭晓晔：《英雄万岁》，中国文史出版社，2019，第 197 页。
② 刘荣华：《我在老航校的一些经历》，载张开帙、麦林主编《东北老航校》上册，蓝天出版社，2001，第 423 页。

二，一部分人继续留在牡丹江等地抓教学与训练，另一部分人则在吕黎平、蒋天然、刘风等人的带领下跟随东北野战军的进攻步伐，开展对国民党空军人员、设施的接收工作。吕黎平与蒋天然商定，"决定蒋天然同志带少部分人员先进长春接管，我（吕黎平）与刘风、徐昌裕、吴恺等近20人分两路出发，接管锦州、沈阳"。①

刘风、张开帙以及张孔修等人组成了航校沈阳接收先遣组，几乎是在东北野战军攻克沈阳的同一时刻进入沈阳接收敌机的。刘风等人从牡丹江出发，坐火车抵达四平。四平是东哈、梅齐铁路线的交会点，战略价值重要。我军和国民党军围绕四平的攻防战打得极为激烈，四平几次易手，几乎成了一片焦土，从牡丹江南下的铁路到此已经中断。刘风等人从航校出发时带了一辆卡车，从四平南下就主要依靠这辆卡车。经过铁岭之后，道路几乎被国民党的俘虏完全堵塞住了，卡车花了很长的时间才进入沈阳。进入沈阳之后，刘风等人用自带的卡车把接收人员运送到国民党空军在沈阳的各个机场、仓库和工厂，张开帙和张孔修则留守在国民党空军的司令部大楼，并张贴出告示，要求国民党空军人员来此报到。

---

① 吕黎平：《吕黎平回忆录》，中国农业科学技术出版社，2002，420页。

刘风等人出发之后，航校命令吕黎平先去哈尔滨，向东北局请示、了解党接收大城市工商业的具体政策。吕黎平等人出发仓促、准备不足，没有像刘风等人那样自备卡车。到四平下了火车之后，只能搭乘送给养的卡车赶赴沈阳。吕黎平等人赶到沈阳后，全权负责我军接收沈阳事务的陈云亲自给他们布置了任务，"一方面，把其（国民党空军）遣散人员招收过来，组织学习，讲解党对投诚、报到军政人员的宽大政策，只要他转变立场，就有出路；另一方面，所有的机场、航空器材、工厂等，要好好看管起来，能生产的立即恢复生产，不能生产的维持现状，机场和工厂均实行军事管制，防止破坏"。①

当天下午，航校接收组专门开会传达了陈云同志的指示，对下一步的接收工作做了具体安排，"我们把分三路来的40多个干部组成人员接收组、机场工厂看管组、航材搜集组、生活保障组等四个小组，并指定了各组负责人，分头开展工作。商定每两天各组碰头汇总一次情况。第二天我（吕黎平）和刘风又到刘亚楼同志那里去请示报告。他的意见和陈云同志的指示完全一致，不过他还对我们说，要派人去辽阳、鞍山一带搜集航空器材，并做好下一步进

---

① 郭晓晔：《英雄万岁》，中国文史出版社，2019，第200页。

关的准备"。①

当时沈阳的军用机场主要有浑河机场、北陵机场以及东塔机场三处。航校接收组在沈阳开展接收工作时,沈阳周边的战斗还没有完全结束,负责前往东塔机场进行接收的田忠焕等人赶到机场时遭到了敌机对机场的轰炸。"东塔机场油库附近的变压器被炸起火,很快引起油库爆炸。在这紧急情况下,我(田忠焕)不顾安危,带领其他同志奋力抢救油料。不料敌机又投下了炸弹,把我埋在了弹坑里。当同志们把我救出来时,眼前一片漆黑,耳朵也听不见声音,而且在流血。当时在战斗中,我全然不顾,继续工作,清理机场,抢救航材。事后才知道耳鼓膜被炸弹震坏了。"② 由于是在战争时期,治疗不及时,田忠焕也因这次抢救航材负伤,终生耳聋。

在沈阳接收组的努力工作下,"共接收了沈阳各类航空工厂12家,大小仓库19个,航空发动机120台,各种机床1305部,航空无线电台8部,无线电定向台1部,百余桶汽油和数千吨钢材"。③ 除此之外,在沈阳的原国民党空军1300多名航空技术人员和工人也被招收过来。唯一遗憾

---

① 吕黎平:《吕黎平回忆录》,中国农业科学技术出版社,2002,第423页。
② 田忠焕:《接收锦州和沈阳机场的回忆》,载张开帙、麦林主编《东北老航校》上册,蓝天出版社,2001,第551页。
③ 郭晓晔:《英雄万岁》,中国文史出版社,2019,第202页。

的是，航校接收组在沈阳这个国民党空军东北的最大基地，未能缴获一架完好的飞机。

在沈阳解放之前，10月15日左右，东北野战军解放了锦州。当时在汤原的丁园受命带领吴永常、乔瑞贞、王永凤、毕犁增等赴锦州接收锦州机场的所有航材和飞机，尽可能将其运送到东安的修理厂进行复原修理。汤原是航校的战斗机中队训练机场，除了"隼"式战斗机之外，还有几架"九九"式高级教练机。吴永常等人是机械班第一期的毕业生，这时候刚毕业不到半年，只有维护"九九"式高级教练机的经验。尽管缺乏拆解美式飞机的经验，一行人还是带了一些日式维修拆解工具赶奔锦州，经哈尔滨、齐齐哈尔再到通辽之后，由于铁路中断，一行人只能携带工具徒步赶往锦州。当时锦州机场在战火中破坏较为严重，国民党空军把一些能够飞走的飞机撤退到了关内，留在锦州机场的只有4架C-46运输机，其中两架损毁严重，只有一架还能够使用。另外还有存在故障无法起飞的4架P-51战斗机。除此之外，接收组还在机场仓库中找到一些飞机座舱仪表、轮胎以及少量炸弹等航材物资。经过研究，接收组决定，"首先把那架较好的C-46型飞机看管好，不能再遭到损伤，并进一步加快休整，其他的飞机也加强保护，绝不能再被破坏；设法尽快拆卸4架P-51型战斗机，运往修理厂；尽量把机场内的航材和空油桶收集起来，同时看好营房"。①

C-46运输机绰号"突击队员"，是美国寇蒂斯公司研制，于1942年首飞的一种金属结构客运飞机。最初用于民航，太平洋战争爆发前后，美国陆军大批量订购这一型飞机，总订购量超过3000架。C-46运输机在1942年到1945年的"驼峰"航线空运中发挥了至关重要的作用，解放战争爆发后，特别是东北战场国民党军队的陆路交通线被东北野战军彻底摧毁之后，锦州、沈阳、长春几座"孤城"之前的兵员、物资运输几乎完全依靠国民党空军的C-46运输机。国民党空军曾在一天之内，使用4架C-46运输机从沈阳向锦州空运部队5000余人，其运输能力由此可见一斑。

相比于国民党军，我军的战略机动几乎全部依靠士兵的双腿，物资运输只能依赖百万民工的手推车。在这种情况下，缴获一架还可以使用的C-46运输机令航校锦州接收组上下都很高兴。在丁园调往沈阳之后，吴永常负责在锦州的工作，修复这架C-46运输机就成了接收组工作的重中之重。

吴永常等人对这架C-46运输机进行详细检查，发现

---

① 吴永常：《接管锦州机场简况》，载张开帙、麦林主编《东北老航校》上册，蓝天出版社，2001，第547页。

虽然飞机仪表和导线管道多处遭到人为破坏，且机身下有三个被砸出的大洞，但飞机的机身整体、机翼、操作系统、着陆装置等大多完好，经过修理应该可以继续飞行。但是飞机上没有任何技术资料，吴永常等人携带的工具都是修理拆解日式飞机的，而且大家都不懂英文，看不明白飞机仪表板上的指示信息，维修的难度还是很大的。尽管如此，吴永常等人还是一点点克服困难，没有技术资料，看不懂英文，就凭借维修日式飞机的经验，靠猜测和实验一点点弄懂飞机的各种指示信息，没有趁手合适的工具，就现场加工自带的修理工具，逐渐将被破坏的座舱及飞机内部管线维修完毕。

但飞机机身上的三个洞因为没有铝板，无法修理。吴永常等人只能等航校唯一驾驶过美式运输机的刘善本以及领航班的学员陆汀来到锦州之后，在他们的指导下简单修补，再由刘善本凭借其高超的驾驶技术，冒险将飞机飞到了沈阳。

拆解P-51战斗机也遇到了一些困难，日式飞机的两个机翼可以完全拆卸下来，而P-51战斗机的机翼与机身是依靠4个螺栓连接固定在一起的，接收组没有拆卸这种螺栓必需的配套套筒扳手。接收组原本想在锦州市内的工厂定制加工，但锦州市被战火破坏严重，几个机械厂都没有相应的设备，也找不到人手加工。无奈之下，接收组只能将相对较小的工具口挫大，艰难拆卸螺栓。由于工具不合用，一架P-51战斗机仅仅拆解四个连接机翼与机身的螺栓这一道工序就花了一天的时间。整架飞机的拆解用了整整4天。好不容易将4架P-51战斗机全部拆解完，再将拆解后的飞机抬到车站装车，此时沈阳已经解放了。这4架P-51也没有运到航校在东安的修理厂，而是改运到了沈阳北陵机场的航空修理厂。

随着长春、锦州、沈阳、营口的相继解放，辽沈战役胜利结束，东北全境获得了解放。随即，东北野战军南下华北直指平津。东北野战军参谋长兼航校校长刘亚楼"及时指示航校派人随军入关，准备到北平、天津接收国民党空军的人员和飞机、器材"。[1] 航校派出由飞行大队长方华以及训练处长吕黎平为首的接收小组40余人，随东北野战军南下接收北平南苑机场。另外，刘风等12人从大连出发，坐船赶赴济南、徐州等地，接收淮海战役后国民党空军遗留在华东地区的飞机和航材。随着国民党军队的全线溃败，航校又先后派出多支接收小组，分别赶赴西北、西南、中南等地区接收国民党空军的人员、飞机及航材。在华北地区，

---

[1] 杨万青、齐春元:《刘亚楼将军传》，中共党史出版社，1995，,第252页。

航校接收小组共接收了 12 架 P-51 战斗机、3 架 B-25 中型轰炸机、两架 C-46 运输机、两架"蚊"式轻型轰炸机、两架 PT-19"康奈尔"初级教练机、两架 L-5 军用通信机等一大批美式、英式飞机，其数量几乎与航校现有的飞机数量相当，且机型多样，除了战斗机、运输机之外，还有航校上下梦寐以求的轰炸机以及初级教练机。这些飞机尽管很多存在严重故障，需要大修，但相比于航校经过拼凑修理才勉强可以使用的"九九"式高级教练机以及"隼"式战斗机来说，机况还是要好很多的。除此之外，航校接收组还在华东地区接收了差不多三万箱各类航材以及三万余桶航空汽油，一下子就解了航校的燃眉之急。

当航校的干部、机务人员在刚解放的锦州、沈阳搜集飞机、航材的同时，由华东军区、冀东军区、晋察冀军区、大连汽车学校以及东北军政大学选派的一批学员组成的航校学员三大队也经过近半年的学习，从预科毕业。这批学员大部分被分到了机械班第三期、第四期，以及新成立的气象班与通信班。

机械班第三期以及第四期的教学任务主要由 12 名日籍教员承担，此外，航校又从机械班第二期毕业生中选拔了 4 名专业课水平较高的学员充实到教员队伍里来，还从校外调入了几名能胜任专业课翻译工作的翻译。尽管授课的师资力量有所增强，但新的困难也摆在眼前：相比于机械班第一期和第二期，机械班第三期和第四期的学员数量大大增加，超过了200人。为了尽快再培养一批机械技术人员补充到各机务队，机械班第三期与第四期的专业课几乎是同时授课的，备课工作也因此变得十分紧张。为了更好地完成教学任务，"中日教员举行了一次教学研讨会，他们一致表示，不仅要完成训练任务，还要改进教学方法，提高教学质量。为此拟定了几项改进措施：自己动手装备修理一台性能参数合格的八-13甲发动机，装备一架操纵系统齐全的九九式高教飞机；组装一架能供地面实习和发动机性能试车的实习飞机；制作一批形象直观的教学设备，解剖燃油、液压部件，使内部结构、油路调节器件等明朗清晰化。此外，还要采购一批层板、金属板材、油漆涂料和常用工具，用于制作教学设备和实习室建设"。[①] 经过机械班第一期与第二期的"磨合"，日籍教员与中国教员的配合更为默契，这为提高机械班第三期和第四期的教学质量打下了牢固的基础。此外，为机械班补充的专业翻译人员，也改善了机械班第一期与第二期日籍教员与中国学员之间，

[①] 方致远：《团结奋斗，开拓前进——关于东北老航校的机务干部培训》，载张开轶、麦林主编：《东北老航校》上册，蓝天出版社，2001，第223页。

由于语言问题导致的不必要的困难。这些翻译人员基本上都是从哈尔滨的大学抽调来的，其中很多人在专科学校接受过完整的机械专业的教育，且有一定的日语基础，翻译专门的术语比较准确。后来担任航校三大队实习室主任的赵志远在给日本机械教员柳下岁之担任磁电机工作原理课程翻译的时候，当柳下岁之讲到磁电机一级线断电，二级线高压电产生电火花为气缸点火这一原理时，一开始赵志远把日语"電気誘導"一词直译为"电气诱导"，学员都没明白"电气诱导"的意思，后来一个学员提醒，日籍教员塚本好司在讲发动机课时，提过一个词"电磁感应"，赵志远这才意识到他在东北三省被日本占领时所受的日语教育，特别是对日语进行直译的习惯妨碍了教学，于是，"大受启发的赵志远，立即和方致远、陈明秋商量，将日语按照中文的习惯用语翻译，例如将日文的'唧筒'改为中文的习惯用语'泵'，把日文的'轴受'改为中文的'轴承'。这下，学员们就容易明白了"。[①]赵志远先后与14位日籍教员合作，翻译水平提升很快。除了翻译之外，赵志远还帮助日籍教员备课，试制各种日籍教员自己开发制作的教学工具。在帮助日籍教员授课的过程中，赵志远自身的机械教育背景

---

① 朱新春：《樱花啊，樱花——一个日籍飞行员的中国情结》，人民出版社，2010，第171页。

也得以发挥,理论水平与教学水平都有了极大的进步,很快,赵志远就担任了航校机械教育科的副科长以及航校机械实习室的主任。

新组建的气象班共12人,张德惠、张占荣、齐秀芬、陈桂荣、康振兰、王明淑、仇云霞、王雪林这8名女学员都来自冀东军区。另有高鹰、史更等4人是航校原工作人员。气象班由航校训练处领导,在牡丹江校本部学习训练。授课教员主要是马岚与内田英俊。尽管气象班的学员都已经完成了预科学习,但文化基础还是普遍较低,而气象专业课又相对比较复杂,应用性较强,"于是有些学员产生了畏难情绪,对学习气象缺乏信心。学校领导针对这种情况,大力加强了思想政治工作,提出狠抓猛闯,攻下文化堡垒,勤学苦练,突破理论难关的口号,并组织大家开展行之有效的互帮互学活动,明确要求不让一个同学掉队。(学员)有时白天上专业课,晚上补文化课;有些内容一时难以掌握,就先死记硬背,随后再慢慢消化"。[①] 虽然航校之前在东安时就给飞行班第一期乙班的学员开设过气象学的课程,但当时是由没有专业气象学背景的于飞代授,课程目标也只是让飞行学员具备一些基本的气象学常识。尽管于飞有丰

---

① 张志:《东北老航校的气象教学和气象工作》,载张开帙、麦林主编:《东北老航校》上册,蓝天出版社,2001,第254页。

富的驾驶经验与授课经验，也能自己编写教材，出色地完成了气象学课程的授课任务，但是，在对新成立的气象班进行专业气象学授课时，没有专业教材，缺乏专门气象仪器的问题还是极大地阻碍了气象班的学习进步。担任气象专业课主讲人的马岚与内田英俊就边授课、边整理讲义油印教材。没有可供学员实习的多余的气象仪器和设备，马岚与内田英俊又发挥航校实物教学的老传统，带领学员去学校的废品库与废料库搜集零散器材，回到课堂上带领学员自己维修、组装。这种方式不但让学员很快掌握了基本的气象仪器的构造和使用，也帮助航校建立了第一个可供实习的气象台。

第二节　航校迁至长春时期

辽沈战役结束之后，东北全境解放。东北老航校的发展迎来了前所未有的稳定时期，航校本部也在1949年3月从牡丹江迁往长春，改名为"中国人民解放军航空学校"。此时，从辽沈战场、平津战场以及淮海战场相继运回的各种美式飞机经过沈阳修理厂以及东安修理厂的修理，已有一批P-51战斗机以及C-46运输机可供教学、训练、战斗之用，也有一些原国民党空军起义人员加入航校。飞机、航材、人员都得到了极大充实，不仅航校的教学工作有了保证，甚至在此基础之上成立一支可以作战、成建制的飞行部队也并非不可能的事情。

早在1949年1月，平津战役即将胜利前夕，中共中央政治局在向全党发出的《目前形势和党在1949年的任务》中就已经做出指示，"1949年及1950年，我们应当争取组成一支能够使用的空军"。[①]当时身兼航校校长的刘亚楼立刻意识到航校在组建空军的过程必然要担负起重大的责任。

---

① 姚峻：《中国航空史》，大象出版社，1998，第148页。

在平津战役结束之后，赶到北平的刘亚楼立刻召见了当时正在北平执行接收任务的吕黎平与方华，要他们二人拿出一个研究报告，"航校是否可以组建一支飞行部队参战，首先对渡江战役做些贡献"。[①] 尽管吕黎平与方华人不在航校本部，但一直随东北野战军南下接收飞机及航材的二人还是对航校现有的"家底"有大致准确的估计。在经过两天的研究之后，吕黎平与方华向刘亚楼报告，目前航校拥有能够参战的飞机 30 余架，足以编成一个由战斗机与轰炸机组成的混合大队，航校原有的日制"隼"式战斗机已经可以编成一个战斗机中队；新缴获、接收的 P-51 战斗机经过维修之后，也可以编成一个战斗机中队；新近缴获的 B-25 轰炸机，以及航校原有的三菱"九七"式单发轻型轰炸机、川崎"九九"式双发轻型轰炸机可以编成一个轰炸机中队，飞行及机务人员经过 20 个小时的突击战术训练，可以在 1949 年 5 月底达到作战水平，6 月可以南下参战。

  刘亚楼接到这一报告后很高兴，很快便向东野首长汇报了组建飞行部队支援渡江作战的设想。东野也将这一设想上报给了党中央，但党中央还是要求航校稳扎稳打，暂时还是把主要精力放在接收解放区的机场、飞机、航材，以及接收国民党空军人员方面。在空军建设上，航校的作

[①] 杨万青、齐春元：《刘亚楼将军传》，中共党史出版社，1995，第 253 页。

用还是要着眼于培养人才,积蓄力量,为创建空军打好基础。

遵照党中央的指示精神,航校决定继续推进飞行训练的相关工作,"航校利用缴获国民党空军的P-51飞机,成立了一个战斗技术训练大队,大队长吴恺,政委周兆平,副大队长刘善本、陈海林,副政委吴元任,政治处主任谢立岑,飞行教育主任方子翼,机务主任云甫,大队下辖一个轰炸运输机中队和一个驱逐机中队,分驻齐齐哈尔、公主岭机场"。① 这样,航校利用美式飞机,在原有的"隼"式战斗机中队的基础上,又组建了P-51战斗机中队以及轰炸运输机中队,几个中队组成一个战术训练大队。尽管大队的主要任务是训练,但距离驾飞机上战场也只是一步之遥了。

老航校组成改装小组,将P-51单座战斗机改装为双座教练机

① 《东北老航校发展概要》,《东北老航校研究》2019年第2期。

★ 中国人民航空事业的摇篮

带飞学员需要双座教练机，图为等待改装为双座教练机的 P-51 单座战斗机

P-51 单座教练机改装成双座教练机，解决了航校训练需要

改装成的P-51双座教练机试飞结果很理想,飞机安定性、操作性都比单座机好

老航校将所有的P-51单座战斗机都改装成双座教练机。图为P-51飞机的驱逐机中队部分人员合影

在公主岭机场的战斗机中队主要由原国民党空军的起义人员杨培光、邢海帆、阎磊、谭汉舟等担任,日籍教员林保毅(林弥一郎)、木暮重雄也参与了训练。飞行员则主要由飞行班第一期甲乙两班学员组成,包括孟进、吉世堂、阮济舟、林虎、李宪刚等,这些飞行员大部分已经在汤原飞过"隼"式战斗机。一开始航校在公主岭机场只有4架P-51战斗机,这些战斗机都是由国民党起义人员带来的,因此机况较好。之后在各个战场缴获和接收的十余架P-51战斗机经过维修也运抵了公主岭。飞行员也增加了刘玉堤、陈亮、牟敦康、张华、李向民等人。在5月份,飞行班第二期中的优秀学员,包括王海、侯军书、邹炎、徐怀堂等人也补充进来。原在国民党空军中从事地下工作的我党党员邢海帆等人也来到公主岭,加入了教员队伍。战斗机中队的人员也迅速扩大到30余人。

P-51战斗机和"隼"式战斗机有很大的不同,P-51战斗机的最大时速要比"隼"式战斗机快100多公里,各种性能也更优越,仪器和机载武器差异较大。尽管如此,飞行员们经过两个多月的训练,首先由孟进放单飞成功,之后所有飞行员也都放单飞成功。

在齐齐哈尔的轰炸运输机中队主飞机型是C-46运输机以及B-25轰炸机。中队长是原新疆航空队的胡子昆,主任教员是刘善本,原国民党起义飞行员邹耀坤、徐俊英担任

C-46运输机飞行教员，张雨农担任B-25轰炸机飞行教员。飞行学员包括姚峻、陈继发、王洪智、龙定燎、华兴航、李筠、徐东和、王恩泽等人。由于大部分学员都是原新疆航空队的成员，有一定的飞运输机及轰炸机的经验，只用了两个多星期的带飞，就已经有龙定燎、姚峻、华兴航、李筠四名飞行员可以单飞。为了利用有限的飞机尽可能快速培养飞行员，中队后期又采取了飞长途的办法，开设了一条从齐齐哈尔出发，经沈阳至北平的训练航线。刘善本与邹耀坤还作为机长，带领学员驾驶C-46运输机执行过多次飞赴西北的运输任务。

战斗技术训练大队当时又被称为一大队，主要是以训练有一定飞行经验的飞行员的实战技术为主。除了一大队之外，当时航校还成立了三个大队，二大队主要是由飞行班第二期、第三期学员组成，继续以"九九"式高级教练机为主要训练机型，由木暮重雄、黑田正义、鲍武生、长谷川正、山本猛利等经验丰富的日籍飞行教员承担教学和带飞任务。三大队主要是机械班第三期、第四期学员，校本部迁至长春之后改称为混合大队，除了机械班第三期、第四期之外，还包括气象班、仪表班、通讯班等。四大队则是专为接收的国民党空军人员开设的，以政治教育为主。除了四个大队之外，航校的修理厂还成立了一个练习生大队，到1949年中，航校师生已经有近4000人。

老航校的飞行教官大多由日籍人员担任，教学员彼此互相尊重。图为大澄国一教学组，左起：牟敦康、吴玉润、大澄国一、马周全

飞行班第三期的训练是在1949年4月开始的。第三期一共招收了46名学员，人数差不多是飞行班第一期和第二期人数的总和。有了飞行班第一期、第二期的教学经验，日籍教员对学员越过初级、中级教练机直上高级教练机已经有了丰富的带飞经验和坚定的信心。在飞行班第三期的开班仪式上，木暮重雄充满自信地对学员们说，"日本训练飞行员，首先要在初、中级教练机上训练两三年后，才能上高级教练机飞行。中国人民解放军训练飞行员的进

程是世界各国空军建设史上所没有过的,一是学员的文化水平低,二是没有初、中级教练机,三是飞机、器材、设备、油料等都缺。但是学员们很有雄心壮志,不怕艰苦困难,学习非常刻苦。前两期学员的飞行成绩都很好,你们也会很好"。① 日籍教员对航校教学工作的热情高涨,是与航校在教学中始终团结日籍教员、发扬我党我军优良传统、重视思想教育分不开的。除了木暮重雄这样早在抗日战争时期就加入日本人民解放同盟的日本人之外,其他日籍教员也在航校的日本人工作科科长杉本一夫的领导下,不断进行思想学习和自我教育,教员平信忠雄、西谷正吉、鹈饲国光、鲍武生等人先后加入了航校的日本人民民主同盟和"日本觉悟联盟",日中师生关系也从航校建立之初的互不信任转变为互信互助、教学相长。第三期学员普遍认为日籍教员比较友善,对于学员提出的问题也都会耐心解答。在教员的鼓励和帮助下,飞行班第三期学员进步很快,其中周正、李延森等之前从国民党空军航校起义过来的学员,仅仅飞行了13个小时就提前完成了训练大纲原定25个飞行小时才能完成的训练要求。

---

① 朱新春:《樱花啊,樱花——一个日籍飞行员的中国情结》,人民出版社,2010,第175页。

学员用心学习,日籍教官认真带教。图为郭光仪与日籍航空技术人员合影

大量起义、缴获和维修的美式飞机加入航校,在极大地丰富航校的飞机数量与种类的同时,也为航校的机务工作带来了不小的难题。在1948年底之前,航校一直是使用日式飞机进行飞行训练、培养机械技术人员的,新的美式飞机加入后,尽管有一批原国民党飞行员加入航校,但航校维修美式飞机的经验却非常少,如何维修保养这些美式

飞机，就成了航校本部迁往长春之后首先要解决的问题。

尽管国民党空军装备了大量 P-51 战斗机，但由于缺乏技术能力，国民党的航空修理厂从没有修复过一架 P-51 战斗机。1949 年 4 月，航校刚刚在沈阳成立的第五修理厂在厂长熊焰以及技术股股长吴永常的带领下，修复了第一批共 3 架 P-51 战斗机。很多原国民党起义过来的飞行员在得知第五修理厂没有人懂英文，更没有人接受过美方培训就修复了 P-51 战斗机后，都表示难以置信。但熊焰、吴永常对自己的技术非常有自信，这种自信也感染了原国民党起义飞行员，担任飞行教员的杨培光主动表示愿意担任试飞任务。"杨培光发动了飞机。滑跑，增速，直冲向前。就当飞机要离地时，发动机突然不响了，机场上的几百双眼睛露出了惊慌的神色。这时，杨培光正与塔台联系。得到指令后，飞机再一次加油门，滑跑，增速，继而随着雷鸣般的吼声直冲四千米的高空……试飞圆满成功。它是一个象征，透出一股奋力拼搏的心劲；透出燃烧的血液、坚定的信念及激情、胆识。"[①]

拼搏的心劲、坚定的信念、激情与胆识是航校在极短时间内就能够修复 P-51 战斗机的思想基础，但是，对

---

① 郭晓晔：《英雄万岁》，中国文史出版社，2019，第 214 页。

P-51 战斗机的日常维护、保养，除了不畏艰险、勇于攻关之外，还需要专门的人才以及丰富的经验。而培养经验丰富的专门人才，正是航校的立身之本。航校在迁往长春之后，立即在随航校迁往长春的学员三大队（后改称混合大队）中成立一个美械班，专门培养美式飞机机务人员。

美械班于 1949 年 6 月在长春成立，主要由方致远与陈明秋两人负责，在教员方面，美械班是一个全部由中国教员授课的班，教员与助教主要包括马龙章、易绪缙、苏东泉、江宁生、常青、唐自彭、丘一平、李振中、罗教聪、雷世航等。这些教员大多在抗战时期接受过美式飞机的机械维修养护培训。以马龙章为例，他是知名爱国民主人士马叙伦之子，1943 年考入重庆交大航空系，在校期间又曾两次考上美军翻译，尽管未能上前线，但他对于美式飞机发动机、操纵系统都极为熟悉，英文也很好。1949 年 6 月参加"民主东北参观团"赴东北之后，马龙章就在参观团党组织的介绍下参军，分配到了航校担任美械班的主课教员。除了马龙章之外，其他教员也多数具有大学专科或本科学历，且年纪较轻，既有航空机械理论，又有一定的学习能力，他们大多是 1948 年或 1949 年参军的，热情也很高。所以，虽然很多教员没有实际授课经验，但也为美械班开出了包括飞机构造、航空发动机原理、液化器及点火系统、液压传动系统等多门专业课。美械班正式授课之前,主课教员们还亲自到航校在沈阳北陵机场刚成立的第五修理厂实习了一个月,以熟悉 P-51 战斗机,并准备教材。"P-51 飞机当然是编写教材必不可少的实物资料,但文字资料更为重要,五厂能提供的只是国民党空军留下的几本英文说明书和手册,其中很少有关构造方面的记述。为通过实物搞清这方面的问题,五厂的工人同志给予我们极大的帮助和方便"。[①] 尽管当时第五修理厂维修 P-51 战斗机的任务也很紧急,但是他们还是在美械班教员们实习时,停下手里的工作主动为教员们讲解,甚至让教员们上手亲自操作。由于美械班定于 7 月开课,所以在第五修理厂实习的教员在熟悉 P-51 战斗机之后,已经没有时间再进行 C-46 运输机的实习和教材编写,就赶回了长春。在长春授课的三个月,美械班主要是进行理论基础课授课,学习 P-51 战斗机维修养护。到 1949 年 10 月,美械班又转到齐齐哈尔机场,利用航校新成立的轰炸运输机中队的飞机,现场学习 C-46 运输机的相关知识。

当时美械班上下只有一本 C-46 维护手册充作教材,因此,理论课授课只能与实习课同步进行,并以实际操作为主。

[①] 马龙章:《美械班教学生活的片段》,载张开帙、麦林主编《东北老航校》上册,蓝天出版社,2001,第 264 页。

10月的齐齐哈尔已经入冬，进入11月更是连下了几场大雪，气温骤降到零下十几摄氏度，外场条件极为艰苦。由于C-46运输机的大部分系统都在飞机地板之下，有些地方入口狭窄，只能脱掉厚重的棉衣才能进去。为了彻底弄明白C-46运输机的构造，教员与学员们在严寒下几乎"无处不钻"，甚至有些学员还因为脱掉棉手套去触碰金属零件被生生撕掉了一层皮肉。尽管如此，美械班还是克服了一切困难，"教员们努力备课，孜孜不倦地讲课辅导，学员们刻苦钻研，勤学苦练业务技术，互相感染，互相鼓舞，在短短几个月里，顺利完成了教学任务"。[①]

美械班的学员经过近半年的学习，于1949年11月毕业。除了部分学员留在航校之外，大部分都被分配到其他单位、机关、航校担任基层机务及后勤保障方面的领导工作。除了成立美械班之外，航校在机务人员培训的另一个"大动作"是在原机务处招收的两期练习生的基础上扩大了招生规模，成立了练习生大队。

1948年底东北全境解放，原机务处下属的修理厂、机械厂以及航材厂迁至哈尔滨马家沟机场，合并为航校第一修理厂。第一修理厂厂长兼政委周立范，副厂长吴锋、刘

---

① 江宁生：《回忆老航校美械班》，载张开帙、麦林主编《东北老航校》上册，蓝天出版社，2001，第261页。

子宁。第一修理厂主要还是修理航校"功勋卓著"但又"伤痕累累"的"九九"式高级教练机。在原练习生班毕业之后，修理厂又在1949年组建了练习生大队。与原练习生班的学员都是从东安等地的高小、初中招收来的不同，练习生大队的练习生主要是从各部队和有关单位抽调来的、一批有一定文化基础的干部战士组成的。"其中从冀中来的30余人，从密山联中来的20余人，校部警卫通信班和校首长警卫员等10余人，日伪时期留下的见习机务人员30余人，地方零散参军的20余人，共120余人。"[1]练习生大队主要是以工厂实习为主，集中上课为辅。第一学期基本是上午上课下午实习，从第二学期开始，改为每周两天集中上课，其余四天在工厂实习。第二学年则根据专业方向的不同，由日籍机械师担任实习教员，全天下工厂实习教学。

航校在牡丹江成立的气象班也被编入混合大队，随校本部一起迁到长春继续学习，并于1946年6月正式毕业。航校第一大队、第二大队的飞行训练离不开气象保障，在气象班毕业之前，在各场站从事气象工作的主要是航校接收的原国民党空军气象人员。气象班毕业后，12名学员迅速被补充到沈阳、齐齐哈尔、长春、牡丹江以及公主岭参

---

[1] 高方炳：《回忆东北老航校机务处和练习生培训工作》，载张开帙、麦林主编《东北老航校》上册，蓝天出版社，2001，第271页。

★ 中国人民航空事业的摇篮

与组建气象台和对空台的工作。当时沈阳、长春等地的机场都是百废待兴，加上很多场站工作的同志也都是从其他单位调来，没有航空工作经验，对于如何建台，如何进行气象保障，心里都没有底。很多场站领导对于气象工作的必要条件非常陌生，从无到有建立气象台的工作只能交给这些刚刚毕业的气象班学员。在统一思想之后，大部分气象班的学员都主动承担起了建立气象台的责任，研究确定了建立气象台的工作计划，"第一步，寻找适合工作的房子，自己动手维修；第二步，根据实际条件和建台业务上存在的问题，向长春校部气象室提出技术上需要指导帮助的事项，争取尽快着手建台"。① 这个计划看似简单，但实施起来却困难重重。当时的机场条件极为艰苦，不但跑道上都是弹坑，各种建筑也早已被战火毁成废墟，连找到一所适合建立气象台的房子都极为困难。气象班的学员们就自己清理杂草，联系建筑师对房屋进行抢修。建立齐齐哈尔大乘寺机场气象台缺乏必要的经费，刚刚从气象班毕业的张志、王雪林等女同学也和温露琦等男同学一起，不顾严寒，去齐齐哈尔火车站装卸砂石料与钢材，为建立气象台筹集经费。大乘寺机场停用了很久，基本资料早已遗失，张志等人就联

---

① 张志：《东北老航校的气象教学和气象工作》，载张开帙、麦林主编《东北老航校》上册，蓝天出版社，2001，第256页。

系了齐齐哈尔市政单位借来水平仪和标尺，重新测量机场的各种数据。为了得出机场正确的海拔高度，他们以齐齐哈尔火车站的海拔高度为参照，从距离大乘寺机场差不多40公里的火车站出发，用自己的脚步一步一步测量高度变化，花了整整两天才得出机场的准确海拔高度。而这只是他们从无到有建立气象台过程中再寻常不过的经历。

气象台建立起来后，为了向在齐齐哈尔训练的战斗机中队提供准确的气象信息，张志与王雪林也像温露琦、刘温（原国民党气象人员）等男同志一样担任值班员，在每天4时到20时内的17个小时内，不管刮风还是下雨，每一个正点都要爬上屋顶，再爬上距离屋顶3米高、装有风速表的长杆上，去进行风速观测。除了工作条件艰苦之外，场站的生活条件也很差。由于大乘寺机场荒废太久，机场遍地都是荒草，甚至还有野狼出没。而一大队的队部与一中队的驻地都在距大乘寺机场10多公里的原日军兵营里。飞行训练结束之后，场站除了部分机务人员外，只剩下气象台与塔台的工作人员。由于气象工作需要长期测量各种数据，所以气象台的工作人员基本上都是住在气象台里，到室外进行各项数据测量。为了防狼，张志等人只能不停地用手电四处挥动，用随身带着的棍子不停敲打地面，直到把狼吓走了才能继续工作。食物和保暖措施也很缺乏。

由于刚刚解放，齐齐哈尔又已经入冬，各种给养供应不足，气象台几乎无法烧煤炭取暖，大家只能靠配发的棉衣御寒。整个气象台只有一件不知从哪里搞到的日军军大衣和狗皮帽，4个人只能是谁去室外采集数据谁穿。吃的食物基本只有土豆、萝卜和玉米面，直到场站组织大家开荒种菜之后，伙食里才逐渐出现了白菜、茄子、辣椒等蔬菜。尽管条件艰苦，气象台的工作依然有条不紊地开展，很快就可以每小时向机场塔台提供天气实况信息，每天也可以通过电台向校本部发送绘图天气报告。除了齐齐哈尔之外，长春、沈阳等地的气象台也陆续建立起来，为航校开展长距离飞行训练提供了有力保障。整个航校在后期也几乎没有发生过因为不了解气象条件而导致的事故。

航校的通信班开班时间较晚，是在1949年1月才开班的。共招收了11名学员，大部分是女学员，只有两名男学员。3月随校本部迁往长春之后，通信班与场站班、仪表班一起编入混合大队继续授课。授课地址是在长春市内一个日伪时期的旧银行。生活条件与学习环境相比牡丹江有了很大改变。通信班的课程主要包括电工学理论、无线电基础理论、交直流电路原理等，实务课则以报务为主，练习背电码，收发报的手法、手速等。当时长春刚解放不久，东北野战军主力也已南下，安全保卫工作比较棘手。通信班、仪表班"离校本部比较远,没有警卫人员,担任夜间保卫安全的任务自然落在新老学员身上,女同学夜间也要轮流上岗巡逻"。[1]通讯班于1948年8月毕业,毕业生基本都分配到各机场航空电台工作。

仪表班是1948年10月组建的,6名学员全部是女学员。当时航校既缺乏能够讲授仪表原理的教员,也缺乏必要的教材。所以仪表班成立之后,航校联系了哈尔滨一家无线电修配厂,让仪表班学员在该厂的电器仪表车间实习了两个月,之后又调回航校在哈尔滨的修理厂继续学习。航校本部迁往长春之后,仪表班也转到校本部训练处继续学习,于1949年9月毕业。毕业后,云霞与杨金芝留在航校训练处,继续学习美式飞机的仪表维修。其余4人则调回航校的哈尔滨修理厂工作。

1949年11月,中国人民解放军空军正式成立。1949年11月14日,中国人民解放军空军司令部下达命令,"将航校原有学员改编为两个轰炸机学校及四个驱逐机学校"。航校奉命开始整编,学员及教员分别奔赴各地组建新的航校,其余人员及全部日籍教员、职员转移至牡丹江筹建第七航校。"1946年3月至1949年12月,东北老航校虽然只

---

[1] 王雅君:《在东北老航校通信班学习》,载张开帙、麦林主编《东北老航校》上册,蓝天出版社,2001,第380页。

办了3年零9个月时间,却培养出各种航空技术人才560人,其中飞行员126人,领航员24人,机务人员322人,场站、气象、通信、仪表、参谋人员88人,锻炼了一批懂航空的军事、政治、后勤和工程技术干部"。①

1949年12月13日,中国人民解放军航空学校完成整编,奉命停止办公。东北老航校完成了它的历史使命,但它的精神与在吉林点燃的人民空军航空教育的火种赓续不绝,不断激励着一代又一代空军将士飞上蓝天,保卫祖国的领空。

本来迁回牡丹江办学后,东北老航校已经逐步改善了办学条件,进入一个稳定发展阶段,但是为何又迁往长春办学,这是个值得探讨的问题。首先,学校搬迁这么重大的问题一定是由上级主管部门做出的决定。其次,随着辽沈战役的全面胜利,为了支援关内的解放战争,东北党政机关纷纷进入大城市开展工作,东北野战军总部也因时制宜,将所属的军事院校也迁往中心城市。再次,长春有高质量的机场,城市基础设施也非常先进,对东北老航校开展教学、训练十分有利。从后来的历史发展来看,东北老航校在长春落地生根并开枝散叶,为共和国培养了无数的航空事业人才,亦充分地证明了搬迁长春是一个正确的选择。

---

① 《东北老航校发展概要》,《东北老航校研究》2019年第2期。

飞行一期甲班学员合影

飞行一期乙班学员合影

★ 中国人民航空事业的摇篮

飞行二期部分学员合影

飞行三期学员毕业合影

第四章 | 东北老航校的训练、教学组织与生活（下）

领航班部分学员合影

机械一期部分学员合影

★ 中国人民航空事业的摇篮

机械二期部分学员合影

机械三期部分学员合影

机械四期部分学员合影

通讯班部分教学员合影

仪表班部分学员合影

气象班部分学员合影

第四章 | 东北老航校的训练、教学组织与生活（下）

场站班部分学员合影

工程班学员合影

★ 中国人民航空事业的摇篮

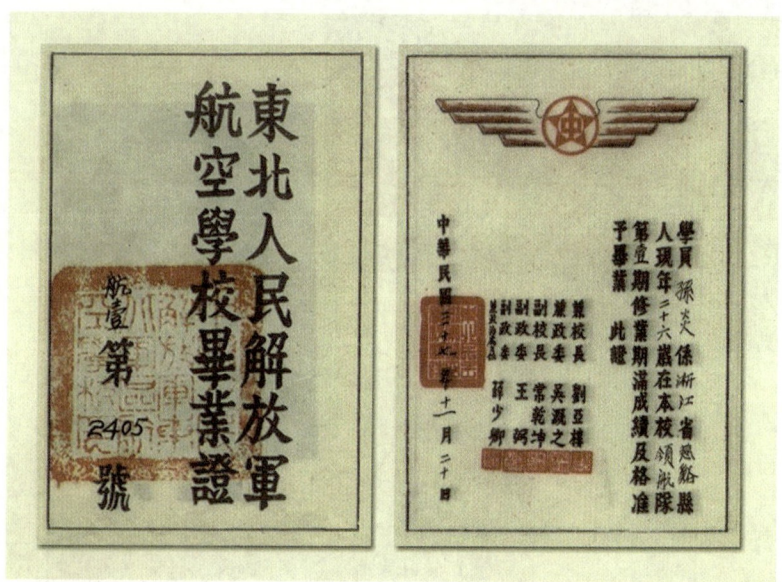

东北老航校 1948 年颁发的毕业证

东北老航校毕业学员人数

飞行员	126人	领航员	24人
机务人员	322人	通讯人员	9人
仪表人员	6人	场站人员	38人
气象人员	12人	参谋人员	23人
合计			560人

第五章

东北老航校师生的战斗功绩

★ 中国人民航空事业的摇篮

第一节　组建军委航空局

　　1949年3月,就在吕黎平与方华在北平向兼任航校校长的刘亚楼提交在航校现有人员、装备的基础上组建第一支飞行部队的研究报告之后不久,航校副校长常乾坤与王弼接到了东北野战军总部的急电,要二人立刻赶赴西柏坡向党中央汇报航校建设情况。当时党中央正在西柏坡召开七届二中全会,常乾坤与王弼于3月8日赶到西柏坡,中央主要负责同志,包括毛泽东、刘少奇、朱德、周恩来、任弼时、陈云、彭德怀、贺龙、陈毅、邓小平、聂荣臻等都在会议间隙抽出宝贵时间接见了他们。毛泽东在听完常、王二人对航校建设的全面汇报后,连声称赞了不起。之后又听取常、王二人对航校现有人员、装备组建飞行部队南下参加渡江战役的想法。常乾坤与王弼在出发前,就已经大致从东北野战军领导那里了解吕黎平与方华向刘亚楼提交的研究报告的内容,这一路上,二人也是反复推演航校组织部队参战的可能性。在抵达北平后,常乾坤与王弼先到刘亚楼处"交了底",指出吕黎平与方华建议组成一个包含两个战斗机中队、一个轰炸机中队的混合大队南下参战的计划，可能对敌我双方的实力掌握得不够充分，对航校在较短时间内完成对飞行员的实战训练，以及修复作战飞机、储备作战消耗必需的设备零件的难度估计得过于乐观，因此，常、王二人提出，6月南下参战于我不利，如能推迟到10月，可胜算较大。

对于组建飞行部队南下参战的问题，刘亚楼非常尊重常、王二人的意见。刘亚楼心里十分清楚，凭借航校修复的有限的几架日式、美式飞机，以及比飞机更宝贵的数十名飞行员南下作战，是无法与实力尚存的国民党空军拼消耗的。飞机南下参战，更多的是起到在战略上鼓舞我军士气的作用。在听完常、王二人的分析后，刘亚楼表示，他们可以带着自己的意见和想法大胆地直接跟中央领导汇报。因此，当毛泽东问起组建飞行部队南下参与渡江战役的可能性时，常乾坤与王弼就如实地阐述了自己的想法，表示6月参战难度较大，10月参战的可能性更高。"毛泽东点头沉吟，说，那参加渡江作战恐怕是来不及喽。接着又说，现在你们的任务，是搞好新解放区机场、航空设备与国民党空军人员的接收，多培训人员，积蓄力量，为创建空军做准备"。[①]

---

① 郭晓晔：《英雄万岁》，中国文史出版社，2019，第206页。

虽然组建一支飞行部队南下参战的计划暂时无法实现，但组建人民空军的计划却由此进入了快车道。3月17日，"中央军委决定从东北老航校抽调人员成立军委航空局，并致电林彪、罗荣桓、刘亚楼。根据这一指示，东野首长决定：常乾坤、王弼留在北平承建军委航空局，薛少卿、吴溉之仍留航校主持全盘工作。3月30日，中央军委任命常乾坤担任中央军委航空局局长，王弼为政委"。①

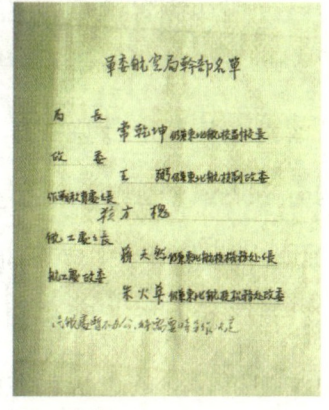

1949年3月，组建军委航空局，图为军委航空局主要领导干部名单

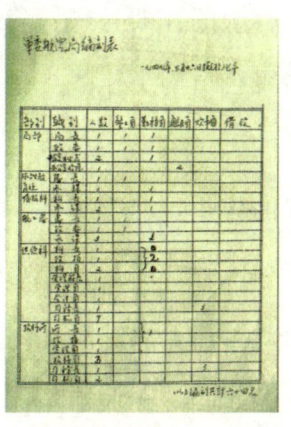

军委航空局初期制定的编制表，编制共计64人

军委航空局的办公地点在北平灯市口同福夹道7号。航空局下属主要机构的负责人几乎都是从航校调过来的。作战教育处处长是方槐，工程处处长是蒋天然，政委是朱

---

① 杨万青、齐春元：《刘亚楼将军传》，中共党史出版社，1995，第254页。

火华,航行管制处处长是安志敏。民航处处长油江不是老航校出身的,他原是国民党起义人员,曾在延安航空组以及延安机场与常乾坤、王弼共事过,是常乾坤、王弼点名从华北军区航空处处长任上要来的。

军委航空局组建完毕后,除了继续领导开展接收国民党各地的航空资材、人员等工作外,还先后组建了华北、中南、华东等军区司令部航空处,有条不紊地推进中央军委筹组人民空军的各项工作。然而,国民党空军对北平的轰炸打断了航空局的各项工作,守卫北平的"天空安全"成了军委航空局的首要任务。

中央七届二中全会于1949年3月13日在西柏坡闭幕,中央各机关以及中央军委于3月24日开始迁入北平,25日,毛泽东等中央领导人在西郊检阅了东北野战军部队,进驻香山的双清别墅。中共中央迁入北平后,喜讯接连从南方传来,4月20日,人民解放军突破了国民党在长江的防线,4月23日,南京解放,全国解放的形势已经不可阻挡。然而,国民党并不甘心接受失败。1949年5月4日,就在全国青年代表大会第一次会议在北平召开之际,6架国民党B-24轰炸机突然飞临北平南苑机场。"8时57分,轰炸机低空掠过机场塔台,投下30枚重磅炸弹。炸弹在跑道上炸起一阵阵冲天的蘑菇云。停在跑道上的两架L-5飞机被炸毁,一架 B-25 和一架 C-46 被炸断了机翼。随着'轰'的一声巨响，油库又腾起冲天大火，5 吨重的大油桶飞向半空凌空爆炸，疾驰而来的救火车霎时被烈火吞没。机场一片火海。"[1]

国民党空军对北平的轰炸无法阻碍人民解放军解放全国的进程，但正逢党中央在北平筹备第一届全国政协会议之际，国民党空军对南苑机场的轰炸就不仅仅是军事上的挑衅和骚扰那么简单。中央军委对此非常重视，"6 月，中央军委副主席周恩来指示常乾坤局长，在大批空军部队组建前，先迅速组建一支航空兵作战分队，以加强北平地区的防空力量。根据周恩来同志的指示，军委航空局立即进行了认真的研究，并于 7 月 7 日向中央军委提出了具体建议，他们认为：在当前的形势下，根据现有的装备和人员情况，可组建一个飞行中队，从各军区司令部航空处和东北航校选调 10 名飞行员和相应的战斗机组成，其任务主要是担负北平地区的防空作战，必要时可协助陆、海军部队解放长山列岛"。[2] 中央军委很快就批准了航空局的建议，并指示航空局，飞行队的任务不能局限于防空。为落实中央军委指示，航空局在常乾坤与王弼的主持下，于 7 月 31 日至 8

---

[1] 罗胸怀：《中国空军纪事》，中央编译出版社，2010，第 45 页。
[2] 马宏骄、刘晓槟：《人民空军历史上的"北平飞行队"》，《北京党史研究》1997 年第 6 期。

月 8 日召开的第一次航空工作会议上,专门研究了组建飞行队的相关问题。在这次会议上,航空局将组建一个战斗机飞行中队以保卫北平的计划改为组建一个混合飞行中队,下辖两个战斗机分队、一个轰炸机分队和一个地勤分队。战斗机分队的飞机以各军区缴获及起义的原国民党空军较为完好的 P-51 战斗机为主,轰炸机分队则以"蚊"式轻型轰炸机为主,另外,华北军区缴获的两架 PT-19 "康奈尔"初级教练机也编入混合中队。飞行员以熟悉美式飞机的原国民党起义飞行员为主。混合中队中队长徐兆文是中共党员,受党的委派长期在国民党空军中潜伏,曾被国民党空军选派赴美国深造,于 1948 年驾驶 P-51 战斗机在辽宁回到人民怀抱。第一战斗机分队队长赵大海(赵立品)是国民党空军飞行学院教官,于 1948 年与邢海帆、刘沧州等人一起在中共秘密党员吕云荪的安排下从上海坐船到天津、转北平、辗转进入沧州解放区。第二战斗机分队队长杨培光,1938 年入成都国民党中央航空军事学校学习飞行,于 1948 年 9 月驾机起义在四平降落,之后一直在东北老航校任飞行教员,是我军的第一个"试飞员"。担任轰炸机分队分队长的邓仲卿也是不久前驾机起义的原国民党空军飞行员。混合飞行中队在组织架构上隶属于华北军区司令部航空处,作战则由军委航空局统一指挥。

★ 中国人民航空事业的摇篮

混合飞行中队成立之时，由我党自己培养的第一批P-51飞行员正在航校公主岭机场训练。混合飞行中队第二战斗机分队队长杨培光之前一直在公主岭，与后期调入混合飞行中队的原国民党起义飞行员阎磊、邢海帆等一起，承担教学工作。杨培光能够调入混合飞行中队，还有一段插曲。

当时的华北军区司令部航空处处长是航校的重要骨干方华。方华与吕黎平随东北野战军南下之后，就留在华北军区组织对平津等地国民党空军各机场、飞机、航材以及人员的接收工作。北平地区是国民党空军在华北地区的重要基地，原驻地有一个战斗机大队、一个轰炸机大队以及一个侦察空运大队。辽沈战役与平津战役中，北平的南苑机场是国民党空军重要的前线机场，多批次的战斗机和轰炸机都是从这里起飞，对解放军狂轰滥炸。尽管国民党空军仓皇撤离，但方华领导华北接收小组还是在这里找到了一批经修复可以使用的飞机、我军紧缺的航空弹药、机床等重要物资。此外，方华还与张开帙等一起，在北平建立了航空修理厂，混合飞行中队使用的P-51战斗机、"蚊"式轰炸机都是在北平修理厂修复的。

5月4日，国民党空军轰炸南苑机场之后，一直在航校作为飞行员和教员接受训练的方华不甘心待在行政领导岗位上,一心想回到航校,改飞先进的 P-51 战斗机,希望有一天能够带领自己带飞的学员驾驶战斗机飞上蓝天与敌人作战。在多次向华北军区司令员聂荣臻打报告之后,方华的请求被批准。方华非常高兴,在返回航校之前,他还曾亲自驾机,为到北平南苑视察的朱德总司令进行飞行表演。

6 月 28 日,原本应该返回长春校本部休息几天的方华按捺不住自己重返蓝天的心情,直接赶到了公主岭战斗机中队的驻地。上午 9 点左右,在一架改装后用作教练机的 P-51 战斗机后座完成座舱实习之后,方华走下机舱,一边翻看自己的笔记一边对照刚才的飞行动作。就在他专心翻阅笔记的时候,身后那架他刚刚乘坐的飞机正准备滑行返回机库。地勤人员与飞机的驾驶员都没有注意到正在飞机前边走边看笔记的方华。等方华发现飞机正向自己滑行而来,要躲避已经来不及了。方华的右上胸至左肩全部,右腰及左腰两处被飞机螺旋桨击中,当即牺牲。而这架飞机的驾驶员,就是刚刚带飞方华的杨培光。

方华的牺牲是继蔡云翔、吉翔牺牲之后航校发生的又一起重大安全事故。而事故的主要责任人杨培光是刚刚驾机起义的原国民党飞行员,这在航校内部引起了不小的震动,甚至有人私下怀疑杨培光的起义动机。而航校越来越多的原国民党空军人员，也在默默关注着航校如何认定这起事故的性质。

方华在公主岭牺牲，烈士纪念碑坐落在长春市胜利公园

第五章 | 东北老航校师生的战斗功绩 ★

当时主持航校工作的副政委薛少卿得知事故发生后立刻赶到公主岭，对事故的原因进行调查。本着实事求是的态度，包括一大队领导在内的调查人员亲自驾机重现事故发生时的情境，最终证实，由于P-51战斗机起落架是后三点式的，机头下没有轮胎，只有机翼下以及机尾处有轮胎，飞行员在地面滑行时，飞机机头朝上，无法观测正前方20米范围内的情况。而由于我军刚刚获得这一批P-51战斗机，相关的飞行安全规章制度还没有针对P-51进行调整，因此才导致了这次事故的发生。

在认真听取了各方意见之后，航校党委最终认定，这是一起飞行训练组织不严格，由飞行员马虎大意、观察不仔细导致的误伤致死的行政责任事故。对于杨培光，校党委决定给予行政撤职处分，但保留其飞行员资格。

常乾坤在组建北平混合大队之时，提出由杨培光担任战斗机分队分队长，很多人对此有很大的质疑。但常乾坤对杨培光的经历非常清楚，"杨培光对国民党的腐败没落早有抱怨，因此受到上司监控，那次从沈阳飞回北平，上司怀疑他心存不轨准备摊牌，听到透露出的风声，他乘人不备紧急返回机舱开车起飞，摆脱了两架追击的飞机，冒死起义迫降四平。至于到航校后的表现，他积极肯干、甘担风险，而且技术高超，有目共睹。同样的事故在航校也曾发生过，为何对待杨培光非要戴上有色眼镜呢"。① 在常乾坤的支持下，杨培光，这位第一个驾驶 P-51 战斗机起义的原国民党飞行员不但加入了混合中队，还担任了第二战斗机分队的分队长。

混合中队成立之时，一共只有 10 架飞机，其中有 6 架 P-51 战斗机、两架"蚊"式轻型轰炸机，以及两架 PT-19 "康奈尔"教练机，全中队飞行员及地勤人员 40 余人。以这样的"兵力"保卫北平显然是不够的。很快，常乾坤就从航校调来了林虎、刘玉堤、马杰三、阮济舟、吉世堂、徐登昆、牟敦康、李国治等原飞行班第一期甲乙两班的优秀毕业生。又将东北老航校修理厂修复完毕的 17 架 P-51 战斗机以及 1 架"蚊"式战斗机和 1 架 B-25 轰炸机补充进北平混合中队。到 1949 年 10 月，北平混合中队又成立了一个运输机分队，包括一架 C-46 运输机和一架 C-47 运输机。运输机分队队长是 1948 年入党、1949 年驾机起义归来的谢派芬，航校飞行班第一期乙班的王洪智、于希和、王恩泽也加入了运输机分队。

混合中队于 9 月 5 日正式开始北平地区的防空作战值班，每日都在南苑机场保持 2—4 架战斗机待命的状态。9

---

① 郭晓晔：《英雄万岁》，中国文史出版社，2019，第 229 页。

月的一天下午，正在南苑机场值班的杨培光和林虎这对航校的"师徒"突然接到航空局紧急升空、拦截敌人空袭的命令。二人紧急升空，但在空中盘旋许久也没发现敌人的航迹，只能颇为"扫兴"地返航。由于当时没有对空雷达，对北平空域的警戒只能依靠在北平周边 300 公里范围内布置的地面观察哨，由于训练仓促以及天气影响，错报敌情是非常常见的事情。但肩负守卫北平天空任务的航空局与混合中队本着一丝不苟的精神，把错报看作是训练，频频起飞，毫不懈怠，这种积极的作战态度对士气低落的国民党空军造成了极大的震慑。自 9 月 5 日混合中队开始作战值班以来，国民党空军的飞机再也没敢飞入混合中队的作战半径之内。每天清晨，南苑机场十几架各类飞机试车检查，巨大的轰鸣声极大地鼓舞着北平军民取得防空作战胜利的信心。9 月 23 日，当数百名政协代表齐聚中南海怀仁堂共商国是之时，混合中队的训练机群恰好从北平上空飞过，机翼的呼啸声与发动机的轰鸣声引来代表们的阵阵骚动。当周恩来告知各位代表，那是我们自己的空军正在进行飞行训练时，怀仁堂里响起了一阵经久不息的掌声。许多自辛亥革命时起就在为中华民族的自强觉醒而奋斗的老革命家，更是流下了激动的泪水。

第二节　赴苏联商谈购机协议

1949年3月，按照中央军委的相关决定，东北野战军正式改称为中国人民解放军第四野战军，刘亚楼被任命为四野下辖第十四兵团司令员。从4月中旬开始，刘亚楼就一直在北京处理原东野司令部的移交工作以及组建第十四兵团机关的工作。在航校主持常务工作的常乾坤与王弼这时也已经在北平忙于筹建中央军委航空局的事务，航校的日常工作主要是由薛少卿负责，刘亚楼依然兼任着航校校长一职，也在百忙之中抽出时间指导航校以及航空局的相关工作。

十四兵团机关原定于5月25日出发南下，参与解放中南地区的战役。由于北平防务工作的移交还未结束，因此十四兵团机关在司令部参谋长何廷一等人的率领下先行一步，刘亚楼则留在北京，打算等各项移交工作一结束，就南下追赶部队。

一天傍晚，刘亚楼突然接到中央军委通知，要他立刻赶到香山双清别墅去见毛主席，领受新的任务。在香山别墅，毛主席谈兴很浓。他对刘亚楼说，"我们从南昌起义、秋收暴动开始，就同蒋介石打仗，同日本侵略者打仗，走过曲折的道路，依靠小米加步枪，经历了长期的战争。我们打赢了，快要打出一个新中国来了，但靠的完全是陆军打地面战争。而在第二次世界大战中，交战双方都有万架以上的飞机用于战场，空军在现代战争中的作用越来越重要。我们不可没有空军。在延安的时候，有人建议请苏联给我们援助飞机，我们好成立航空队。可是延安只有碗口那么大，飞机要烧很多汽油，延河水也只有那么多，那时还没有条件成立空军。现在好了，有了已经培养出来的一批人，有了广阔的天地，又接收了国民党留下的一些基地和设备，建立人民空军的基本条件已经具备了"。[1]接着，毛主席又问刘亚楼，中央要你负责组建空军，你觉得怎么样？刘亚楼起先有些犹豫，他觉得自己虽然在苏联伏龙芝军事学院接受过指挥训练，但始终是指挥陆军，从没有指挥过空军。自己在航校兼任校长之后，也是在大政方针上为航校的发展掌舵，具体的飞行训练、飞行指挥自己并不擅长。现在党中央要他负责组建人民空军，千钧重担自己能不能扛得起，这不仅仅是个人荣辱的问题，更是关乎国家安全与发展的重要使命。他向毛主席坦率地说出了自己的担心，毛主席却笑着鼓励他，开玩笑说，我就是要你这个自认为做

---

[1] 杨万青、齐春元：《刘亚楼将军传》，中共党史出版社，1995，第259页。

不好的人去做。刘亚楼从毛主席的笑语中感受到了党中央对自己的信心,既然党中央和毛主席信任自己,那他又有什么可担心的呢。随即,他就向毛主席表示,自己会边干边学、边学边干,一定不负党中央所托。

这次谈话之后,尽管中央军委组建空军的正式任命还没有下来,但刘亚楼已经从四野南下的工作中抽身出来,开始筹组空军的各项准备工作。

1949年7月10日,毛主席给周恩来写信讨论解放台湾的相关问题。在信中,毛主席指出,"我们必须准备攻打台湾的条件,除陆军外,主要靠内应及空军,二者有一,即可成功,二者俱全,则把握更大。我空军要压倒敌人空军短期内是不可能的,根据朱德的建议,可考虑选派三四百人去苏联学习空军。同时购买飞机一百架左右,连同现有的空军组成一个攻击部队,掩护渡海,准备明年夏季夺取台湾。同时须考虑在闽、浙两省建立飞机隐蔽库"。[①]7月11日,周恩来召见刘亚楼,向刘亚楼传达了毛主席的指示,要刘亚楼提交一份空军主要领导干部人选以及空军领导机关架构的方案。刘亚楼在与常乾坤、王弼商议后决定,空军的领导机关由四野第十四兵团机关加上中央军委航空局

---

① 逢先知:《毛泽东年谱1893—1949》下卷,中央文献出版社,2002,第595页。

组成,"从陆军直接抽调现成的师、团领导机构,组成空军师、团领导机构,并在老航校和陆军部队选拔了大批空地勤人员"。①7月26日,中央军委致电四野,告知四野,现在必须以组建空军为当前首要任务,空军司令部拟以十四兵团机关和军委航空局人员组成。同日,中央书记处电告正在莫斯科访问的刘少奇,让他向苏联方面提出援建中国空军的请求,"为准备在一年左右的时间组成中国人民空军作战部队,参加渡海战斗,解放台湾起见,请苏联方面给予援助:一、拟向苏联定购战斗机100架至200架,轰炸机40架至80架,并配足各项备份机件及日式德式重磅炸弹。二、拟请苏联航空学校代我训练空军人员1700名,其中飞行人员1200名,机械人员500名。如便,拟请续办3年。如果同意,1700名学员拟于9月底集中,10月即可动身出国。一切费用当由我们负责偿还。三,拟请苏联派出高级空军顾问3至5人,于9月来华参加中国空军司令部及航空学校工作。四、如上述第一、第二两项原则同意,拟即派刘亚楼(将任空军司令)率小型代表团于中共中央代表团离开莫斯科回国之前,赴苏参加这一计划的商谈"。②

---

① 徐秉君:《组建新中国空军:刘亚楼两次赴苏谈判始末》,《福建党史月刊》2010年第5期。
② 罗胸怀:《中国空军纪事》,中央编译出版社,2010,第52页。

> 中央軍委關於決定劉亞樓、蕭華
> 同志擔任空軍工作問題致華中
> 局電
>
> 華中局：
> 　　根據目前情況，建立人民空軍已有可
> 能，特別是將來解放臺灣時必須要有相
> 當的空軍力量掩護方可。爲此，已決定
> 劉亞樓、蕭華兩同志擔任此一建立空軍
> 工作，故劉不回四野，蕭亦不能去廣西，
> 特告。
>
> 　　　　　　　　　　　　中央軍委
> 　　　　　　　　　　　1949年7月26日

中央军委关于抽调刘亚楼、萧华准备建立空军的决定

接到电文之后，7月27日，刘少奇在与斯大林等苏联领导人的会晤中，提出了希望苏方帮助中国建设空军的请求。苏联方面对除了在苏联设立航空学校之外，对中共的其他请求原则上表示同意，也同意刘亚楼前往莫斯科，进一步商讨援助的具体细节。刘少奇将苏联方面的意见转告中共中央后，周恩来通知刘亚楼、王弼、吕黎平等人于7月31日下午前往中南海，接受毛主席及朱德总司令的指示。在中南海，朱德首先接见了刘亚楼等人，"他询问了刘亚楼一行赴苏的准备情况，扼要地介绍了当时全国的战场形势，

接着又关切地询问东北老航校培养飞行员的近况。刘亚楼做了汇报"。① 下午5点半,刘亚楼等人又来到毛主席的住地,"刘亚楼向毛泽东介绍说,王弼是30年代在苏联学过航空机械的工程师,吕黎平是抗战初期我们党选送到新疆学习飞行的红军干部。毛泽东听后风趣地说,你是在苏联学地面指挥的,你们三个既有地上的指挥员,又有空中的飞机驾驶员,还有能设计、修理飞机的工程师,真是难得的三位一体"。②

几人坐下之后,毛主席表示,想听听刘亚楼几人对苏联援建空军一事的建议。在来中南海之前,刘亚楼已经与常乾坤、王弼等人针对组建空军支援渡海作战的具体方案进行了多次商讨。在毛主席面前,刘亚楼首先介绍了国民党空军残余力量的情况:在台湾的国民党空军总兵力有4.5万人,飞机330余架,其中战斗机有近150架、轰炸机70余架,这些飞机大多维护较好,可以随时作战。而要战胜国民党空军取得渡海作战的制空权,支援陆海军登陆,我军至少要与国民党空军的作战力量相当,也就是需要300架到350架飞机。但眼下,除了正在北平组建的混合飞行中队外,只有东北的航校还有一定数量的作战飞机,二者

---

① 杨万青、齐春元:《刘亚楼将军传》,中共党史出版社,1995,第261页。
② 杨万青、齐春元:《刘亚楼将军传》,中共党史出版社,1995,第263页。

相加也不过战斗机 20 多架，轰炸机 7 架。国内暂时没有制造飞机的能力，飞机的"缺口"只能依靠外援。至于培训人员，刘亚楼认为，原方案中的飞行员数量与地勤人员数量比例不尽合理，考虑到飞机数量，应调整为 1:2 的比例比较合适，即在苏联培训 500 名左右飞行员，1000 名左右地勤人员。刘亚楼汇报完，又由吕黎平汇报了苏联、美国空军的基本编制及构成情况。毛主席对刘亚楼、吕黎平的汇报很满意，认为他们二人长期担任航校的领导工作，对空军的实际建设更为了解，因此批准以刘亚楼等人的意见作为正式方案，并要求刘亚楼等人赴苏谈判主要秉持两个方针，"第一，以一年为限建立一支歼击、轰炸部队，协助陆海军渡海作战，解放台湾。第二，我们的经济很困难，苏联又不能无偿援助，因此你们去谈判，请专家、买飞机、购器材，都要精打细算，现在是贷款建空军，花钱买经验"。①

带着毛主席的嘱托，刘亚楼、王弼、吕黎平等人于 1949 年 8 月 1 日从北平启程赴苏联。一行人坐火车至满洲里出境，在苏联赤塔转乘飞机飞往莫斯科。进入苏联境内，苏方对刘亚楼一行人给予了极高的礼遇，列车与飞机都是专供苏共政治局委员使用的专列和专机。一行人于 1949 年

---

① 郭晓晔：《英雄万岁》，中国文史出版社，2019，第 222 页。

第五章 | 东北老航校师生的战斗功绩 ★

8月11日抵达莫斯科。8月13日，刘亚楼、王弼、吕黎平等谈判小组成员随同刘少奇、王稼祥与苏联武装力量部部长华西列夫斯基以及苏联空军总司令维尔希宁等人正式开始讨论由苏联援建空军的方案。

刘亚楼首先向苏方介绍了我军现有的飞行员、机务人员的数量、训练情况、技术状况以及飞机数量与种类等基本信息，接着又介绍了国民党空军的基本情况。根据党中央提出的计划及出国前毛主席的指示，刘亚楼提出，为了眼下渡海作战解放台湾及以后巩固中国国防，希望苏联帮助中国在一年之内建立一支由300架到350架飞机组成的空军部队，并援助必要的航材与物资，培训飞行员与地勤人员。在维尔希宁询问中方需要的歼击机、轰炸机数量比例及机场情况后，吕黎平以他在东北航校工作积累的经验做了回答。他表示，中方希望空军作战部队的歼击机与轰炸机比例为2:1。当前东北主要城市机场，包括哈尔滨、长春、沈阳、锦州，以及华北地区的北平、华东地区的济南机场条件都恢复得较好，可以马上投入使用。华西列夫斯基与维尔希宁对刘亚楼与吕黎平的介绍非常满意，表示苏方原则上同意中方提出的方案，希望再举行几次会议敲定具体细节。刘少奇表示，自己将带领中方代表团回国，有关援建空军计划的细节讨论，中方已委派刘亚楼为全权代表。之后刘亚楼与维尔希宁又分别在 14 日和 18 日举行了两轮会谈，吕黎平与王弼都参与了这两次会谈。"中方与苏方对话的基础和对事情的判断多取自办航校的经验。"①在 14 日的会谈中，刘亚楼等人主要咨询了苏方的空军机构设置以及人员培养经验，包括苏联航校的体制编制、训练时长、专业科目、使用的教练机种类等，苏方则进一步详细了解了中方组建空军的进展情况以及现有条件等。在会谈最后，维尔希宁表示，"你们的要求可以得到满足，所提方案可以实现"。②18 日，刘亚楼等与苏方举行了第三轮会谈，"维尔希宁元帅提出了一个比较具体的援助计划，主要内容是：由苏联帮助中国建立 6 所航校（两所轰炸机航校、四所歼击机航校）及 1 所飞机修理总厂，卖给中国各型飞机 434 架，派出专家 878 名来华协助工作"。③苏方方案基本满足了中方之前提出的要求，刘亚楼等人大致也表示满意，只是对苏方提供的拉 -9 战斗机，以及图 -2 轰炸机的性能不够了解。之后刘亚楼与王弼、吕黎平对苏方提供的飞机进行了讨论，吕黎平认为苏联方面并没有向中方提供最先进的战斗机和轰炸机，他认为，"拉 -9 的上升性能、转弯

---

① 郭晓晔：《英雄万岁》，中国文史出版社，2019，第 225 页。
② 徐秉君：《组建新中国空军：刘亚楼两次赴苏谈判始末》，《福建党史月刊》2010 年第 5 期。
③ 杨万青、齐春元：《刘亚楼将军传》，中共党史出版社，1995，第 268 页。

半径、火炮威力都优于国民党空军装备的 P-51，但俯冲性能、载弹量、火炮射速和最大航程并不如 P-51"。①王弼与吕黎平长期在航校任教，对国民党的 P-51 战斗机的各项性能比较了解，二人对苏联援华的飞机能否在接下来的渡海作战中发挥决定性的作用多少有些怀疑。最后，刘亚楼一锤定音，当前最重要的是解决空军从无到有的问题，只有实现了从无到有，才能实现从弱到强。当前的国际环境也决定了，新中国创建空军离不开苏联的帮助，飞机虽然不尽如人意，但也足以担负起同陆海军协同解放台湾的任务了。三人统一了意见，决定与苏方草签协议。协议签订之后，刘亚楼立刻向党中央发电报汇报了与苏方会谈的情况，以及与苏方达成的协议内容。之后，刘亚楼根据自己在苏联学习工作的经验，认为苏方批准计划至少还需要两个月的时间，所以他决定利用这段时间与王弼、吕黎平一起在苏联做些考察工作，重点考察苏联空军总部、飞行学校以及航空工程学院。在考察期间，刘亚楼还与原广东军事飞机学校选派到苏联留学、之后一直留在苏联的唐铎取得了联系。当时唐铎在苏联一所空军航校担任少校机械教员，已经加入了苏联国籍，也在苏联结婚生子。刘亚楼得知唐铎

---

① 吕黎平：《吕黎平回忆录》，中国农业科学技术出版社，2002，第 476 页。

的确切消息后，特意请他来莫斯科见面，刘亚楼告诉唐铎，中国革命已经取得了胜利，国防建设正需要他这样的人才。唐铎也很激动，表示非常想回国参加空军建设。后来，经过与苏联的交涉，唐铎回到了祖国，担任了新组建的哈尔滨军事工程学院航空系主任。

刘亚楼与王弼、吕黎平在苏联考察了两个月左右（王弼因工作需要提前回国）。10月1日，他们在莫斯科与中国驻苏联大使馆筹备处的同志一起欢庆中华人民共和国的成立。10月5日，苏联武装力量部部长华西列夫斯基又一次会见刘亚楼，他告知刘亚楼"援助中国建设空军的协议书，斯大林大元帅和苏共中央已经批准了，我向你们表示祝贺。苏联第一批专家23人已经集中，很快就要出发去中国"。[①] 刘亚楼等人非常高兴，尽管他们错过了开国大典，没有和他们在航校的同事、学生一起驾机飞过天安门，接受党和国家领导人的检阅，但是，他们也终于可以带着好消息回国，继续投入到建设空军的工作中了。

---

① 杨万青、齐春元：《刘亚楼将军传》，中共党史出版社，1995，第269页。

第三节　为开国大典保驾护航

党中央与中央军委进驻北平后，开国大典的各项工作稳步推进。在刘亚楼、王弼、吕黎平赴苏后，8月下旬的一天，航空局局长常乾坤与作战教育处处长方槐突然接到命令，参加朱德总司令与聂荣臻代总参谋长主持召开的会议。在会上，聂荣臻问常乾坤，航空局能不能组织一个飞机编队在开国大典上飞经天安门接受检阅？常乾坤做了肯定的回答。朱德与聂荣臻对此都很高兴。之后接连几天，聂荣臻又多次召见常乾坤与方槐，讨论组织机群在开国大典上接受检阅的具体方案。

受阅飞机的调集、人员的审核、编队编组以及机群训练等具体事务的安排与组织主要由方槐落实。为了推演整个受阅过程，方槐与航空局航行处处长，也是航校出身的老战友安志敏一起反复计算各种飞机的航速、航程，以确定不同飞机的集结点与进场顺序、时间。为此，他们还把远在航校的刘善本急调入京，参与策划机群受阅的细节。当时，众人最拿不准的主要有两个问题：一是通过天安门的飞行安全问题；另一个就是驾驶员人选的政治安全问题。

方槐在一次会议上提出了第一个问题。当时苏联空军已经派人来到中国,商讨开设中苏航线的具体细节。聂荣臻邀请了苏方人员列席会议,苏方人员向方槐介绍了苏联在十月革命庆典中空军机群飞越红场的经验。飞机的高度主要依据飞机下滑的安全高度来决定,这样,一旦飞机在空中发生故障发动机停车,飞机也可以有足够的高度滑行离开庆典会场,选取人员较少、建筑较少的地方迫降。至于人员的政治安全问题,当时熟练驾驶美式 P-51 战斗机的飞行员几乎都是原国民党起义人员,他们很多人曾经在航校任教,现在也集中在北平的混合大队中,担负北平防空任务。尽管他们都是常乾坤、方槐的同事和下属,但判断他们在政治上是否可靠,能否在开国大典上驾机受阅,常乾坤与方槐也没有这个资格。因此,方槐提议:一,再从航校调配一批刚完成修复的美式飞机来北平,充实北平混合中队,充实开国大典的受阅机群,同时,调一批完成美式飞机训练的航校学员来北平,受阅飞行员以航校学员为主。二,除战斗值班飞机装填实弹外,其余飞机一律不带弹起飞,任何飞行员不得携带可抛出机舱外的东西。

当时,杨培光已经离开了航校来到北平加入混合中队,是否允许杨培光加入受阅部队,又成了人们反复争论的"议题"。最后,是常乾坤力排众议,亲自给周恩来打了报告,由周恩来特批，杨培光才加入了受阅部队。

　　周恩来批准杨培光加入受阅部队，在很大程度上平息了对国民党起义飞行员的"非议"。以北平的混合中队为主，辅以航校优秀学员的人员编组方案得到了通过。受阅飞行部队的人员编组刚刚完成，就接连出现了飞行事故。先是担任北平混合中队轰炸机分队分队长的邓仲卿在9月2日的飞行训练中，由于驾驶的"蚊"式轰炸机起落架故障，导致飞机着陆时失去平衡，冲出跑道。飞机螺旋桨、机身、起落架、机翼、尾翼多处受损，但好在邓仲卿没有受伤。之后华北航空处对邓仲卿的事故进行了调查，发现是因为国民党空军轰炸北平南苑机场后，机场跑道未清理干净，邓仲卿驾驶的飞机在起飞滑行时，起落架轮胎碰到了机场跑道上的弹片导致轮胎破裂。航空处紧急安排地勤人员及群众对机场跑道进行了一次大清理，才杜绝了类似事件的再次发生。这次事故后，受阅飞行部队总队长徐兆文又驾机在空中遭遇事故，跳伞受伤。

　　当时徐兆文驾驶一架修复后的P-51战斗机正在河北霸县上空进行飞行训练，飞机发动机突然出现了故障，徐兆文被迫跳伞。他降落的地方是一片农民刚刚收割完的高粱地，高粱秆尖利的茬口刺穿了徐兆文的双脚。尽管当地的农民发现徐兆文之后立刻对他进行了急救，并找了一辆马车将徐兆文送回部队，但徐兆文受的伤十分严重，已经不能再驾驶飞机。由谁来带领受阅飞行部队，指导部队训练又成了一个摆在常乾坤、方槐等人面前的难题。经过深思熟虑，航空局上报中央军委，紧急调正在航校任飞行教员的邢海帆来北平。

邢海帆毕业于国民党笕桥航空学校第12期。1941年11月，邢海帆被国民党空军选派赴美学习飞行。在1941年12月10日，也就是日本偷袭珍珠港的第三天，邢海帆随第二批赴美飞行团途经珍珠港，亲眼见证了现代空战造成的巨大破坏。"目睹珍珠港难忘的惨状，对邢海帆是一种激励。到达美国后，他立即投入到严格而紧张的飞行训练中，努力提高飞行技术与战术。作为热血青年，邢海帆虽然身在异邦，却无时不心系祖国，希望早日学成，抗日救国，效命疆场"。①1942年10月，经过近一年的刻苦训练，邢海帆毕业回国。回国后，技术出色、理论扎实的邢海帆被国民党空军分配到位于印度拉合尔的中国空军学校担任飞行教官。1944年4月，邢海帆从空军学校调入中美空军混合团，任第3大队第28中队分队长，担负"驼峰航线"的护航任务。1945年1月，中国战场上盟军转入反击，中日的空中力量

---

① 陈洪：《空战英雄邢海帆的传奇人生》，《军事历史》2008年第2期。

对比也发生了根本性的变化。邢海帆驾机参加了中美联合空军对武汉的空袭，共击毁敌机 5 架，其座机中弹 14 处。之后，邢海帆所在的大队换装了美式 P-51 战斗机，邢海帆又驾驶 P-51 战斗机参加了在上海的空战，击落敌机两架。在整个抗日战争中，邢海帆参加过数十次对空、对地作战任务，战功彪炳。解放战争爆发后，邢海帆不愿意驾驶自己的飞机向同胞开火，便请调离开前线，转入国民党空军航校。在航校中，邢海帆"中国人不应该打中国人"的言论被人告密，遭到国民党特务的注意。当时在笕桥航校的地下党员吕云荪主动接触邢海帆与赵立品，帮助他们与杭州的地下党组织取得联系。在接受了党组织的考察后，邢海帆于 1947 年 9 月在杭州加入了中国共产党。1948 年春，国民党空军准备将笕桥航校迁往台湾，在此之前要对一批所谓"重点人员"进行政治清理，党组织得知邢海帆等人在清理名单上，立刻通过秘密渠道将邢海帆、赵立品及其家人转移到解放区。来到解放区，邢海帆先是在华北军政大学担任防空教员，航校成立战斗技术训练大队主飞 P-51 战斗机后，邢海帆这位曾驾驶 P-51 战斗机保卫过祖国领空的飞行员自然成了训练大队飞行教员的不二人选。在训练、带飞出一批可以驾驶 P-51 战斗机的学员后，邢海帆又受命赴北平，担任开国大典受阅飞行部队的总队长。这是邢海帆的荣誉，也是航校的荣誉。

除了邢海帆之外，受阅飞行部队中的飞行员，包括方槐、安志敏、刘善本、杨培光、阎磊、邹耀坤等人，都在航校担任过飞行教员或其他工作，林虎、孟琎、姚峻、王恩泽、王洪智等，则是航校学员的代表。经过航校艰苦奋斗的锤炼，这些飞行员不但技术过硬，而且政治可靠，完全可以胜任在开国大典上驾机接受党和国家领导人检阅的重任。

从9月2日开始，参加开国大典的全部飞行员集中在南苑机场，投入到空中受阅的飞行训练之中。经过一段时间的准备训练，参加开国大典受阅的飞行方案已经确定。飞机共5种机型，17架，包括9架P-51战斗机、3架C-46运输机、1架L-5通信机、两架PT-6教练机以及两架"蚊"式轻型轰炸机。除两架"蚊"式轻型轰炸机为双机编队之外，其余飞机都是三机"品"字形编队（L-5通信机与PT-6教练机编为一队）。三个分队的9架P-51战斗机在前，双机编队的"蚊"式轻型轰炸机紧随其后，接着是C-46运输机分队，最后是通信机、教练机分队，各分队前后跟进依次通过天安门广场。这个方案由常乾坤向周恩来汇报，"百忙中的周恩来仔细看了计划图之后，又提出了新的意见：我们的飞机还是显得少了"。①

这个问题确实是一个筹备受阅飞行时没有想到的问题。飞机速度太快，如果只是17架飞机受阅，飞过天安门广场上空的时间确实太短了。但当时中央航空局能够集中的飞机本就不多，除了受阅飞行之外，其他飞机还要在南苑机场执行战备值班的任务，再没有更多机况良好的飞机能够参加受阅飞行了。即使能够再调配飞机到北平，驾驶员的训练、受阅飞机的编组配合也都很难在较短时间内完成。最后，周恩来提议，可否让领队的战斗机通过天安门之后再转回去，在教练机之后再飞一遍？向周恩来汇报的常乾坤熟悉飞行，他知道这种方案是可行的。在回到航空局之后，常乾坤将这个方案向受阅飞行部队进行了传达。邢海帆提出，如果飞机只是"通场"一次，那么飞机就不用考虑重新编组的问题。现在受阅的战斗机群要通场两次，还要接在速度最慢的教练机后再"通场"，飞机的速度控制问题、飞机之间的编组配合问题都需要重新考虑，最好可以在天安门上进行一次试飞。

之前受阅飞行部队的训练都是在北平郊外进行的，飞机从来没有经过北平上空。尽管试飞的计划是合理的，也

---

① 张子影：《解密开国大典受阅飞行背后的故事》，《党史纵横》2020年第11期。

★ 中国人民航空事业的摇篮

是必须的，但考虑到当时的局势，特别是南苑机场之前刚遭到过国民党空军的轰炸，现在一大批飞机低空飞越北平上空，飞越天安门，会不会引起群众的恐慌？这个问题常乾坤、方槐等人也都拿不准。之后常乾坤向华北军区司令部请示可否进行一次预演试飞？9月21日，聂荣臻与薄一波以华北军区司令部的名义请示中央军委"华北军区航空处奉命准备参加检阅，拟于9月23日在北平市上空做预演飞行一次，参加飞机计P-51型飞机、'蚊'式飞机、C-46型飞机、L-5型飞机各1架，自北平东面集合后沿东西长安街通过三次，以便熟悉地形，是否可行，请批示"。① 这一建议得到了中央军委的批准。9月23日，常乾坤与华北航空处的其他同志一起登上天安门城楼，检查受阅飞行部队的飞行。受阅飞行队总队长邢海帆，分队长邓仲卿、方槐、刘善本等分别驾机按照计划三次飞越天安门上空，对飞行线路上的地标进行了标记，收集到了确定各机型航线、速度以及集结时间的重要参数。经过现场飞行试验，P-51战斗机从通县双桥镇进入点通过天安门后，再转回天安门需要7分半钟，这为制定部分飞机两次飞越天安门的计划提供了重要的时间参考。

---

① 肖邦振：《开天——开国大典空中受阅飞行纪事》，《档案春秋》2009年第10期。

回到南苑之后，邢海帆带领受阅飞行部队以南苑机场东西跑道模拟天安门进行飞行训练。最终确定飞行由总队长邢海帆做空中指挥，各编队按照规定速度，参照地标、时间、航线进行飞行，把6个分队通过天安门的间隔时间压缩在1分钟之内。由9架P-51组成的3个分队通过天安门之后沿北京城墙右转折回天安门再通场一次，这样就能做到前后衔接。9月28日，各分队根据重新确定的飞行计划在天安门上空又进行了一次预演飞行，尽管有一架飞机由于无线电出现故障导致飞行效果与预期的有些差距，但这个问题是可以解决的。最终由9架P-51战斗机组成的3个分队通场两次的计划确定了下来。

在南苑机场参加受阅的战斗机，随时准备起飞保卫开国大典

受阅时间越来越近。为了保证飞行安全,航空处专门请刚刚抵达的苏联机务专家对飞机各项性能进行了检查,又在武器系统上贴了封条。之后,受阅飞行员就只在地面进行反复的模拟飞行训练。在开国大典的前一天晚上,驾驶P-51战斗机的飞行员阎磊、赵大海以及驾驶"蚊"式战斗机邓仲卿、王玉珂被分别下达了命令:在开国大典上,他们4人驾驶的飞机将带弹参加空中受阅。

每个参加受阅的飞行员都立下誓言,并在誓词上签字。图为林虎宣誓后机前留影

曾在东北航校担任教员，后来在开国大典时期担任地面指挥任务的李裕很多年后接受采访，谈到开国大典上对国民党飞机可能的袭扰有什么针对措施时说，"当时我们制定了一整套拦截作战方案，划了好几道线：情报线、警戒线、起飞线、拦截线，敌机从哪条航线进犯，我们的飞机在什么地方起飞，在哪条防线拦截都有部署。例如，倘若敌机从济南方向来，它一小时到北京，我们在它距北京半小时航程时起飞拦截，如果直到北京边缘地带，还没有将来敌击落，我们的飞机就立即与敌机脱离，由高射炮打，这些方案都绘制了作战图，而且事先进行了演练"。[①] 如果敌机突破了这些防线迫近，航空局也制定了相应的防御疏散方案，例如天安门城楼上的领导人应该如何躲避空袭，参加现场游行活动的群众要如何躲避空袭，这些都已经有了预案。"由于人民解放军仅有一个飞行中队，地面只有两架战斗机值班，在这种特定的条件下，不得不安排部分受阅飞机带弹，以便遇到敌情能够立即投入战斗"。[②] 而带弹的4位驾驶员，都是有着丰富战斗经验的原国民党空军起义人员，这也充分表明了我党我军对起义人员的信任。除此之外，

---

① 王凡：《从美国归来的开国大典飞行检阅指挥》，《党史博览》2012年第12期。
② 张子影：《解密开国大典受阅飞行背后的故事》，《党史纵横》2020年第11期。

★ 中国人民航空事业的摇篮

为了保证参加开国大典的群众安全,所有飞行员都进行了宣誓。驾驶 P-51 战斗机在第一分队飞越天安门上空的东北航校学员,后来的空军副司令员林虎中将在很多年后还记得那段誓言:"我参加检阅,一旦飞机出现故障,宁愿献出生命,也不让飞机落在城内,掉在广场和附近的建筑物上。"

为了空中保卫开国大典,受阅飞机的 P-51 战斗机和"蚊"式轰炸机中有的带了实弹,随时准备投入战斗

第五章 | 东北老航校师生的战斗功绩

10月1日凌晨5点，参加空中受阅飞行的人员在南苑机场全部待命。北平航空队除有受阅任务的其他飞机，特别是担任战斗值班任务的飞机也做好了随时升空的各项准备。在地面指挥飞行受阅的常乾坤、李裕、杨劲夫（原航校教员）等人也已在各地指挥部就位。下午两点，所有受阅飞机进入南苑机场起飞跑道。16点，常乾坤在天安门城楼下的受阅指挥部向担任地面总指挥的油江下达了起飞命令。6个分队的17架飞机全部升空后，全部按照预先计划在通县双桥上空盘旋待命，下午

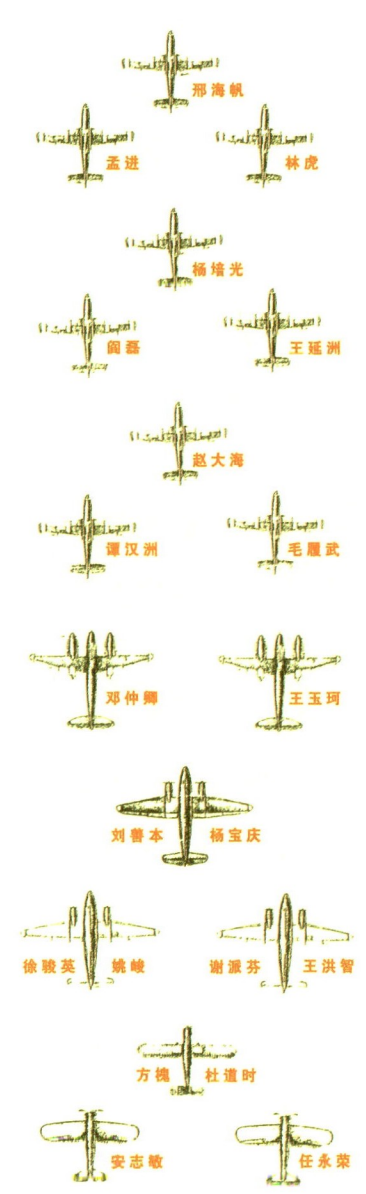

开国大典空中受阅的飞行编队序列图

4点35分，受阅飞行部队得到地面指示，空中分列式正式开始。当时天气条件不太良好，在3000英尺高度上有云层，邢海帆当先率领P-51战斗机3个分队穿云而过，按照预定航线由东向西飞越天安门上空。之后各分队按照预定计划在不同高度上依次飞越天安门上空。第六分队的3架飞机飞过天安门时，"按预先演练好的动作，全队一起推拉机头各3次，代表人民空军向毛泽东等党和国家领导人致敬，向刚刚诞生的人民共和国致敬"。[1] 3个P-51分队通场完毕后，又在邢海帆的率领下右转，沿北平城墙折回出发点，这时云层高度也发生了变化，邢海帆在空中指示3个分队降低高度，在2500英尺高度上与最后通场的第六分队衔接。就在P-51战斗机3个分队第二次飞越天安门上空时，第三分队的飞行员谭汉洲突然发现自己的机头冒烟，发动机发出异响，飞机速度也随之下降。谭汉洲临危不乱，立刻用电台报告地面指挥部自己的飞机发动机可能出现故障，需要脱离机群立刻着陆，在地面指挥的李裕同意了谭汉洲的计划。谭汉洲随即立刻驾机左转弯脱离机群，在南苑机场平安着陆。完成受阅飞行之后，受命带弹起飞的阎磊、赵大海、邓仲卿、王玉珂4人驾驶自己的座机爬升至12000

---

[1] 张子影：《解密开国大典受阅飞行背后的故事》，《党史纵横》2020年第11期。

英尺高空转向北京东南方向，在通县、大兴、良乡一带担任空中警戒任务。方槐、安志敏、任永荣等则驾驶L-5通信机及PT-6教练机在北京城区上空散发传单、摄影。其余受阅飞机则在邢海帆带领下依次返场回到南苑机场降落。

开国大典圆满结束后，党和国家领导人在北京饭店举行宴会，邢海帆等人还来不及脱下飞行服，就作为受阅飞行员代表出席了宴会。在邢海帆年逾古稀之时，他还清楚地记得，刘少奇副主席与周恩来总理见到一身飞行服的邢海帆时便走过来赞扬，今天飞行受阅部队飞得好！朱德总司令更是笑容满面，他高兴地对飞行员们说，"从今天起，我是陆海空三军的真正总司令了"！

1949年10月1日16时35分，受阅编队飞机飞过天安门上空

★ 中国人民航空事业的摇篮

受阅的编队飞机在空中保卫开国大典

第四节　参加志愿军空军部队赴朝作战

1950年6月,朝鲜战争爆发。7月初,以美军为首的"联合国军"介入朝鲜战争,9月15日,麦克阿瑟指挥所谓的"联合国军"在仁川登陆。9月30日,中国政府发出严厉警告,不会听任帝国主义对邻国肆行侵略而置之不理。"联合国军"无视中国政府警告,于10月1日越过"三八线",并于10月19日占领平壤,进而向中朝边境逼近。"联合国军"的飞机数次侵犯中国领空,对中国边境城市进行轰炸,严重侵犯了中国的主权。1950年10月19日,在朝鲜劳动党中央及朝鲜政府的请求下,中国人民志愿军在总司令彭德怀的率领下跨过鸭绿江,与朝鲜军民一道共同抗击美国侵略者。

中国人民解放军空军部队在1949年11月11日正式成立,此时成立时间还不到一年。尽管刘亚楼、王弼、吕黎平等人在此之前已经与苏联签订协议,从苏联购买飞机,由苏联派遣专家帮助组建航校及飞机修理总厂,但刘亚楼、常乾坤、王弼等空军领导人深知,空军与其他兵种不同,航空教育是组建空军的基础,先有航校,后有空军,是刘亚楼、常乾坤等人在东北航校办校时取得的实际经验。

因此空军司令部刚一成立，空军各部门人员都还没有配备到位，刘亚楼就提出了"先航校后机关""一切为了办好航校"的口号。所以，尽管从苏联购买的飞机逐渐运抵国内，但当时空军的主要精力还是放在了筹建 7 所航校之上。在 1950 年 10 月之前，空军司令部只组建了两支航空兵部队以及一支空降兵部队。

空降兵部队是在陆军的基础上成立的，因此成立得较早。1950 年 4 月 17 日，中央军委颁布了空军第一支空降兵部队番号："中国人民解放军空军陆战第一旅。"旅部机关按照中央军委直接以陆军成建制的师、团机关整体转为空军机关的指示，以第三野战军第三十军 89 师师部为基础组建，朱云谦担任旅长（实际上该旅首任旅长是王建青，但由于王建青身体条件不适合空降作战，后改由朱云谦担任旅长）。中央军委组建空降兵部队的初衷，除了要空降兵部队担负解放台湾的任务外，还要求空降兵部队作为"快速反应部队"应对国内各地的突发情况，因此，空降兵的基地选址极为重要。当时常乾坤已经被任命为空军副司令员，他亲自带领苏联顾问在中原各地进行考察，最终将空降兵部队的基地选定在开封。

空军的第一支航空兵部队是"中国人民解放军空军第四混成旅"。组建该旅的命令由中央军委于 1950 年 5 月 9

第五章 | 东北老航校师生的战斗功绩

日批准。6月19日,第四混成旅在南京正式成立,配备的飞机主要是苏制拉-11歼击机、米格-15喷气式歼击机以及伊尔-10强击机和杜-2轰炸机。首任旅长由华东空军司令员聂凤智兼任,政治委员为李世安,原航校副校长刘善本担任副旅长。第四混成旅完成组建后,立刻投入到紧张的换装训练中,用了3个月时间,基本完成了飞机换装,初步形成了战斗力。

空军之所以在华东军区组建我军第一支航空兵部队,主要是因为当时撤退至台湾的国民党不甘心失败,利用其在东南沿海的岛屿基地频繁出动空军,对上海、广州、南京、福州等城市的工业及民用设施进行轰炸。从1949年10月至1950年2月,在不到半年的时间里,国民党空军对东南沿海主要城市的轰炸达26次之多,仅在1950年2月6日一天,国民党空军就出动包括B-24重型轰炸机在内的17架飞机,对上海的电力系统进行了狂轰滥炸,共计投弹60余枚,造成上海大部分工厂停工,1500余人死伤。因此,空军第四混成旅的主要任务是保卫华东几个较大城市,特别是上海。经过3个月的换装训练后,1950年10月19日,第四混成旅正式担负起保卫上海的防空任务。

朝鲜战争爆发后,中国东北部的局势骤然紧张。为了守卫国土,应对可能的军事威胁与挑衅,中央军委指示空军司令部组建第二支航空兵部队。第二支航空兵部队的番号是"中国人民解放军空军驱逐第三旅"。该旅的旅部是由原209独立师师部及所属的3个团团部构成的，于1950年10月5日在沈阳成立，由原东北航校飞行训练处处长方子翼担任旅长。该旅装备的飞机主要以米格–15战斗机为主。作战任务主要是保护中国东北的领空安全。

中国人民志愿军组建完成跨过鸭绿江后，中央军委也对空军部队的编制进行了调整，以适应将来作战的需要。原空军各旅下辖3个团，从10月下旬开始，空军各旅编制改为两个团。空军第四混成旅旅部及下辖第十团（该团为米格–15战斗机团）转移至东北，与驱逐第三旅的第七团组建驱逐第四旅，原驱逐第三旅旅长方子翼调任第四旅旅长。第三旅旅长由原东北航校飞行教员夏伯勋担任。10月31日，空军驱逐第三旅与空军驱逐第四旅改称为空军第三师与空军第四师。原空军第四混成旅驻防上海地区的第十一团与华东军区抽调的部队共同组建空军第二师，师长由原东北航校副校长刘善本担任，张百春担任政治委员。①

空军第三师与第四师几乎集中了中国当时全部的米格–15战斗机。将最新型的战斗机全部集中在东北，这标志

---

① 参见王海：《我的战斗生涯》，中央文献出版社，2000，第74页。

着刚刚成立的人民空军已经开始着手准备在我国东北地区以及朝鲜进行防空作战。

10月底,刘亚楼召开空军党委扩大会议,研究组建志愿军空军参加抗美援朝作战的具体问题。会上,空军主要领导达成了共识,"志愿军空军力量弱小,飞行员技术水平低,没有空中作战经验,而美国空军却很强大,在敌我空中力量对比悬殊的条件下,如果将现在仅有的一点兵力零打碎敲地使用,不仅效果不大,而且还会造成和敌人拼消耗的不利局面,这是敌人最欢迎的。因此,不应该过早地零星地使用兵力,而应该将训练出来的部队逐渐积蓄起来,在积蓄到一定数量时,即至少可以出动100至150架飞机时,选择一个适当时机,集中地分批地使用出去,形成一定的战斗能力,这样才能有效地发挥空军的威力。而在正式参战之前,则应以飞行大队为单位轮番进驻前沿机场,在友空军(指苏联帮助中国在中国东北地区进行防空作战的空军部队)的掩护下,选择有利的时机,进行实战锻炼"。[1]在此基础之上,空军决定将"积蓄力量,选择时机,集中使用"作为志愿军空军的作战指导方针,并于12月3日上报给中央军委,得到了中央军委的批准。

---

[1] 杨万青、齐春元:《刘亚楼将军传》,中共党史出版社,1994,第293页。

11月中旬，志愿军空军司令部组建完毕，由中南军区空军司令员刘震担任志愿军空军司令员，原东北航校副校长常乾坤担任副司令员。原计划志愿军空军进驻朝鲜各处机场，但朝鲜各地机场修建工作受敌机轰炸影响较大，迟滞了志愿军空军进驻朝鲜的时间，从1951年4月，经多次延期，推迟到12月。之后中央军委根据对朝鲜局势的判断，决定志愿军空军不进驻朝鲜机场，改由国内机场起飞赴朝鲜空域作战。作战主要目标也由支援地面部队作战改为"夺取并保持青川江以北地区的局部制空权，有重点地保卫重要交通运输线、军事目标和工业目标，间接地配合和支持地面部队作战"。①

根据"积蓄力量，选择时机，集中使用"的方针，空军决定将志愿军空军的首战交给空四师负责。空四师是新成立的以驱逐机为主的空军师，下辖2个团、6个飞行大队以及1个供应大队。全师共配备米格-15战斗机60余架，驻地为辽阳基地。

1950年11月7日，刘亚楼来到辽阳，听取了方子翼等人有关空四师换装训练的情况。刘亚楼向方子翼等人传达了中央军委组建志愿军空军支援抗美援朝地面作战的指

---

① 杨万青、齐春元：《刘亚楼将军传》，中共党史出版社，1994，第296页。

示。指出,"我们建设空军要过'三关',第一关是自己办航校,培养航空技术人员;第二关是自己训练部队,培养空中战斗员;第三关是作战,学会空战。前两关你们都顺利地闯过来了,现在要过第三关,在空中消灭敌人,培养空军的战斗能力。空军党委决定将过第三关的任务仍然交给你们旅,相信你们有能力完成这个任务"。[1]之后,刘亚楼又特别嘱咐方子翼,空四师"学会空战"的作战要求是在敌强我弱的形势下,着眼于空军当前作战目标以及空军日后的长远发展而做出的。空四师的飞行员既要在"实战中锻炼,在战斗中成长",也一定要慎重出战,"在正式参战前,先以小部队,比如以大队为单位,在苏联友军的带领和掩护下,轮流进行实战锻炼,从小仗打起,尝一尝空战的滋味,揭开空战这个谜,然后再逐渐扩大规模"。[2]方子翼等空四师领导深刻领会空军党委的指示,表示绝不辜负空军党委和首长的信任,决定按照部队序列,由空四师第十团第二十八驱逐机大队首先参战。空四师第十团团长是阮济舟,第二十八大队大队长是李汉,再加上担任空四师师长的方子翼,志愿军空军首战,从地面指挥人员到航空兵部

---

[1] 方子翼口述、王志坚整理:《抗美援朝作战中年轻的空四师》,《军事历史研究》2014年第3期。
[2] 杨万青、齐春元:《刘亚楼将军传》,中共党史出版社,1994,第297页。

队空中指挥员，都是东北老航校的"师生"。

11月8日，刘亚楼带领方子翼和空四师的部分指挥员先期进驻安东浪头机场，在苏联远东空军别洛夫航空师的指挥所见习作战指挥。方子翼带领空四师的指挥员在别洛夫航空师的指挥所里见习了15天，基本掌握了空军组织出动与指挥空战的战法。11月30日，刘亚楼陪同朱德总司令到辽阳机场，视察空四师的战备情况。第十团团长阮济舟亲自带领两个飞行中队进行了飞行表演。朱德总司令对空四师的备战情况表示满意。

12月4日，刘亚楼正式给空四师师长方子翼下达了作战命令，要空四师以大队为单位，分批进驻安东机场进行实战锻炼。12月21日，首战的第二十八大队进驻安东浪头机场。27日，第二十八大队第一次完成战区巡航，熟悉了战区地形。从28日开始，第二十八大队正式进入实战状态，由方子翼担任地面指挥，每次出动4架飞机，与友军配合作战，由友军带飞。"按照计划，28大队与苏军飞机编在一起出战，但苏军飞行员根本就没把这些'刚学迈步的孩子'当回事，发现敌情只顾自己歼敌立功，把带飞中国飞行员的事抛到了九霄云外"。[①] 这让第二十八大队的飞

---

① 郭晓晔：《英雄万岁》，中国文史出版社，2019，第264页。

行员们逐渐产生了情绪，纷纷向师长方子翼表态请战。为此，方子翼专门与苏空军师长巴什盖维奇讨论了两军配合作战的方案，巴什盖维奇表示，中国空军的任务是"锻炼"，而苏联空军的任务是"取胜"，所以他只能命令最合适的部队参战。不去作战，就不能学习作战。不得已，方子翼与第二十八大队大队长李汉这对东北老航校师生只能发扬东北老航校自力更生的老传统，商定一个"单干"的方案，"在形式上仍按协同计划出动，在空中与友空军混合编队，当地面通报敌我相距30公里和敌我关系位置时，空中编队自动取正高度差500米到1000米，并向敌机方向严密搜索，发现敌机后，打一次攻击即退出战斗"。[①] 1月17日，空四师第十团的第二十九、第三十大队按照预先的计划进驻安东浪头基地。在沈阳协调指挥的刘亚楼也进一步授予方子翼8机出战的指挥权。志愿军空军首战的条件逐渐成熟。

  1951年1月21日上午，美国空军出动16架F-84战斗轰炸机对平壤至安州一线的我志愿军后勤供应铁路进行轰炸。接到敌情报告后，方子翼命令第二十八大队8机出动，随同友空军8架米格-15战斗机一起执行截击敌机，保护铁路线的任务。由于机械员工作失误，只有李汉、宋

---

① 方子翼口述、王志坚整理：《抗美援朝作战中年轻的空四师》，《军事历史研究》2014年第3期。

亚民、李宪刚、张洪清、赵明、赵志财 6 名飞行员驾驶战机起飞。为了早一步接敌，李汉命令自己的大队在飞行高度不足 3000 米的情况下飞过鸭绿江，"在宜川上空，四号机驾驶员张洪清发现右上方有两架美机一闪而过。他们警惕地保持着战斗队形，继续向新安州方向搜索前进。快接近新安州时，发现美 F-84 飞机在 1000 米高度上对青川江江桥进行俯冲轰炸"。① 发现敌机后，李汉顾不得观察敌机的数量和战斗部署，立刻率领我军 6 架米格-15 战斗机爬升至 8000 米高空占据攻击位置，随即从高空俯冲而下向敌机发起攻击。发现志愿军空军的美军飞机立刻抛掉还未来得及投下的炸弹以及副油箱，爬升高度，准备进行空中格斗。李汉发现一架敌机就在他眼前急速右转，于是立刻从左侧迂回，直冲向敌机，直到几乎看得见美军驾驶员那张惊慌的脸，李汉才按下开炮键。炮弹击中敌机，飞溅的机身碎片差点击中了李汉的飞机。其余美军飞机见志愿军空军如拼命三郎一般缠了上来，纷纷脱离战场向黄海上空逃去。李汉与战友紧紧咬住那架被他击伤的敌机，一直追到黄海海面上。直到米格-15 的油箱报警器不断鸣叫起来，

---

① 韩明阳：《朱德："希望你们初战必胜"——记李汉和他的战友揭开抗美援朝空战之"谜"的故事》，《航空史研究》1997 年第 2 期。

李汉才不舍地放弃追击。①尽管志愿军空军首战即取得了击伤敌机的战果。但此战志愿军空军也付出了巨大代价。赵志财驾驶的飞机被美军飞机击中受伤，他竭力控制飞机返航想保住飞机，但飞机受损严重已无法驾驶。不得已赵志财弃机跳伞，但他想保住飞机的努力导致飞机此时的飞行高度已经达不到安全跳伞必要的高度了。降落伞来不及打开，赵志财壮烈牺牲。

1月29日下午1时左右，雷达显示美军飞机在安州、定州一带活动，意图再一次轰炸青川江江桥。方子翼立刻命令李汉率领第二十八大队再一次出击。有了前一次作战的经验，这一次李汉抢先命令第二十八大队占据高空有利位置进行搜索。约下午1时40分，六号机驾驶员孙悦昆首先发现了美军机群。美军机群由16架F-84战斗轰炸机组成，在数量上有2:1的优势，但李汉临危不乱，率领第二十八大队向美军机群发动攻击，并首先击落了一架敌机，之后又在战友的掩护下击伤了一架敌机。第二次出击，第二十八大队取得了击落一架敌机，击伤一架敌机，而自己无一伤亡的战绩。

---

① 关于李汉是否击落敌机一事，很多军史研究者根据当时的记录认为李汉只是击伤了敌机。但战后美军有资料显示，当时李汉击落了敌机。参见：郭晓晔：《英雄万岁》，中国文史出版社，2019，第263页。

之后空四师第十团调回辽阳休整,第十二团进驻安东浪头机场。在战斗值班70余天之后,空四师转回辽阳总结战斗取得的经验教训。

1951年7月,空四师第十二团以及空三师第七团与第九团进驻安东浪头机场,继续担任战斗值班任务,在实战中锤炼飞行技术。9月,完成休整的空四师再次进驻安东机场,从9月25日开始与美国空军展开了争夺制空权的激烈战斗。在10月21日调回二线机场休整之前,空四师连续参与了近10次大规模空战,取得了击落美机20架、击伤10架的辉煌战果。

10月21日,空三师接替空四师进驻安东浪头机场。在10月下旬和11月上旬,空三师共击落击伤美军飞机9架。从1951年11月16日起,空三师与美国空军展开了多次大机群作战。18日下午,美军共出动了9批184架次飞机对安州、青川江一带的铁路线实施轰炸。空三师第九团副团长、原东北老航校学员林虎奉命率领两个大队共22架战斗机起飞,与友空军88架战斗机组成编队迎敌。林虎带队升空后,有4架飞机出现故障,两架掉队,只有16架飞机与友空军一起编成战斗队形。飞至肃川一带,我空军发现美军飞机,共约20架F-84战斗轰炸机。林虎趁敌机不备,率领机群从高空攻击位置俯冲而下,打乱了美军飞机的队形。一大队大队长、毕业于东北老航校飞行班第二期的王海亲自带领 6 架飞机"从 6000 米高空一直俯冲到 1500 米低空，对飞蝗一般的美机群以迅雷不及掩耳之势展开攻击……几分钟的战斗，我（王海）亲手击落两架敌机，我的僚机焦景文也击落了两架，孙生禄击落了一架。干净利落，我们大队接连击落美机五架，自己无一伤亡，获得 5:0 的战果"。①

11 月 23 日，空三师第七团也打了一场漂亮仗。下午 1 点左右，第七团接到战斗警报，随即起飞了 24 架战机向肃川、青川江一带搜索敌迹。原东北老航校学员刘玉堤任第七团一大队大队长，在搜索中，刘玉堤发现有 8 架美空军 F-84 战斗轰炸机正在低空向黄海方向撤出战斗，便立刻率领二中队 6 架飞机向敌人扑去。刘玉堤与自己的僚机紧紧咬住敌机向海面上空追了过去。"海面上空，海天一色，分不出上下，从没有经过海上飞行训练的刘玉堤，为了抓住敌机毫不迟疑，紧追不舍……敌机还在下降高度，眼看就要贴近海面了，敌双机终于沉不住气了，慌忙把飞机拉起。机会来了，就在他们刚要转弯的时候，刘玉堤开炮了，在距敌机 440 米和 130 米处连续攻击，连连命中。顷刻之间，敌双机起火坠入海中"。② 在返航途中，刘玉堤又与战友配

---

① 王海：《我的战斗生涯》，中央文献出版社，2000，第 114 页。
② 刘鹏越：《"孤单英雄"刘玉堤》，《国防》2000 年第 10 期。

合击落了两架敌机。此战，空三师第七团取得了7:1的战果，刘玉堤一人就击落了4架敌机。创造这一新纪录战果的刘玉堤很快就收到了空军党委的嘉奖电："刘玉堤同志：庆祝你创造我志愿军空军击落击伤敌机的新纪录。希望你研究经验，更加改善方法，结合英勇精神，在将来的空战中，争取更大胜利，并锻炼成为智勇双全的空军指挥员。"[1]

1952年1月，空四师再一次转入一线作战。在后方的休整与总结中，志愿军空军从实战出发，根据美军空军战术的变化，不断地发展我军的战术。最终制定了"一域多层四四制"战术。"一域多层四四制"空战战术的基本原则是，"同批同梯队出战的机群，以四机为单位，按不同间隔、距离、高度，采取层次配备（最少配置两层），构成小编队、大纵深的战斗队形，按照统一的作战意图，以长机为核心，在目视联系和战术联系的范围内，保持一域，互相协同作战"。[2] "一域多层四四制"战术是针对美军空军改变了大机群出动，采取"流动四机"等战术，且将主力作战机型由F-84战斗轰炸机改为F-86战斗机等，是根据战场形势的新变化而制定的。空四师转入一线作战不久，就迎来了检验我军新战术的机会。2月10日，从上午6点28分起，

---

[1] 孙良坤：《刘玉堤》，载《沧县年鉴》，九州出版社，2021，第318页。
[2] 杨万青、齐春元：《刘亚楼将军传》，中共党史出版社，1994，第312页。

我军雷达就发现有多批次美军飞机向平壤方向出动，其中有两批 F-84 及 F-80 战斗轰炸机共 16 架，在 18 架 F-86 战斗机的护航下，正在轰炸隅里附近的志愿军铁路交通线。在安东浪头机场负责指挥的志愿军空军司令刘震，命令空四师第十团与第十二团立刻出动米格 -15 战斗机 34 架，由第十团团长阮济舟担任空中指挥，原东北老航校学员张积慧也在我军编队中。当时他担任第十二团三大队队长，与僚机驾驶员单子玉驾驶飞机排在出击编队的最后。刚刚飞过鸭绿江，张积慧就在海面上发现了美军的航迹，他立刻向空中指挥阮济舟报告，阮济舟随即下达命令，要张积慧抛掉副油箱做好战斗准备。张积慧与僚机驾驶员单子玉立刻脱离编队，抛掉副油箱迅速爬升至万米高空搜寻目标，未果，又加速追赶远去的编队。

在飞至朝鲜泰川一带，张积慧发现右前方有 8 架美军飞机。张积慧趁美军飞机还没来得及进行战术动作，就率先与单子玉驾驶飞机从左侧急转，抢占了美军飞机右后方高空的有利攻击位置，敌机立刻四散俯冲，想躲避张积慧的攻击。在单子玉的掩护下，张积慧以迅雷不及掩耳之势向锁定的美军飞机开炮将其击落。之后，张积慧拉升飞机继续搜索敌机，发现一架敌机恰好在自己视线范围内便立刻又一次抢占有利地位，与单子玉互相配合将其击落。前后用时不过数分钟，张积慧就击落了两架美军飞机。

在张积慧、单子玉前方的我军机群得到张积慧与美军飞机遭遇的报告后立刻折返支援，在机群赶到之前，剩余的美军飞机已经不知去向。"张积慧这次空战的精彩场面，驻朝鲜的志愿军第50军149师的很多指战员都目睹了。战后，他们从美机坠落现场，找到了飞机残骸，证实其机型为F-86E型，机号为307，在飞行员的尸体上找到了他的飞行帽、手枪、血型牌、飞行护照，在一枚驾驶员不锈钢证章上面刻着：第四联队第334中队中队长乔治·A.戴维斯少校。"① 戴维斯是在二战中参战200余次，飞行时间达3000小时的美军王牌飞行员。戴维斯被击毙，极大地打击了美军的士气。"美国远东空军司令哀叹，这是一个悲惨的损失，是对远东空军的一大打击……给朝鲜的美国喷气式飞行人员带来了一片暗淡气氛"。②

空三师与空四师在朝鲜空域取得的累累战果，极大地鼓舞了志愿军的斗志。为了抓住战机，以实战锻炼稚嫩的中国空军部队，中央军委指示空军司令部尽快组建更多的航空兵部队参战。在空三师参战前后，新组建的空二师、

---

① 陆文至：《击落美"王牌"飞行员戴维斯的战斗》，《航空世界》2001年第4期。
② 郭晓晔：《英雄万岁》，中国文史出版社，2019，第270页。

空八师、空十师相继开赴东北参与实战锻炼。新组建的空八师与空十师是两个轰炸机师，空八师师长是原东北老航校飞行科副科长吴恺，空十师师长则是原东北老航校副校长刘善本。这两个轰炸机师的中层领导干部很多都在东北老航校接受过领航和轰炸技术训练。两个轰炸机师进驻辽阳机场，意味着志愿军空军的作战任务有了新的变化，志愿军空军不再仅仅是守卫朝鲜及中国领空完整，为志愿军陆军作战提供掩护，还要主动出击，攻击美军的地面及海上目标。

首次主动出击的时机在1951年11月初逐渐成熟。1951年11月5日，志愿军第五十军实施渡海登陆作战，攻克椴岛。为了巩固地面战斗的战果，志愿军总部下令志愿军空军出动轰炸机摧毁美军在大和岛上的军事设施。志愿军空军司令部把首次轰炸机出击的任务交给了空八师。空八师接受任务之后，为了确保首战必胜，根据大和岛上美军、韩军的部署情况决定出动联合轰炸编队，空中编队的指挥权交给空八师第二十二团一大队大队长韩明阳。

韩明阳是东北老航校飞行班第一期乙班的毕业生。毕业后留在东北老航校第二大队担任飞行教员。空军成立哈尔滨第一轰炸航空学校后，韩明阳又调入第一轰炸航空学校，改飞苏制图-2轰炸机。轰炸大和岛的任务以韩明阳大队的9架图-2轰炸机为主，同时以空二师的16架拉-11战斗机以及空三师的24架米格-15战斗机担任护航掩护。11月6日下午2点35分，韩明阳率领自己大队的9架图-2轰炸机从辽阳机场起飞，于下午3点15分左右抵达预定会合地点。3点38分，韩明阳大队与担任护航任务的拉-11战斗机以及米格-15战斗机完成编队，随即飞向预定目标地点展开空袭行动，于下午4时19分左右完成任务安全返航。

这次行动是中国空军成立之后的首次大规模轰炸行动，取得了投弹命中率90%以上的傲人成绩，摧毁了大和岛上40余处房屋，炸毁弹药15万余发，粮食20余吨，炸死炸伤美军、韩军60余人，美军在大和岛上的情报指挥机构基本被摧毁，而我机无一损失。

首次空袭大和岛之后，美军加强了大和岛的守卫力量，又派出军舰在夜间对志愿军在椴岛的守备部队不间断炮击。为支援志愿军守卫椴岛的部队，志愿军空军司令部决定再次轰炸大和岛，摧毁美军在夜间炮击椴岛的军舰。这个任务交给了由刘善本任师长的空十师。

要轰炸美军军舰必须在夜间出动轰炸机，夜间轰炸是中国空军还未曾尝试的战法。而早在入朝作战前，刘善本就凭借自己对战术战法发展趋势的敏锐把握，以及在东北老航校锻炼出来的白手起家、精于钻研的精神，拟定了夜间作战训练计划，培养出了一支可以执行夜航任务的大队。11月29日，在完成一系列战前准备工作后，空十师按照志愿军空军司令部的指令，于夜里10点20分，从辽阳机场出动第二十八团一大队（夜航大队）的10架图-2轰炸机飞向大和岛。负责机群空中领队和指挥的是原东北老航校飞行第二期学员、第二十八团一大队队长姚长川。

一大队的10架图-2轰炸机完成空中编队后，立即实施无线电静默，关闭飞机灯光，进行隐蔽飞行。为防备美军雷达检测，一大队在接近安东上空时以30秒为间隔向空中撒播锡箔丝条，干扰美军雷达，于夜晚11点12分飞临大和岛上空时，发现美军军舰已经撤走，一大队便按照事先制订的计划，按前后间隔1分30秒的时间纵队入场，对大和岛海域及陆地上的军事设施进行轰炸。每架轰炸机先投射照明弹，为自己及跟进的飞机进行瞄准照明，再投下炸弹。与此同时，志愿军第五十军也按照预先的计划，同时以火箭弹向大和岛发起炮击，以火箭弹的爆炸火光为空中的轰炸机提供照明。11时30分钟左右，一大队投弹完毕，安全返航。

11月30日，为配合志愿军第五十军对大和岛的登陆作战，空军第三次组织了对大和岛的轰炸行动。由空八师第二十四团一大队的九架图-2轰炸机与空二师的16架拉-11战斗机,以及空三师的24架米格-15战斗机组成编队。担任空中指挥的是二十四团一大队大队长、原东北老航校飞行班第一期乙班学员高月明。由于图-2轰炸机与护航的拉-11战斗机组成编队后稍早进入航线,导致空三师的米格-15战斗机未能及时与编队会合。在进攻途中遭到了美军约30架F-86战斗机的攻击。担任护航的拉-11战斗机是一款活塞式螺旋桨飞机,与F-86喷气式战斗机存在巨大的技术差距,且护航飞机数量不足,我军编队一时陷入苦战。高月明率领我军机群与美军飞机殊死搏斗,在4架图-2轰炸机被击落,其余5架图-2轰炸机均已负伤的情况下仍然突破了美军的拦截抵达目标区域上空,顺利完成了轰炸任务,协助志愿军陆军攻占了大和岛。

志愿军空军取得的辉煌战果,令美军不得不感叹"共产党中国几乎一夜之间就变成了世界主要空军强国之一"。志愿军空军能让强大的敌人由衷钦佩,原因何在?很多年以后,已经担任中国空军领导职务的王海将军总结道:"当年的志愿军空军并不是一夜之间突然冒出来的。1945年日本一投降,党中央就决定组建空军,一批干部经过千辛万苦搜集日军遗留的飞机器材,并争取了一个日军航空队当教员,在东北创建了一所航校。我们这批飞行骨干就出自这所老航校。此前,我们党还曾把许多优秀青年送到苏联航校、国民党航校和新疆盛世才的航校学习。如果没有党中央早期的决策,没有老航校的基础,就不可能有志愿军空军,不能割断这个历史。"[①]

[①] 郭晓晔:《英雄万岁》,中国文史出版社,2019,第271页。

第六章

东北老航校火种的赓续

★ 中国人民航空事业的摇篮

东北老航校本部自 1949 年 3 月从牡丹江迁往长春,老航校的火种又在"中国人民解放军空军第七航空学校""中国人民解放军空军第七飞行学院"以及"中国人民解放军空军航空大学"等学校中赓续不绝。以老航校的精神为指引,这些院校"最先培训新中国第一批女航空员""最先培训中国第一个直升机大队""最先承训双学士飞行员""最先培养空军侦察情报人才"等近 20 个空军之最,在中国航空事业发展史上留下了浓墨重彩的一笔。

第一节　东北老航校"一变七"

组建人民空军,最重要的是什么?对于这个问题,从毛泽东主席到刘亚楼司令员都有着极为清楚的认识。在刘亚楼从苏联回来后向党中央汇报苏联援建空军的具体方案时,毛泽东就曾语重心长地向刘亚楼指出,"空军的基础如何,起步快慢,关键是看航校办得怎么样。你的当务之急,首先要选好办校人"。① 合适的办校人在哪?东北老航校早

---

① 杨万青、齐春元:《刘亚楼将军传》,中共党史出版社,1995,第 271 页。

已培养了一批航空教育的骨干力量，而此时的关键，就是如何从这一批航空教育骨干中选拔合适的人才，配置在合适的位置上。在接到毛泽东的指示当晚，刘亚楼亲自设计了一张征求干部工作分配志愿的表格。第二天就开始找航空局各方面的负责同志以及东北老航校的在京干部进行谈话考核。

刘亚楼考察干部有一套自己的方式和方法，他总是问被考察对象：你自己觉得最善于做什么工作，为什么？你自己觉得最不善于做什么工作，为什么？你最突出的工作成绩是什么，如何取得的？假如由你来安排，你做什么工作最合适？这个方式后来被总结为"三最一假如"，很多当年被刘亚楼找去谈话的同志都对这种考核了解干部的方法记忆犹新，认为刘亚楼的提问内容，能了解干部的主要特长和已经被实践证明了的才干。同时，这个方式也能提醒干部反思自己的最大弱点，考察干部的思想水平、分析能力以及工作能力。

经过一番考核了解，刘亚楼电令在长春的东北老航校的主要干部，包括刘善本、吕黎平、刘风、陈熙、吴恺、方子翼等人进京。方子翼后来回忆，自己一到北京见到刘亚楼，刘亚楼当头就问，叫你当校长你干不干？还没等方子翼回答，刘亚楼接着又问，让你去新组建的航校工作，你是想当校长，还是当苏联专家的学生？你是去当首长，还是去当专家的勤务员？你做事是官僚主义的，还是事务主义的？方子翼老老实实地回答，我要当专家的学生，当专家的勤务员，至于官僚主义和事务主义，二者都有问题，但相对而言，我做事还是倾向于事务主义的。刘亚楼非常高兴，对方子翼说，你说得很对，我们要先当学生，当勤务员，我们先让苏联人当校长，你来当副校长，等航校工作走上正轨，你来当校长，苏联人当顾问。

就这样，刘亚楼与东北老航校的骨干一一谈话，逐渐确定了各个航校校长的人选。10月21日，刘亚楼又亲自起草报告，向中央军委请求从陆军中选调6名优秀师级政工干部担任各个航校的政治委员。对于刘亚楼的报告，毛泽东批示："这批政治委员必须挑选最适当的人来担任，并要求军委提交三倍的名单。"① 很快，各野战军就推荐了19人供选。这种选配干部的方式在我军历史上罕见的，这也充分说明了我党我军对航校政治工作的重视。

1949年10月24日，第一批帮助筹建人民空军航校的苏联专家共23人抵达北京。随即，这批专家就在吕黎平与刘风的陪同下分别前往济南、太原、石家庄、保定、锦州、沈阳、长春、哈尔滨等地勘察机场和航校校址。经过一段

---

① 郭晓晔：《英雄万岁》，中国文史出版社，2019，第236页。

第六章 东北老航校火种的赓续

时间的考察，空军高层与专家组认为，根据当前的形势，航校的位置应当选择我国北方，这样受国民党空军轰炸的威胁比较小。同时，航校的校址应当紧靠大城市，以提高物资保障的能力。最终，空军选定了6个地方作为新组建的航校校址上报给了中央军委。

10月30日，中央军委正式批准，第一轰炸机航校设在哈尔滨，第二轰炸机航校设在长春，第一驱逐机航校设在锦州，第二驱逐机航校设在沈阳，第三驱逐机航校设在济南，第四驱逐机航校设在北京南苑。当天下午，刘亚楼在军委航空局第一次以空军司令员的身份主持召开了第一次航校负责干部会议，会上正式讨论了东北老航校去留的问题。刘亚楼提出了两个方案：一个方案是东北老航校保持原状不变；二是将东北老航校"拆散"，将骨干力量投入到筹建两个轰炸机航校和四个驱逐机航校的工作中。显然，后者更符合当时形势的需要，也更能凸显东北老航校建校的历史使命，因此，从东北老航校孵化人民空军的航空教育力量成了共识。此外，在会议上，刘亚楼还强调，空军上下要树立"一切为了办好航校"的思想。刘亚楼指出，"空军的特点之一，是建军必须先建校。没有航校就培养不出飞行员，而没有飞行员就组建不了空军部队。因此，一切为了办好航校就是空军初建时期压倒一切的指导思想。空军领导机关的主要精力应放在航校上，无论干部配备、兵员调遣、经费开支、器材购置、物资保障等，都要优先满足航校建设的需要。目前，一切工作都应围绕为办好航校而服务"。①

新航校	新校址		
	第一轰炸机航校	哈尔滨	（哈尔滨航校）
	第二轰炸机航校	长　春	（长　春航校）
	第一驱逐机航校	锦　州	（锦　州航校）
	第二驱逐机航校	沈　阳	（沈　阳航校）
	第三驱逐机航校	济　南	（济　南航校）
	第四驱逐机航校	北　京	（南　苑航校）

此时，尽管新组建的6所航校的主要领导人选已经大致确定，但中央军委还没有正式下达6所新组建航校校长、政委的任命命令。但时间不等人，刘亚楼在会议上提出，已经内定的各航校校长在中央军委正式任命下达之前，暂时担任6所航校的临时负责人，一航校由刘善本、吴恺负责，二航校由刘风负责，三航校由陈熙负责，四航校由吕黎平负责，五航校由方子翼负责，六航校由安志敏负责。这些航校的主要负责人全部是东北老航校培养出来的干部。从陆军选调的干部未抵达之前，暂时从航空局已有的干部队伍中抽调人手，作为各个航校临时负责人的助手，所有航

---

① 杨万青、齐春元：《刘亚楼将军传》，中共党史出版社，1995，第273页。

校的筹建人员,要会同苏联专家在两天内抵达各个选定地区,立即在各军区的支援下着手开展航校的筹建工作。最后,刘亚楼给所有筹建人员下达了"死命令":12月1日,所有航校必须全部开学。至于东北老航校,会议上决定,东北老航校一大队大部分人员划归第一航校;校本部部分人员与当时驻在北京南苑的机械大队部分人员划归二航校;二大队大部分人员划归三航校;一大队二中队划归四航校;校本部其余人员与南苑机械大队的其余人员划归五航校与六航校。

抽调老航校部分干部和专业骨干

新建航校	主要带队干部	飞行人员	机务人员
第一轰炸机航校	刘善本 吴恺 张毅 周兆平	21人	21人
第二轰炸机航校	刘凤 龚友源 龙定燎	20人	20人
第一驱逐机航校	陈熙 杨大伦 姚峻	9人	18人
第二驱逐机航校	吕黎平 袁彬 伊安澜	8人	12人
第三驱逐机航校	方子翼 吴元任	11人	22人
第四驱逐机航校	安志敏 赵群	10人	20人

这次会议既是决定各航校筹建人员的分工会,也是给各航校筹建人员召开的动员会。会议结束之后,各个航校的筹建人员立刻分别赶往各航校所在地,展开筹建工作。当时全国各地正处于从战争中逐步恢复的过程,各项建设工作千头万绪。好在各航校的负责人都是东北老航校"身经百战"的骨干,从无到有,利用一切有利条件办学,曾

是每个东北老航校人的必修课与必备技能,而此时的条件,能够获得的资源远比东北老航校办校期间要好得多。负责筹建第三驱逐机航校的方子翼一抵达济南,立刻去寻求济南军区司令员许世友的帮助。许世友当即爽快地表态,第三驱逐机航校当然是空军的航校,但选址选在济南,那就也算是济南的航校。随即,许世友找来济南军区作战处处长,命令他按照空军的有关指示按需拨款拨物,不得拖延。此外,他还派济南军区作战科科长阎木欣做方子翼的"临时助手",所有筹建航校所需的物资、人力,都由方子翼开单子,由济南军区"照方抓药"。不只是方子翼,其他筹建航校的人员到达各地后都得到了地方各有关单位、部门的全力支持,"陈熙到达锦州,即向辽西省委和省政府求援,省长杨易辰表示要倾囊相助,要啥给啥。师范学校的校舍拨给航校,接收的一些沙发也搬到航校给苏联专家用,并动员了大批驻军和群众,帮助抢修跑道和校舍。在哈尔滨,市委和松江省委向吴恺表示,自马家沟机场以北,沿中山路至红军街,所有的公房看中哪栋就给哪栋,并派人帮助清理和粉刷房间,赶制黑板和课桌等"。① 吕黎平等人抵达沈阳后,时任东北局书记高岗以及东北军区参谋长伍修权接见了吕黎平

---

① 郭晓晔:《英雄万岁》,中国文史出版社,2019,第238页。

第六章 | 东北老航校火种的赓续

等人,高岗听完吕黎平的汇报,说:"我们已经接到中央的电报,知道了迅速培养飞行员,准备明年参加解放台湾和沿海岛屿作战的战略意图,也知道在哈尔滨、长春、沈阳、锦州建4所航校的具体任务,东北局和东北军区一定尽最大努力,帮助把航校尽快办起来。只要是我们有的,就能满足你们的需要。你们需要解决的具体问题,可直接找伍修权参谋长办理。"①

当时新组建的6所航校有4所集中在东北三省。如前所述,航校的选址首先要考虑航校要配置在远离东南前线的后方以防国民党飞机轰炸,其次是要靠近当时比较大的城市,以满足各种物资保障,最后是要尽可能利用已有的机场等设施,东北老航校选址东北,在很大程度上也是基于同样的原因。而东北老航校曾不得不面对的问题如今也摆在了吕黎平等人面前,要从无到有地建设航校,而且要在短短的一个月左右就实现开学,首先要解决的就是航校的校舍问题。在济南的方子翼一方面利用原国民党军队的军营、马厩作为航校教职工与学员的宿舍,另一方面通过向济南军区求助,征调了一批闲置的房屋来解决教室的问题。但东北的几座大城市,长春、沈阳、锦州都在之前的

---

① 吕黎平:《吕黎平回忆录》,中国农业出版社,2002,第496页。

战火中损失惨重,甚至到了很难在合适的位置找到几所完整的房屋供航校使用的地步。因此,在东北三省组建航校,必须从建设校舍开始。在之前的会议上,刘亚楼将每所航校的建设费用确定为250亿元(旧币)左右,这笔经费在当时百废待兴的局面下不啻为一笔巨款,但如果从零开始建设航校,这笔钱也有些捉襟见肘。11月开始,东北已经入冬,这也为建设航校增添了新的困难。

  吕黎平在沈阳着手航校筹建,首先面临的问题就是一大堆校舍维修、改建、新建的问题。当时沈阳的气温已经是零下,气候已经不适合进行各类建筑建设,搅拌水泥、砖瓦铺设都有很大困难,经费花销看上去也成了一个"无底洞"。吕黎平等人不得已,只能将所有建筑承包工程队的负责人和技术人员一起请到现场协商。吕黎平一开始先是对他们晓以大义,强调这是一项军需工程,如果工程能够在11月25日前完工,就是为国防建设做出了贡献,也是从实际行动上证明了自己是爱国拥军的。之后,吕黎平又话锋一转说,航校方面已经将全部工程,包括两座楼房、两排平房以及两座机库打包为一项工程,确立了统一的质量标准和完成期限,采用招标竞标的方式,哪个工程队要价合理,就能承包全部工程。在经过多轮竞价之后,工程总造价比原定的预算降低了30多亿。最终吕黎平与工程队签订了一份包含误期重罚条款在内的合同。当天各个承包的工程队就进场施工，最终比工期期限提前了两天，在 11 月 23 日完成了全部建设工程。

从 11 月下旬起，东北老航校分派的人员、苏联专家以及从陆军野战军选调的干部、学员分批分次地抵达了各个航校，各航校每天几乎都有数百人同时报到，此外还有各种物资设备不断运抵航校。各航校的筹备工作千头万绪，好在各校筹建人员差不多都有东北老航校的艰苦建校经历，当年艰苦创业的经验在此时给了大家极大的帮助，各航校大多于 11 月 25 日前后完成了筹建工作。在此之前，中央军委又于 11 月 18 日批准东北老航校剩余人员，以及全部日籍教员、工作人员在牡丹江成立一所新的航校，培训运输机空、地勤人员。"12 月 20 日，中央军委颁布命令，将第一、二轰炸机航校和第一、二、三、四驱逐机航校及牡丹江航校依次定名为中国人民解放军第一至第七航空学校。正式任命：刘善本任第一航校校长，第二野战军第 28 师政治委员姚克佑任校政治委员；刘风任第二航校校长，第四野战军第 115 师政治委员李世安任校政治委员；陈熙任第三航校校长，第三野战军第 101 师政治委员工学武任校政治委员；吕黎平任第四航校校长，第一野战军第 3 师政治部主任立发应任校政治委员；方子翼任第五航校校长，第三野战军第63师政治委员王绍渊任校政治委员；安志敏任第六航校校长，第四野战军第141师政治委员张百春任校政治委员，魏坚为第七航校校长，第二野战军第54师政治委员罗野岗任校政治委员。"① 东北老航校从此由一变七，孵化出了中华人民共和国成立初期人民空军航空教育的全部力量。

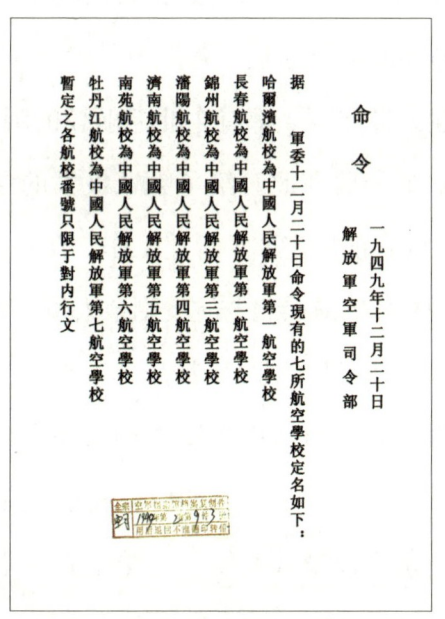

1949年12月20日，中央军委颁布命令，将哈尔滨航校、长春航校、锦州航校、沈阳航校、济南航校、南苑航校和牡丹江航校统一定名，7所航校分别为中国人民解放军第一、二、三、四、五、六、七航空学校。图为中央军委关于7所航校统一定名的命令

---

① 杨万青、齐春元：《刘亚楼将军传》，中共党史出版社，1995，第276页。

第六章 | 东北老航校火种的赓续

1949年11月,中国聘请的苏联航空专家顾问开始陆续抵达各航校,参与到航校的筹建与教学工作中。到1950年1月,分赴各航校工作的苏联专家顾问总计共870人。其中赴第一航校工作的苏联专家顾问为159人,赴第二航校工作的苏联专家顾问为168人,赴第三航校工作的苏联专家顾问为123人,赴第四航校工作的苏联专家顾问为124人,赴第五航校工作的苏联专家顾问为128人,赴第六航校工作的苏联专家顾问为146人,另有19人留在空军总部机关工作,3人赴华东军区航空处工作。这些苏联专家顾问主要是在教学一线讲授航空理论知识或担任飞行教员。与此同时,中国从苏联订购的第一批飞机也陆续抵达。到1949年底,中国总计从苏联进口了145架飞机。这些飞机大部分是教练机,包括60架乌-9型教练机,68架雅克-18型教练机,以及17架雅克-12型通信机,这些飞机大多分配给第一至第六航校使用。

12月1日,空军新组建的6所航校同时开学。按照中央军委下达的航校要在开训后6个月内速成训练出两个驱逐机团和1个轰炸机团所需的全部空地勤人员的要求,各航校开训后都组建了学制6个月的速成班以及学制一年的第一期甲班。速成班飞行学员和地勤学员基本都是在原东北老航校经历过一段时间学习,具备一定飞行技术基础和地勤操作基础的学员，其中，飞行学员为89人，空中领航学员20人，地勤学员107人。此外，又补充了从陆军各单位选调的地勤学员460人。第一期甲班学员共计2366人，其中空勤学员930人，所有第一期甲班的学员均来自各野战军及各地军政大学。

6所航校从批准设立到同时开学开训，历时不过50余天。这样的速度，在世界空军史上是极为罕见的。各航校之所以得以顺利开学开训，与中央军委对空军建设的高度重视是分不开的。百废待兴之际，中央军委为每一所航校建设拨付了250亿元（旧币），这在财政拮据的建国初期不啻为一笔巨款。在航校筹建期间，毛泽东、刘少奇、周恩来、朱德等领导人批阅有关航校建设的请示报告达49件，并多次听取了空军和航校领导的汇报，针对航校的筹建做出了一系列重要指示。除此之外，在航校的建设过程中，各地方政府、兄弟部门也对航校建设给予了大力支持，将航校筹建视为一项重要的政治任务，以高昂的政治热情支援空军建设。

曾担任东北老航校校长的刘亚楼在担任人民空军司令员之后，领导全部7所航校的重担也压在了他的肩头。刘亚楼的航校建设思想对东北老航校以及新成立的7所航校的发展至关重要。总结起来，刘亚楼的航校建设思想主要有集中资源办航校、注重航校思想教育工作、军事理论学习与技术训练并重几个方面。

人民空军从无到有，工作千头万绪。面对这样的局面，刘亚楼首先强调的是航空教育在空军建设过程中的重要性。在给中央军委的报告中，刘亚楼明确指出，"在目前只有学校没有空军部队的情况下，应把主要力量集中在把六个学校办好上"。[1] 尽管当时中央军委给予空军建设极大的资金支持，但是，空军要购买飞机、设备，建设机场，储备燃油弹药，经费仍极为紧张。在第一次航空学校干部会议上，刘亚楼明确要求，所有的经费要向航空学校建设做适当倾斜，"为建设空军所十分必需的款项，一切可以缓办或不办的，都推迟不办"。[2] 正是在刘亚楼开源节流办空军思想的指导下，空军才能集中有限的资金投入到航校建设中去，为每一所航校的筹建提供了最大可能的资金支持。

人民空军的建设与其他军种最大的区别，就是空军组建时人员的复杂性。当时空军既有从陆军野战军成建制改编过来的各机关，也有从原国民党空军起义、接收来的人员，此外航校的主要教育力量是东北老航校的日籍教员以

---

[1] 刘亚楼军事文集编辑组：《刘亚楼军事文集》，蓝天出版社，2010，第201页。
[2] 朱飞一：《刘亚楼的航校建设理念与实践》，《古田干部学院学报》2021年第2期。

及即将抵达各航校的苏联专家,人员复杂的局面对航校上下的思想统一提出了挑战。在航空学校干部会议上,刘亚楼特别强调,"我军有一项极端重要的制度,一开始就必须坚持,即党委统一的集体领导下的首长分工负责制,不应照搬苏军的一长制"。[①] 同时,刘亚楼还特别强调了航校要加强政治思想领导,技术干部和非技术干部要互相尊重,搞好团结。在各航校正式开课前,刘亚楼就指示空军宣传部部长朱鸿尽快拟订一个航校政治教育计划。在研究审定政治教育计划草案时,刘亚楼提出,"培养人民空军战士的标准应该是:忠实于祖国,忠实于人民,忠实于共产党;具有高度的爱国主义和国际主义精神;钻研掌握先进的航空业务知识与技术;具有政治坚定的、自觉遵守纪律的、集体主义的、革命英雄主义的、准确敏捷的作风"。[②] 根据刘亚楼的指示,空军航空学校的政治教育内容主要有:中国革命与中国共产党,爱国主义与国际主义,人民空军的任务、特点、制度、作风,人民空军战士的思想品质,时事教育及社会发展史等内容。要完成这样丰富的教育内容,必须配备具有一定水平的思想政治教员。为此,刘亚楼以空军党委的名义向党中央提交了报告,建议中央"从北京

---

① 杨万青、齐春元:《刘亚楼将军传》,中共党史出版社,1995,274页。
② 杨万青、齐春元:《刘亚楼将军传》,中共党史出版社,1995,278页。

各学校（如马列学院、华北大学、革命大学、军政大学等），指定选调十八到二十四个政治教员给六个航校"。①7所航校的建立，主要目标之一是为解放台湾培养合格的飞行员。因此各个航校第一期学员的学习时长基本都被压缩到了12个月之内。为了尽可能缩短时间，航校的教学计划更多地注重飞行训练，思想政治教育课程的时长被人为压缩。在对各航校第一期学员情况进行考察后，刘亚楼指出，"航校学生中从部队调来的连、排干部，长处是有战斗经验，政治素质较高，但缺点是文化程度较低；从青年知识分子中挑选的学生，文化程度较高，但其缺点是政治认识很差，特别是没经过军事生活，因此日常生活中表现散漫"。②为此，刘亚楼又提出在航校之外建立一批航空预科总队，从陆军调来的干部、战士以及各地选拔的青年知识分子在接受航空教育之前，先进行一年的预科教育，进行必要的思想政治学习与文化知识学习。在各所航校统一开学开训之后，12月5日，中央根据空军建议，决定设立航空预科教育制度，对预科学员施行入伍教育，在正式开始航空学习之前先统一开展政治素养和基本军事技能教育。为此，中

---

① 刘亚楼军事文集编辑组：《刘亚楼军事文集》，蓝天出版社，2010，第203页。
② 刘亚楼军事文集编辑组：《刘亚楼军事文集》，蓝天出版社，2010，第205页。

央决定在长春、杭州、成都各开办一个空勤人员入伍生大队，进行为期一年的入伍训练。同日，由空军呈报给中央军委的航校学员政治教育计划正式得到了批准。该计划提出了人民空军战士的4条培养标准：忠于祖国，忠于中国共产党；具有高度爱国主义和国际主义精神；掌握航空业务知识与技术；具有政治坚定的、自觉遵守纪律的、集体主义的、英雄主义的准确敏捷作风。这4条标准为航校的教育训练指明了方向。

1950年，空军长春入伍生大队改名为长春航空预科总队，总队长为王学清，政治委员为陈兴畴，第一期招收空勤学员共计1751人。之后杭州入伍生大队也更名为杭州航空预科总队，由罗维道担任总队长兼政委，第一期招收空勤学员2000人。成都入伍生大队更名为成都航空机械预科总队，由金如柏担任总队长兼政委，第一期招收地勤学员2699人。之后空军又陆续在张家口、武汉、西安等地设立了航空预科总队。航空预科教育主要是以政治素质教育与基本空军军事技能教育为主，注重从思想上、文化上、作风上为学员继续转入航校训练打好基础。

1950年3月28日，空军司令员刘亚楼主持召开了第二次航校会议。在会议上，刘亚楼认真听取了各航校负责人对航校开学开训以来各项工作进展情况的汇报，指出，"1

个月的时间筹备开学了，第 3 个月开飞了，第 4 个月有了一个样子，看来可以完成任务，现在担心的是能飞能打仗的问题，这批学员多是连排干部调来的，虽然掌握了技术，但缺乏领导工作的经验，指挥一个团、一个师有很大的困难"。为此，刘亚楼专门向中央军委建议，选调一批符合条件的营团级干部学习飞行，为培养未来的空军团、师领导打下基础。这个建议得到了中央军委的重视，很快，由各个军区选拔抽调的 90 名符合条件的干部分别赴各航校报到，组建营团干部班。其中杨卫群等 7 人在完成初级飞行训练后转入第一航校学习轰炸机专业，到 1951 年 3 月，7 名轰炸机学员以及 68 名驱逐机学员顺利完成学业。这批营团干部学员是我军成立的第一支航空兵作战部队的干部骨干，日后也大多成长为人民空军师、团领导，为空军的建设做出了巨大贡献。

1950 年 8 月，按照中央军委要求，空军拟制了《建设人民空军的四年（1950—1953）计划大纲》，根据大纲要求，空军计划从 1950 年 11 月起，扩大已建立的七所航校的培训规模，4 年计划培养毕业学员 2.5 万人；以各航校第一期学员（1951 年毕业）为基础，组建 23 个团，以第二期学员（1952 年毕业）为基础，组建 45 个团，以第三期学员（1953 年毕业）为基础，组建 29 个团。此外，空军还计划与教育部门协调，调整国内各大学航空工程专业建设方向与培养方案，在陆军大学（军事学院）内开设一个航空系，在哈尔滨工业大学成立一个航空工程系，为空军输送高水平人才，并计划选派80人到90人出国留学，在积累一定的办学教育经验之后，组建航空大学。

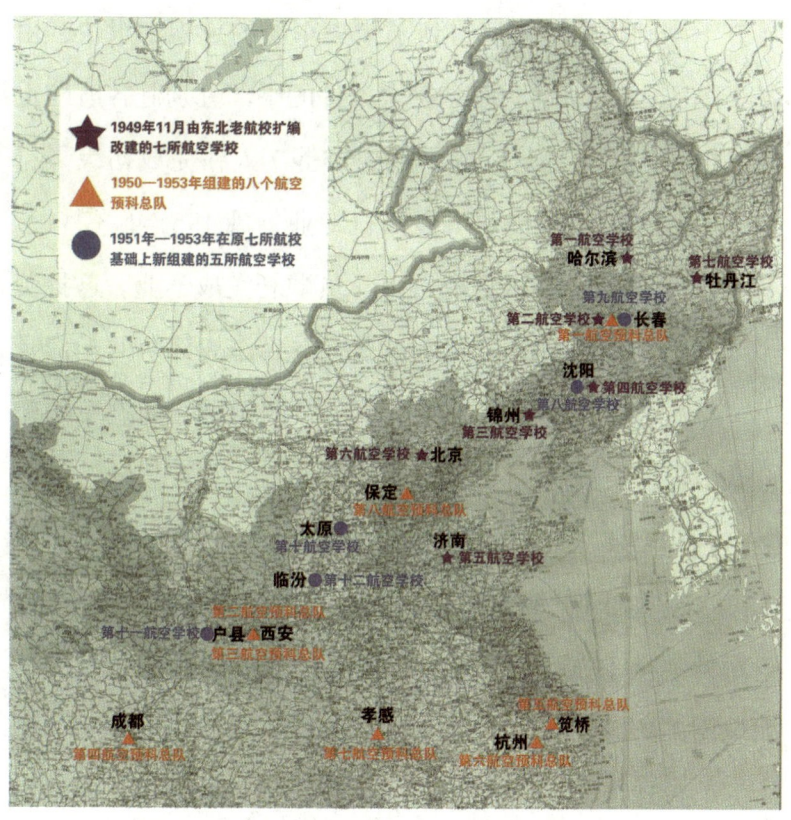

1953年6月，12所航空学校和8个航空预科总队分布示意图

第六章 | 东北老航校火种的赓续

对于航校的业务学习,刘亚楼曾经强调,"飞行训练是一门科学,来不得半点虚假和冒进,一定要尊重科学,切不可蛮干"。[①]因此,一切从实践出发,尊重科学是刘亚楼航空教育思想的重要组成部分。刘亚楼认为,航校应当将各个部队在战斗中的实践经验汇总起来,在经过总结、提高后上升为理论,进行推广教学。

按照该计划的要求,从 1951 年起,空军开始扩建新的航校,将原空勤、地勤混训的 7 所航校扩建为 7 所空勤航校与 3 所地勤航校。1952 年 8 月,空军第一、第二航校的轰炸机地勤学员转入在长春新成立的第九航校继续学习。同年 10 月,第三、第五、第六航校的驱逐机地勤学员转入在太原成立的第十航校继续学习。到 1953 年底,空军共开设了 12 所航校,在 4 年的艰苦努力下培训出飞行人员 5945 人,机务人员 2.4 万人,军事干部 396 人,政治干部 690 人,后勤干部 310 人,为组建航空兵部队以及志愿军空军部队做出了不可估量的贡献。这 12 所航校中都不乏东北老航校教员、学员的身影。老航校团结奋斗、艰苦创业、勇于献身、开拓前进的精神也经新航校继承发展,成为中国空军战无不胜的精神基石。

---

① 钟兆云:《刘亚楼上将》,解放军文艺出版社,2005,第 283 页。

第二节　东北老航校的火种在第七航校的延续

1950年初，原东北老航校的日籍教员与未分配至各个航校的教职工全部转移到牡丹江，成立了第七航校。原航校一大队政委魏坚被任命为牡丹江第七航校校长。当时第七航校的主要教学任务是培训运输机驾驶员。1951年，第七航校招收了一批女学员。这批女学员主要来自华东军政大学与航空预科总队，共计55人。这批学员到校后，被编入航校第二期丁班。航校根据她们的身体素质以及文化水平，决定培训飞行员14人、领航员6人、通信员5人、空中机械员30人。当时东北老航校的"九九"式高级教练机基本上已经全部配置在第七航校。另外，第七航校也配备了数架缴获而来的美制PT-19教练机。时任第七航校的主任飞行教官是长谷川正，负责训练带飞第一批女飞行员的教员是日籍飞行教官宫田忠明。在东北老航校时期，长谷川正与宫田忠明都是主要的日籍飞行教员，宫田忠明曾负责带飞教员训练班，魏坚就是他负责带飞的学员之一。

在制订第一批女飞行学员训练计划时，很多人对女飞行学员是否能飞好心存怀疑。但宫田忠明对培养女飞行员的计划非常坚定。为了打消女学员对日籍教员的抵触心理，宫田忠明主动跟女学员讲自己也是日本军国主义的受害者之一，"当年我曾是'神风队'的队员，本来已经准备起飞去炸毁中国的军事目标，因飞机滑行时机械发生故障而未能起飞，才免于一死。日本投降后，我来到航校，在航校我教会了不少学员飞行，同时，航校的领导与这些学员，也教会了我应该为什么而活着。我为过去参与过对中国的侵略战争而内疚。另外我也为能给中国人民空军培养人才，特别是培养第一批女飞行员而感到无上光荣"。①宫田忠明的诚挚表态一下子就赢得了女学员们的信任，日籍飞行教员长谷川正以及木暮重雄也对这些女学员们关爱有加，经常主动与她们沟通，指导她们的飞行技术。木暮重雄虽然不是女学员们的教官，但他因"日本八路"的经历而赢得了女学员们的拥护，女学员们也亲切地称呼木暮重雄为木暮教官。

1950年，木暮重雄与在东北老航校卫生队工作的日籍护士筒井美治结婚。针对女学员的特点，木暮重雄利用妻子在卫生队工作的便利条件，帮助长谷川正与宫田忠明专门为女学员建立了生理档案，以便掌握女学员的身体变化，

---

① 朱新春：《樱花啊，樱花——一个日籍飞行员的中国情结》，人民出版社，2010，第207页。

修正训练强度,通过掌握女学员由于生理变化而可能出现的心理变化,来防止出现训练事故。

尽管日籍教员们在很多地方主动为女学员考虑,但是这批女学员仍然面临着和很多男学员一样的困难,特别是航空理论学习。"因文化程度参差不齐,有的学员在学习上感到了许多困难,什么飞行原理、无线电学,左一个定律右一个公式,简直摸不着门路。于是有的人信心不足了。在此困难时刻,组织上提出要为妇女争气,为祖国争光的号召,以'想想长征难不难,想想抗美援朝的战士难不难'为题组织学员座谈讨论,鼓励她们树立克服困难的信心。通过各类教育,女学员们克服困难的信心足了,课堂上能专心听讲,课外认真复习,星期天也不休息,抓紧一切时间学,终于攻克了航空理论这一关"。[①]

在进入带飞阶段后,宫田忠明发现,带飞女学员与带飞男学员有很大的不同。"比如男学员放单飞前3天,在教学员操作时,教官只在驾驶杆上稍加修正即可。而女学员则不同,有时候她们头一天飞得蛮好,而第二天有的人就动作粗心,甚至产生危险动作。教官要时刻掌握好驾驶杆,不能有一点马虎。女学员的许多地方与男学员不同,如身

[①] 叶介甫:《新中国第一批女飞行员》,《党史天地》2008年第3期。

体素质、生理变化、心理素质、个性和思想状况以及和同学之间的关系等等，都会影响情绪的变化，而在飞行中表现出来"。① 为此，宫田忠明与长谷川正等人一改之前训练男学员时严苛、严厉的教学风格，以鼓励、激励为主。在第一次带飞女学员伍竹迪时，飞机一升空，经验丰富的长谷川正就从微微发颤的杆舵上察觉到伍竹迪有些慌张，长谷川正没有像以往那样直接指出伍竹迪的问题，而是鼓励伍竹迪，只要按照地面训练的方式就可以了。这一下子打消了伍竹迪的紧张情绪，高质量地完成了首飞。在之后的训练中，伍竹迪进步很快，是14位飞行女学员中的佼佼者，很快，伍竹迪就被批准首批放单飞。但就在她即将单飞之前，伍竹迪的身体状况不太好，宫田忠明敏感地发现了伍竹迪身体和情绪的变化，从安全的角度考虑，宫田忠明将伍竹迪调整出了首批放单飞的名单。这让伍竹迪感到很大压力，甚至在之后的训练中多次出现技术动作不到位的情况。以前东北老航校学员出现类似的心理问题或者思想问题，都是中国教员或者航校领导与学员谈话，做学员的思想工作。但是，经过东北老航校多年的培养，日籍教员们也掌握了思想教育这一有力的教学工具。宫田忠明亲自找伍竹迪谈

---

① 朱新春：《樱花啊，樱花——一个日籍飞行员的中国情结》，人民出版社，2010，第208页。

心，从中国培养第一批女飞行员的政治意义这一高度出发，要求伍竹迪端正自己的态度，调整自己的心态，要把自己个人的荣辱得失放在一边，以大局为重。通过这次谈心，伍竹迪放下了思想包袱，重新全力投入到训练中去。

1951年新中国首批女飞行员伍竹迪

1951年7月6日，是牡丹江第七航校首批女飞行学员放单飞的日子，阮荷珍成为首批女飞行学员中第一个放单飞的学员。之后，包括伍竹迪在内的12名女飞行学员也都相继放了单飞。全部女飞行学员只有黄碧云一人的进度落后了。黄碧云在理论学习阶段就有些吃力，外场飞行阶段又数次出现动作不规范的情况。看到别的同学相继放单飞，黄碧云有些丧失信心，她给领导写了申请书，请求调出飞行班。面对这种情况，从长谷川正到宫田忠明，包括木暮重雄都多次找黄碧云谈心，又单独给她开小灶，指导她的飞行动作。其他13名女飞行学员也主动参加她的"会诊会"，从思想和技术两个方面帮助她。最终，在各方面的共同努力下，黄碧云也放了单飞。

新中国首批女飞行员

通过7个月的学习，新中国的首批女飞行员从第七航校毕业，被分配到空军运输航空兵部队工作。1952年"三八"妇女节，女飞行员在首都为社会各界进行了一次飞行表演。

"这一天,首都各界7000余名妇女代表和50多位各国驻华使节的夫人以及中外记者等,来到西郊机场参加庆祝新中国第一批女飞行员飞行的盛典。下午1时,参加表演的6个女空勤组驾驶着6架里-2运输机,从西郊机场起飞,飞向北京城,通过天安门上空,接受党和国家领导人的检阅。飞行表演前,刘亚楼陪同朱德总司令、全国妇联副主席邓颖超检阅并接见了女飞行员。朱德讲话说:新中国培养出来的第一批女飞行员,是新中国妇女的光荣,也是解放了的中国妇女学习的榜样。邓颖超讲话说,今天举行女飞行员起飞典礼,只有在新中国才能实现,这也证明,妇女只要打破自卑感,有信心,有勇气,自强不息,努力学习,艰苦奋斗,一切工作都可以做,而且能够做好。"①

1953年,朝鲜战争结束后,因朝鲜战争而滞留在中国的日侨开始分批回国。在东北、华北地区的日本人主要是从天津和葫芦岛两地乘船回国。在航校的日籍教员以及其他日籍工作人员大部分是从葫芦岛乘坐日本"白沙丸"号回国。曾在东北老航校以及第七航校工作的日籍飞行教员木暮重雄后来在他的回忆文章中深情地写道:"从1945年开始筹备中共的第一所航校,到1946年3月1日东北老航

---

① 杨万青、齐春元:《刘亚楼将军传》,中共党史出版社,1995,第279页。

校正式组建,再到1950年1月成立的第七航空学校,直至1953年离开第七航空学校,我们日本人和中国人民解放军一起,整整战斗、工作、学习、生活了8年。8年中,我们全体300多个日本人,都将自己的技术、智慧和人生中最美好的青春年华献给了新中国的航空事业,甚至有的人还将自己的鲜血、生命,都献给了我们热爱的,曾经为此奋斗过的新中国航空事业。"①

回到日本后,林弥一郎、木暮重雄等人因"中国归国者"的身份而遭到了受右翼思想影响的日本社会的"歧视"。林弥一郎长期无法找到工作,只能靠打短工为生,木暮重雄也离开了自己的家乡,改名筒井重雄在长野县安家落户。宫田忠明直到20世纪80年代依然没有找到正式工作。但是,中国人民没有忘记这些为中国人民的解放事业奉献了青春、热情、智慧、技术的日本友人,在20世纪70年代中日关系正常化之后,在各行各业工作的东北老航校校友因公赴日之时,都曾多方打听自己当年的老师们的近况。1974年,曾在东北老航校机械班学习,后又在东北老航校沈阳办事处负责搜集航空器材的王涛,当时担任中国交通部水运局副局长,此时以中国机械进出口总公司工程船监造组组长

---

① 朱新春:《樱花啊,樱花——一个日籍飞行员的中国情结》,人民出版社,2010,第242页。

的身份访问日本。王涛利用到大阪出差的机会，邀请在兵库县一家船厂做装卸工的林弥一郎见面。在王涛的建议下，林弥一郎决定投身到中日友好事业中去。之后林弥一郎等人组织原东北老航校日籍工作人员成立了"航七会"，即"第七航空学校同人协会"，并于1977年应邀率团访问了中国。

1986年，在东北老航校成立四十年之际，时任中国人民解放军空军司令员的王海决定邀请当年为人民空军的建立立下汗马功劳的日籍友人参加庆祝东北老航校四十周年庆祝活动。林弥一郎、木暮重雄等人受邀赴北京，与自己当年的学生共叙师生之谊，谱写了中日友好交往史的一段佳话。

1953年，日籍教员回国后，第七航校的发展建设进入了一个新时期。第七航校在苏联顾问的协助下，以中国教员为主，继续为人民空军培养人才。1955年，根据空军指示，第七航校组建了直升机大队，同年12月，苏联顾问苏斯托夫与从苏联进口的米-4直升机一起抵达第七航校。经过半年的理论学习，第七航校首批直升机驾驶学员于1956年5月开始，在兰岗机场开展直升机训练。这是人民空军的第一个直升机大队，当时的番号为"空军独立第一救护大队"。1958年4月，第七航校在兰岗机场草地机场组织雅克-11飞机双航线飞行训练试验。双航线飞行训练是指左右两条相邻的航线各自设置起飞和着陆区，飞机起飞后分别左右转弯建立航线。左右航线起飞地带间隔500米，着陆地带间隔1000米，两个航线的指挥员放飞前分别用红绿旗互相进行联系。第七航校的双航线飞行训练试验是空军航校首创草地机场双航线飞行的先例。由单航线改为双航线训练后，航校飞行日利用率和机场利用率均提高了一倍，飞行员的培养进度得以加快。这一由第七航校首创的训练经验，后来在空军各飞行院校得到了普遍推广，并被写入了中国人民解放军空军飞行条令。

　　1968年11月，第七航校第六训练团机场被大雪覆盖，之后，因气温反常地大幅提升后又快速下降导致机场跑道结冰，难以开展飞行训练。第六训练团全体官兵发扬东北老航校克服一切困难开展飞行训练的精神，在机场跑道的冰面上撒上炉灰和沙土，再在炉灰和沙土上浇水，借助东北冬天常年在冰点以下的气候特点，在未化冻的跑道冰面上浇筑出了一层由炉灰和沙土构成的临时跑道。第六训练团的官兵们在冰上跑道开展飞行训练，通过集中带飞、集中单飞的方式，在保证飞行安全的前提下按期完成了学员训练计划。1969年，第七航校在第六训练团集中带飞、集中单飞的训练经验基础上，又探索出了"成熟放单飞"训练方法。所谓"成熟放单飞"是指由飞行教员先带飞仪表、特技、编队、航行等训练科目,再带飞和单飞起落科目。这一训练方法在保证飞行安全的前提下,增加起落单飞前的带飞时间,可以更好地提高学员的技术,筑牢学员起落单飞的技术基础。这一由第七航校开创的"成熟放单飞"训练方法后来被空军编入了《空军军事训练大纲》。

1983年,第七航校在培养了我国第一批女飞行员之后,又一次承训了我国第五批女飞行学员。同年7月,第七航校一团按照训练大纲开始组织女飞行学员开展夜航训练。这是人民空军史上首次进行女学员夜航训练。

20世纪80年代初,空军的训练条件还是比较简陋的。在之前的夜航训练中,外场的灯光跑道、停机线、加油线和滑行线路都是靠马灯照明标示的。这对训练中飞行员进行着陆的技术、注意力都提出了很高的要求。为了从实战出发,培养女飞行员的夜航能力,尽管女飞行学员开始夜航训练时,跑道灯已经改用为电灯,但一些标志灯和障碍灯还是使用马灯。而马灯也成了第七航校当年开展女学员夜航训练的一个"见证人"。到1983年下半年,第五批女飞行员共25人完成了包括夜航训练在内的全部训练科目,顺利结业。

1986年6月,根据空军党委对空军院校调整改革的相关指示要求,空军第七航空学校改称为空军第七飞行学院。

第六章 | 东北老航校火种的赓续

学院以"团结、进取、严训、求实"为校风,在与时俱进的发展中,不断弘扬东北老航校的光荣传统与革命精神。

1986年,第七飞行学院四团首批进行歼五训练改革试点。在全院上下的支持下,第四团仅用了一年时间就完成了过去在航校高教团和航空兵部队两年才能完成的训练任务,为空军培训新一代战斗机驾驶员探索出了一条新路。这一训练改革成果,在1989年获得军队级优秀教学成果一等奖和国家级优秀教学成果奖。到20世纪80年代末,第七飞行学院逐渐摸索出了一套新式的"两段训练法",即将飞行学员的航空理论教育和全年飞行训练分成两段穿插安排,这样可以将飞行训练集中在气象条件较好的飞行旺季组织实施,通过合理利用天气条件,有效地提高了训练质量。1997年,该训法改革成果获军队级优秀教学成果一等奖。这一方法也在各飞行院校中得到了推广,而第七飞行学院也成为同期空军甲类训练团达标数最多的飞行学院。

1989年,第七飞行学院第二团承担了空军下达的检验飞行试点任务,通过边教学边检验,二团在很短时期内就可以对飞行学员的飞行能力和飞行前途做出判断性结论。这一检验方法经过第七飞行学院的总结上报,为空军制定《检验飞行提纲》提供了科学依据。

进入新世纪,第七飞行学院的发展再上一个台阶。

2000年7月19日，第七飞行学院开始承训我军招飞制度改革以来首批军队院校大学生飞行学员。这批学员都是来自空军、陆军、海军、二炮等多个兵种、多所地方军事院校的应届本科毕业生。通过在第七飞行学院的学习训练，这批学员在毕业后获得了第二学士学位，成为复合型"双学士"飞行员。第七飞行学院严格执行中央军委与空军党委的指示，在大学生飞行学员的训练中，坚决贯彻以"打赢"为目标，以"政治合格"为首要要求的教育方针，精心组织，从难从严训练，增加训练内容，加大训练难度，深入开展潜能训练，拓宽素质教育途径，走出了一条加快我军跨越式发展、培养高素质飞行人才的新道路。

2002年夏季，第七飞行学院三团从南昌飞机制造厂分两批接收了20架教－八教练机，成为沈阳军区空军部队首批换装教－八教练机的飞行学院。在训练实践中，三团在第七飞行学院上下的支持下，通过一系列训练改革，有效地提高了训练效率。在经过10个月的训练后，三团先后完成了62名教员和32名学员的新机改装训练任务，成为空军首个改装新机不停训学员的训练团。

第三节　东北老航校的精神
在空军航空大学继续发光发热

尽管人民空军在20世纪50年代初期就计划在积累一定的教学培养经验之后，组建一所航空大学。但是在相当长的一段时间内，国内外条件都不够成熟，组建航空大学的计划也只能一拖再拖。从50年代末开始，空军航空院校经历过多轮调整。进入60年代，特别是1966年之后，空军航校建设不得不面对更多不必要的压力，很多50年代末60年代初编写的空军条令、条例、大纲、教材被毁弃，航校的正常教学工作也受到很多影响。从1966年开始，到1969年，空军各类院校合并、停办、撤销等共计12所，学员训练定额由之前的2万余人锐减至5650人。

1966年，原驻长春的空军第二航空学校奉命迁入四川。校部进驻四川夹江，所属各团分驻夹江、泸州、宜宾等地机场。第二航空学校入川后，原牡丹江第七航空学校校部迁入长春。第七航空学校改称第七飞行学院后，校部仍驻在长春。长春是人民空军航空教育的"重镇"，也是东北老航校的精神火炬赓续不绝的"重镇"。除了第七航空学校驻在长春之外，1952年组建的第九航空学校也位于长春。第九航空学校是由第一、第二航空学校的全部地勤训练机关以及第三航空学校的气象专业的全部干部、教员、学员由原单位分离出来后组建起来的。首任校长为原空八师师长、第二航空学校校长刘丰。第九航校于1952年8月1日在长春正式成立。校部机关设在日本侵华时期的关东军司令部大楼，后迁往长春工农广场附近。虽然第九航空学校是一所轰炸机机械地勤专门学校，但是，除了轰炸机地勤相关专业之外，第九航空学校也培养训练部分歼击机及非航空机务地勤人员，是当时空军地勤专业最多的一所综合性中级航空机务学校。第九航空学校成立之后，各项工作迅速铺开，至1952年8月底，第九航空学校已报到的教职员工与学员已经超过了3000人，其中，由第一航空学校调入的各类人员共计800余人，由第二航空学校调入的人员共计700余人，此外还从第三航空学校调入12名气象教育干部。

尽管航校的数量、培训学员规模都与东北老航校时期不可同日而语，但是，各航校的教学能力，特别是教员素养水平却面临着老航校曾经遇到过的困难。以新成立的第九航空学校为例，当时，空军将院校教员分为四个等级，即主任教员、教员、助教、见习助教。第九航空学校成立后，到1952年底，全校教员共计356人，其中绝大多数是助教及见习助教，共 296 人，占全部教员人数的 83.1%。到 1953 年 10 月，随着越来越多的人员补充到第九航空学校，助教及见习助教的人数及占比均有所增加，共 339 人，占全部教员人数的 86.9%。其中，近 20% 的教员仅有小学学历，大专及以上学历的教员比例约为 30%，但很多人仅仅是在大专或大学读到一、二年级，从大专或大学毕业的人数极少。在这些教员中，初上课教员人数占到全部教员人数的 39%，此外，还有 12.3% 的教员从未上过课。如此稚嫩的教员队伍却要肩负起培养合格空勤人员的重担，其难度可想而知。

针对这一情况，1953 年 11 月，第九航空学校训练处总结了一年多来在教学工作，特别是提高教员教学水平方面的经验，指出，"1. 各级领导和全体教员必须认识到，不断提高教员业务水平和教学水平是长期的经常性的重要任务。2. 要使全体教员明确，提高业务是为了保证和提高训练质量，要使自己成为本专业的教育专家，业务水平的提高必须紧密结合教学实际。业务学习首先要围绕完成教学任务这一目标展开，学好专业技术和教育学的基本理论及相关知识，掌握基本教学法，吃透训练大纲及教材。3. 各类教员所具学识层次不同，专业知识的多样化，时间的分散性，要求业务学习内容及组织领导方法也应具有多样性、多层次、因人而异，切不可一刀切。4. 科学计划、分级管理，周密组织实施,经常性考核检查。5.在提高专业水平的同时,切莫放松教学水平的提高。6.以在职学习为主,离职学习为辅,有系统地提高,业务学习要有步骤有组织地进行"。从某种意义上来说,第九航空学校训练处总结的经验,也是各航校在摸索如何提高教员业务水平时取得的共同经验。经过一年多的学习提高,从第一次考核成果来看,第九航空学校各级教员在考核中有95%以上的教员能够胜任当前的教学任务。这一成果充分说明,新航校的干部、教员行之有效地发扬了老航校精神,克服教学中的种种困难,具备了为空军培养人才的应当具备的教学能力。

除了教员业务能力相对较差之外,另一个横亘在新航校面前,影响新航校提高教学质量的困难是学员的文化程度较低。仍以第九航空学校的情况为例,1952年底的统计资料显示,学员中仅读过小学的学员占学员总数的21.4%,初中学历的学员占学员总数的57.4%。很多学员不但不懂外语,连基本的数学、物理、化学公式都不掌握。在这样的情况下学习专业性极强的航空专业教育,大部分学员的学习都很吃力。学员文化程度相对较低,这也是东北老航校曾经遇到过的问题,各航校参考老航校的成熟经验,组织学员、教员开展互助互帮活动,依靠文化程度相对较高、学习成绩相对较好的学员担任"小教员",为文化程度相对较差的学员补习文化知识。1953年7月,在第九航空学校召开的首届教学代表会议上,经过与会教员与学员讨论,总结出了技术学习、政治思想以及生活纪律三个方面的互助经验,主要包括"1.独立思考。必须把'集中注意力,运用思考力,发挥想象力,加强记忆力'有机地结合起来。(1)集中注意力:课堂上听课要专心致志,不能思想开小差。要做到脑、眼、耳并用。(2)运用思考力:思考要在听好课和认真阅读教材、笔记、资料等的基础上进行。思考的时机要掌握得当,以不妨碍听课为基本原则。(3)发挥想象力:根据知识的内涵,设想一个形象,以帮助记忆和理解。(4)加强记忆力:在理解的基础上记忆,记住也便于理解。2.'三大互助'要处理好群体互助和个别互助的关系,二者不可偏废。(1)思想互助:结合政治和时事教育,在互助组内联系思想进行座谈,力求解决一两个认识和思想问题,端正学习态度;运用互助座谈会,以表扬为主,适当进行批评与自我批评,实现自我教育和相互教育;个别谈心,交换意见,解决思想问题。思想互助要紧密结合技术学习。(2)学习互助:是在独立思考基础上进行的,互助目的是解决通过自学还弄不懂、知其然不知其所以然的问题。小组的共同研讨与分散的'对子'互教互学相结合,要根据所能支配时间的长短、器材或设备状况、内容难易以及互教互学的具体情况,灵活运用。(3)生活互助:通过同志式的关心爱护,达到感情上的交融和政治上的团结。通过生活、工作和学习中互相监督,以维护纪律,养成艰苦奋斗,认真负责,一切为了保证飞行安全的良好作风"。在思想、学习与生活中互帮互助,这是老航校克服困难、完成高质量人才培养任务的重要法宝。新航校开展的"三大互助"也正是老航校团结奋斗精神在新航校中的延续与发扬。各航校学员在互帮互助的氛围中很快克服了文化基础较差的困难,提高了学习效率,高质量地完成了各项训练科目。①

"抗美援朝"胜利结束,志愿军空军撤回国内之后,空军院校的发展迎来了一个相对较为迅速、教学质量大幅提高的阶段。空军各个院校都利用这一时期努力提高教员业务水平,大力开展干部队伍建设。以第九航空学校为例,从1954年1月到1955年3月,第九航空学校先后为全校干部教员开设了6个文化补习班,共132人参加学习。结业后,参加补习的干部教员分别达到初中、高中数理科目的毕业水平,有部分参加补习的教员达到了大学物理、微积分单科结业水平。从1954年到1955年,第九航空学校在全校范围内开展了教育学与心理学的大学习,所有教员

---

① 根据空军第二航空技术专科学校校史编写组:《空军第二航空技术专科学校校史(1952—1992)》整理。

都参加了学习。为了提高学习质量，第九航空学校专门邀请东北师范大学的专家来校授课。除此之外，第九航空学校还广泛地开展了各项学习培训工作。据第九航空学校训练处的统计，到1955年底，有300余名教员参加了专业技术及相关技术的培训，有超过400人参加了教育理论培训，有300余人参加了有关条令、条例的学习，有80余人完成了文化补习。1955年，第九航空学校分两批对全校大队及中队干部进行了轮训，培训专业技术及教育理论。1956年，第九航空学校制定了《五年文化科学进军规划（1956—1961）》，要求全校干部教员"从精通本门业务做起，向本行本业进军，经过一段时间的学习和锻炼，向着航空教育专家方向发展，反对不顾实际、好高骛远的做法和想法"。根据这一规划，第九航空学校为航校教员和专家设立了6个文化层次标准，4个业务能力层次标准、根据教员和专家的文化层次与业务能力层次制定了提高目标。同年，第九航空学校又选送了11名教员到哈尔滨军事工程学院进修，选派80多名教员赴长春各大学旁听和参加函授。仅1956年一年，第九航空学校派往各部队各高校进修的教员就达到5批次近130人的规模。到1959年，第九航空学校在校内已经开设了中学班13个、大学班7个、函授小组4个，参加学习的教员及干部超过450人。①

第九航空学校为提高教员业务水平而采取的多种措施，是这一时期空军各院校努力提高教员教学能力、提高院校教学质量所采取的一系列措施的缩影。这一时期也是空军各院校教学水平飞速发展的时期。但是，进入20世纪60年代以后，国内外形势都发生了新的变化，特别是从1967年开始，空军各院校的教学活动受到的干扰越来越强烈。各空勤航校对飞行学员的培养时长由原来的2年零4个月缩短为1年。1968年，各航校的航空理论训练处遭到裁撤，大批航空理论教员转业或转行，学员的航空理论教育时间也由原来的4个月缩短为8天。由于缺乏理论知识，这一时期从航校毕业的学员进入部队后往往在改装训练时面临较大困难，很长时间都无法形成有效战斗力。直到1969年下半年，各航校才开始对历时近3年的教学混乱情况进行纠正。当时原第九航空学校已经更名为第二航空机务学校（更名时间为1967年），此时第二航空机务学校也根据上级要求对训练任务进行了调整，将训练任务设置为6种机型，7个专业，包括机械、军械、特设、无线电、雷达、照相设备、照相判读。计划每期训练1000名学员。但实际上，受

---

① 根据空军第二航空技术专科学校校史编写组：《空军第二航空技术专科学校校史（1952—1992）》整理。

各种条件限制,复课第一期只针对3种机型开设了5个专业,学员人数也不到300人。①

1971年9月,中央军委实施了重建教导队和军队院校的一系列举措。1973年12月,空军在原空军学院的基础上成立了空军军政干部学校,1974年1月恢复两处航空预备学校,9月重建空军通信学校,1975年3月建立空军军医学校。同时,各航空院校对飞行员的培养时长重新恢复为2年零4个月。包括第七航空学校、第二航空机务学校以及第一预备学校(原空军第一航空学员预科总队1952年改称空军第一预备学校)在内的各空军院校的教学秩序得以逐渐恢复。1977年8月,时任中央军委副主席的邓小平在军委座谈会议上指出,"要把原有的学校,除个别的外,基本上恢复起来。把更多的干部放到学校去训练"。之后,邓小平又进一步指出,各军事院校必须在1978年二、三月份"开步走"。同年11月,中央军委批准了军委教育训练委员会关于调整和增设军队院校的报告。根据上述精神,空军各院校恢复工作的速度不断加快。到1979年,各空军院校经过重建和扩建,训练规模基本上恢复到1966年之前的水平,学员定额也从不足6000人增加到1.86万人,同时根据空

---

① 根据空军第二航空技术专科学校校史编写组:《空军第二航空技术专科学校校史(1952—1992)》整理。

军部队的新需求，增设了 28 个新专业。到 1980 年，空军航校全年飞行时间达到 53 万小时，比 1977 年增加了 53%，创下了历史新高，从 1978 年到 1980 年 3 年间，空军各航校共有 3080 名飞行学员顺利毕业。①

1982 年，空军召开了两次空军院校会议，把加强院校正规化建设作为下一阶段空军建设的主要工作，确定了"治军要严、治校更要严"的指导思想，要求院校在正规化建设上要走到部队前头。同年 4 月，空军下发了《大力加强院校正规化建设》的指示，指出，"院校的正规化建设，就是要用符合军队和院校建设规律的统一法规，来科学地规范院校的各项工作和一切活动，高效地为空军建设培养合格人才"。此外，空军又制定了《航校飞行员教育训练正规化若干规定》，对航校教育训练的指导思想，训练期限的确定，训练计划大纲、教材的制定编写，飞行指挥员和教员的选拔和培养，教学场所、训练文书、资料的管理及使用，以及学员毕业标准、教学与训练会议制度、教学质量管理制度等都做出了极为细致的规定。

根据相关指示，驻在长春的第七航空学校、第二航空机务学校以及第一预备学校等院校开始了军队院校正规化

---

① 根据郭贵保：《云天凯歌——影响和见证空军建设的重要时刻（1949 年—1996 年）》整理。

建设工作，按照中央军委及空军的有关要求编制体制，调整教育训练，整顿教学、生活秩序，改善校风校容。

从1985年开始，空军院校进一步改革院校体制，调整训练科目，改善训练条件。按照中央军委批准的《全军院校体制改革精简整编方案》，从1986年开始，空军学院改称空军指挥学院，航空学校改称飞行学院，航空预备学校改称飞行基础学校，航空机务学校改称航空技术专科学校。根据相关指示，驻在长春的第七航空学校更名为空军第七飞行学院，第二航空机务学校更名为空军第二航空技术专科学校，第一预备学校更名为空军第一飞行基础学校。

将整个80年代称为空军院校的"大改革"时期，似乎也并不过分。仅从第二航空机务学校的教学改革过程来看，这一时期空军院校的教学改革力度之大是空前的。1982年到1983年，这一时期主要是教学改革的试点时期，第二航空机务学校上下不断更新教学观念，改变传统的教学思想，确立了教学内容总体优化的5条基本原则：1.满足培养目标的直接需要；2.着眼于未来发展；3.培养军地两用人才；4.提高教学效果；5.提升教学手段的可行性。按照上述原则，第二航空机务学校重新制定了各学科各专业的教学计划和大纲，编写了新教材。1984年到1985年，这一时期主要是教学改革的全面铺开时期。在这一时期，第二航空机务学校将培养目标分层分解规格化，制定课程内容最优化结构方案，将方案进行全校推广。从1986年开始，第二航空机务学校的教学改革进入了深化阶段，各学科专业围绕部队需要，依托学校三大教学特色（专科训练层次特色、航空维修专业特色、军校特色），根据学校专科学校的教育层次，适时提出"基础不向本科靠，专业不向中专降"的教学要求，调整课程设置，建立多层次、完善的课程体系。

教学改革若想取得成果，离不开教员队伍建设。进入20世纪80年代以来，空军各院校加大了从地方高等院校引入毕业生的力度。仍以第二航空机务学校为例，到1982年，全校教员、实验人员近500人，其中，从地方高等院校分配，以及从其他部队、院校调入的青年教员就达200人，占全部教员人数的40%。到80年代中期，这一比例进一步提高到60%。从学历结构上看，在80年代初期，学校教员大专以上毕业人数不到教员总数的一半；到80年代中后期，大学本科以上学历的教员占比已经超过了85%，拥有研究生以上学历的教员人数占5.4%。1987年7月，第二航空机务学校第一批专业技术职务任命名单中，共有教授职称1人，副教授33人，高级实验师4人，工程师、实验师147人。建设一支高学历、高技能的教员队伍，为空军院校的教学改革打下了坚实的基础。①

经过多年的正规化改革,到 1987 年,空军院校已经拥有各类教员超过 9000 人,其中,大学本科以上文化水平教员数量占到全部教员的 91.4%,教授、副教授、高级工程师、高级实验师等超过 400 人,特级和一级飞行教员近 1400 人,另有 500 余名教学经验丰富,教学水平较高,掌握本学科前沿知识的学科带头人。教师是教育的基石,著名教育家梅贻琦曾说,"所谓大学者,非谓有大楼之谓也,有大师之谓也"。从教员水平来看,组建空军大学最重要的条件正在逐渐成熟。②

1992 年,空军第一飞行基础学校和第二飞行基础学校在长春合并,改称空军长春飞行学院。2004 年 5 月,空军院校编制体制迎来一次重大调整。经中央军委批准,原驻吉林的空军第七飞行学院、长春飞行学院以及第二航空学院合并,组建空军航空大学。空军航空大学,是空军直属的副军级兵种类高等教育院校,校本部坐落在吉林省长春市,10 个校区分驻黑吉辽鲁 4 省 5 市。大学组建后特别是党的十八大以来,深入贯彻习近平强军思想,全面贯彻新

---

① 根据空军第二航空技术专科学校校史编写组:《空军第二航空技术专科学校校史（1952—1992）》整理。
② 根据郭贵保:《云天凯歌——影响和见证空军建设的重要时刻（1949 年—1996 年）》整理。

时代军事教育方针,首抓政治建校,聚力备战打仗,强化改革创新,圆满完成了以教育训练为中心的各项任务,以及参加2015年"9·3"阅兵、2017年"航空飞镖"比武竞赛保障、2019年国庆阅兵、2019年军运会保障、2021年庆祝建党100周年飞行庆祝表演等重大活动。目前,大学主要面向空军航空兵部队培养航空飞行生长军官、无人机操控军官、空中战勤生长军官,担负生长军官首次任职教育、军官军士岗位培训、研究生教育和外军留学生培训等任务。

大学是老航校的传人,前身可追溯1946年3月我党创办的东北老航校,一代代航大人赓续传承"团结奋斗、艰苦创业、勇于献身、开拓新路"的老航校精神,坚持立德树人、为战育人,确立了"砺志空天、追求卓越"办学理念和"建设一流大学、培育飞行英才"办学目标,形成了"秉承东北老航校精神的办学育人传统、空战人才一体化培养"办学特色,打造"雄鹰"文化特色品牌。大学是飞行员的摇篮,是培养空军航空飞行与指挥人才的唯一源头,已培养8万余名飞行人才,涌现出"海空卫士"王伟、"逐梦海天的强军先锋"张超等一批全军英模,以及"八一勋章"获得者景海鹏,航天英雄杨利伟、翟志刚,感动中国人物刘锐,"改革先锋"蒋佳冀,"全国巾帼建功标兵"张潇,"时代楷模"郝井文,航天员群体等一大批先进模范人物。大学是飞行理论与航空兵技战术研究的创新基地,是服务航空兵部队作战训练的重要智囊,拥有一支专注研战的专家团队,在军事飞行理论等领域独具优势。大学是展示空军对外开放形象和国际军事交流的名片窗口,与北大、清华、北航联合培养飞行人才,为多个国家培养飞行人才、航空兵指挥军官和工程技术人才,所属"天之翼""红鹰"飞行表演队,以及"蓝鹰"跳伞队、无人机表演队面向公众表演,精彩呈现新时代空天一体、攻防兼备强大人民空军的新面貌!

第七章

东北老航校主要领导、教员及优秀学员小传(上)

刘亚楼

（原东北老航校校长 中国人民解放军空军首任司令员）

东北野战军参谋长刘亚楼

刘亚楼，1910年4月出生于福建省武平县湘店乡大洋泉村一个贫苦农民家庭。刘亚楼原名刘兴昌，母亲难产去世后，刘亚楼被父亲刘克芳过继给同村好友刘德香，改名刘振东。1916年，刘振东入本村私塾读书。1919年，在日本早稻田大学读书的中华革命党党员刘克谟回到福建进行革命活动，并在湘店乡创办了一所小学——崇德学校。崇德小学开设国语、算术、美术、体育、英语等课程，对农村贫农子弟施行免费入学。刘振东于1919年转入崇德学校学习，1922年毕业，升入湘店乡高等小学学习，两年后又以优异的成绩考入武平县立初级中学。

武平县立初级中学位于武平县城，从大阳泉村到武平县城有近100里的山路。刘振东上学走了整整两天。第二年，刘振东又转入长汀七中。1926年，时局愈发动荡，在长汀城求学的刘振东辍学回乡，在崇德学校担任教员，此时，崇德学校校长刘克谟已经加入了中国共产党，刘振东工作认真，深得刘克谟的信赖和赏识。因此，他也成了刘振东思想进步的引路人。在刘克谟的引导下，刘振东接触到了《新青年》等进步刊物，逐渐萌发了要将自己的一生贡献给中国人民解放事业的宏愿。

1927年"四一二"反革命政变爆发以后，闽西地区的革命形势也随之恶化，桃澜、湘店等地的共产党组织遭到破坏，很多革命群众被反革命分子屠杀。1927年9月，在南昌打响共产党武装革命第一枪的起义军南下闽西，对当地的反革命武装进行清剿，发动群众镇压了一大批罪大恶极的土豪劣绅，恢复了党组织。同年10月，经中共闽西特委批准，桃澜、湘店成立了中共特别支部，刘克谟是支部的领导人之一。根据党的指示，刘克谟等人在长汀、上杭、武平三县交界处设立了一个地下联络站，对外称"文昌栈"，以经营日用杂货作为掩护。刘振东与刘开顺等人在"文昌栈"担任地下联络工作，这是刘振东第一次承担党的工作。

1929年，根据中共闽西特委的指示，刘克谟等人在长汀、武平等地发展青年组织，成立了大、小青年会。在刘克谟的推荐下，刘振东担任了大青年会的领导人。1929年下半年，刘克谟与闽西特委派到桃澜等地领导武装暴动的张赤男一起，组织起了暴动的骨干组织"铁血团"，刘振东也加入了"铁血团"。1929年8月，经过党的严格考验，刘振东被中共闽西特委批准加入了中国共产党，为了表达自己"坚决跟党走，更上一层楼"的决心，刘振东改名刘亚楼。1929年底，刘克谟、张涤心等人领导了"小澜暴动"，刘亚楼先是在"小澜暴动"指挥部担任通信联络员，后又担任游击队班长、排长。由于刘亚楼深知民情，熟悉地理，作战胆大心细，机智勇敢，被战友们称为"精灵兵"。1929年12月下旬，刘亚楼被地方党组织选送到红四军军校学习，从军校毕业之后，刘亚楼被任命为红十二军第三纵队1营连长。两个月后，又被提升为1营营长兼政委。1930年，闽西红军在长汀进行了整编，刘亚楼被任命为整编后的红四军第三纵队第八支队政委。

1930年8月，刘亚楼随红一军团参加了进攻文家市的战斗，并与红三军团在永和会师。红一军团与红三军团整编为中国工农红军第一方面军之后，随即发起了进攻长沙的战役。刘亚楼也参加了此次战役。红一方面军于9月12日从长沙撤围，10月4日攻占吉安并进行了整编。整编后，刘亚楼担任红四军第十二师35团政委，领导35团在第一次、第二次、第三次"反围剿"作战中取得了令人瞩目的战果。1931年第三次"反围剿"作战胜利后，刘亚楼改任红四军第十一师32团政委。1932年2月，刘亚楼接替牺牲的张赤男担任红十一师政委。同年4月，刘亚楼与红十一师师长周昆率军随红一军团东征入闽，参加了进攻漳州的战斗。

1932年7月，蒋介石发动了对苏区的第四次大规模"围剿"，于1932年冬发起对红一方面军与中央苏区的进攻。刘亚楼率红十一师参加了南丰围城战、登仙桥伏击战、黄柏岭阻击战等战斗，为第四次"反围剿"作战的胜利贡献了巨大力量。1933年"藤田整编"之后，刘亚楼担任新整编的红二师5团政委。6月，刘亚楼改任红二师政治部主任。第五次"反围剿"大雄关战役后，刘亚楼接替牺牲的胡阿林担任红二师政委。1934年10月，刘亚楼率红二师作为红一军团左前锋率先开始长征。

作为长征先锋师，红二师在师长陈光、政委刘亚楼的领导下，连续突破国民党军队多条封锁线进入四川。1935年7月，红一方面军与红四方面军在四川懋功会师后，刘亚楼改任红一师师长。8月，刘亚楼率领红一师随徐向前指挥的右路军进入毛儿盖草地。经过6天的艰苦行军，红一师在刘亚楼的领导下顺利走出草地，抵达班佑。随即，在中央军委的指示下，刘亚楼又率领红一师向俄界出发，为红军右路军北上探明道路。红军右路军抵达俄界后，稍事休整又继续北上，刘亚楼率红一师沿白龙江前进，于9月19日进入甘肃南部哈达铺。在哈达铺，红军右路军改编为中国工农红军陕甘支队，刘亚楼担任第二纵队副司令员。10月19日，刘亚楼与第二纵队的同志一起抵达了陕西省保安县吴起镇。10月21日，第二纵队与第一纵队互相配合，击溃了马鸿逵、马鸿宾的骑兵队伍。这是第二纵队在陕甘地区取得的第一次胜利。10月下旬，陕甘支队抵达甘泉，与徐海东、刘志丹率领的红十五军团会师，取得了长征的胜利。

11月3日，中央军委在甘泉重新组建了红一军团。新组建的红一军团是由原第一、第三军团合并而来的。由林彪担任军团长，下辖红二师与红四师。刘亚楼被任命为红二师师长，率部参加了直罗镇战役，粉碎了敌人对陕甘苏区的"围剿"。1936年1月，刘亚楼率领红二师作为先锋师随红一军团、红十五军团参加了对山西的东征。3月，东征红军在黄河东岸分为三路，以扩充军队、筹集军费以及创建河东根据地为工作重点分开行动。刘亚楼与政委萧华率红二师随右路军突破国民党军在汾河的封锁，沿同蒲路南下，先后在霍县、赵城、洪洞等地活动，并于4月1日攻克了襄陵县城。4月中旬，东征红军向陕北撤退，刘亚楼与萧华率领红二师担任先头部队，为红一军团开路。

1936年5月，红一军团在延川一带休整。6月，刘亚楼与彭雪峰、杨成武、耿飚、张爱萍等红军师、团级领导人共36人进入中国抗日红军大学第1科学习。刘亚楼、彭雪峰、杨成武等人担任学员组组长。1936年底，西安事变和平解决，抗日民族统一战线逐渐形成。在抗日红军大学学习的红军一线指挥员大部分提前结束了学习回到部队，刘亚楼则被红军大学留任为学校训练部长，负责领导新学期学员训练工作。这是刘亚楼第一次担任我党我军军事院校的领导工作。1937年1月，红军大学随中央领导机关迁往延安，更名为中国人民抗日军政大学，简称"抗大"，林彪任校长，刘伯承任副校长，罗瑞卿任教育长，刘亚楼除负责教学训练的组织工作之外，也为新学员讲授中国近代史。1938年1月，刘亚楼升任教育长。在"抗大"期间，刘亚楼与员凌漪结婚。

1938年4月初，中央军委决定，安排刘亚楼赴苏联伏龙芝军事学院深造。4月下旬，刘亚楼与员凌漪一起启程，经陕西、甘肃进入新疆，到达迪化后，刘亚楼因员凌漪怀孕无法随行而在迪化停留了数月。之后刘亚楼从新疆进入苏联，员凌漪则留在迪化，于8月1日生下一个男孩，取名刘煜南。之后员凌漪回到延安，听闻刘亚楼"战死"于苏联后，员凌漪再婚。

1939年1月，刘亚楼正式进入伏龙芝军事学院学习。1940年，在得知员凌漪结婚的消息后，刘亚楼与中共早期领导人苏兆征之女苏丽娃结婚，后二人于1943年离婚。1941年6月，苏德战争爆发。9月底，德军突入莫斯科州，刘亚楼等在伏龙芝学院学习的中国学员按照苏军总参谋部的安排加入苏联军队。刘亚楼化名萨沙，并被授予苏军少校军衔，与卢冬生、杨至诚等同学一起被分配到苏联远东军区的伯力实习。1943年夏，刘亚楼等来到伯力担任远东军区机关参谋，负责对东北抗联教导旅的军政训练工作。为规范训练内容，他把俄文材料译为中文，还亲自编写了《中共党史》《红军长征史》《统一战线中的联合与斗争》《正规战》等教材。1945年7月，抗联教导旅返回东北，刘亚楼参与制订了该旅回国作战的行动计划。1945年8月8日，苏联对日宣战，刘亚楼化名王松，以少校参谋的身份随苏军回到东北。8月底,刘亚楼随苏军进入旅顺、大连地区,在苏联警备司令部担任苏军与我党驻大连党委之间的联络工作。1945年12月,刘亚楼在时任大连市委书记韩光的介绍下,结识香炉礁小学教员翟云英,后与翟云英在大连结婚。1946年2月,罗荣桓来大连养病,刘亚楼与自己在红一军团及抗大时期的老领导见面,刘亚楼向罗荣桓表达了希望自己能够前往东北地区,加入东北民主联军的愿望。同年5月,在罗荣桓的推荐下,中共中央东北局向中央军委报告,并经中央军委同意,任命刘亚楼为东北民主联军参谋长。

1946年5月底,刘亚楼抵达哈尔滨东总总部,就任东北民主联军参谋长。刘亚楼上任后,首先抓干部训练,他从部队中抽调了100名具有一定文化基础的连排干部,组建了一个参谋训练队,刘亚楼亲自任教。之后,刘亚楼又在中共中央东北局的支持下,负责精简后方人员充实一线作战部队的工作。期间,他翻译了苏联《红军野战参谋业务条令》,这本书为提高东北民主联军参谋人员业务水平和规范司令部人员参谋业务起到了关键作用。1946年12月,东北民主联军发起历时三个月的"三下江南"和"四保临江"战役,刘亚楼是战役的主要指挥员之一。1947年春,东总首长委派刘亚楼到东安整顿后方机关,以及指导东北老航校等军事院校的教育工作。在东北老航校指导工作期间，刘亚楼提出了"短小精悍，持久延长"的办校方针。7月13日，航校发生了教员顾青企图驾机投敌误入苏联境内迫降的事件。刘亚楼赴航校听取了校长常乾坤等人的汇报，并要求航校加强政治思想工作和组织纪律教育。1947年10月，中共中央东北局任命刘亚楼兼任航校校长。1948年1月，东北民主联军改称东北人民野战军，并成立了东北军区，刘亚楼被任命为东北军区第一参谋长。6月4日，刘亚楼被中共中央批准为东北局委员。1948年9月，辽沈战役打响，刘亚楼是辽沈战役的主要指挥员之一。1948年11月，辽沈战役结束之后，东北野战军经过短暂休整南下发起平津战役，刘亚楼于11月30日，随"东野"指挥机关由沈阳乘火车出发，经喜峰口入关，与林彪等人一起指挥平津战役。1949年1月中下旬天津、北平相继解放。在天津与北平解放之前，1949年1月8日，中共中央向全党全军指示，要在1949年及1950年组建一支能够使用的空军。党中央把建立空军提上议事日程，让身兼东北航校校长的刘亚楼感受到了肩上的责任之重。进入北平之后，刘亚楼召集吕黎平、方华等航校接收工作组的成员，要求他们以航校现有班底制订一个组建飞行部队的计划。1月25日，东北野战军改称中国人民解放军第四野战军，刘亚楼被任命为四野第十四兵团司令员。5月中旬，刘亚楼接到中央指示，负责着手组建人民空军。1949年7月11日,周恩来召见刘亚楼,传达毛泽东的指示,责成刘亚楼提交空军主要领导干部及领导机关组建方案。1949年8月1日,刘亚楼、王弼、吕黎平等人从北平出发赴苏联,负责与苏联交涉援建空军的工作。8月11日,刘亚楼一行人抵达莫斯科。在经过三轮会谈之后,中苏达成协议,由苏联援建6所航校以及1所飞机修理总厂,卖给中国各型飞机400余架,派出870余名专家来华协助中国组建空军。协议草签后,刘亚楼与王弼、吕黎平等人留在苏联考察苏联红军空军部队。10月5日,中苏协议正式签订,10月7日,刘亚楼等人启程回国。10月25日,中央军委正式任命刘亚楼为空军司令员,萧华为空军政治委员兼政治部主任,王秉璋为空军参谋长。11月11日,中央军委宣布中国人民解放军空军司令部成立,常乾坤为空军副司令员兼军事训练部部长,王弼为空军副政委兼工程部部长。1949年11月11日也被正式定为中国人民解放军空军成立日。

空军组建后,刘亚楼首先抓航空教育工作,提出"先航校后机关""一切为了办好航校"的口号。空军司令部大部分机关人员都被派遣到各航校协助筹建工作。各地航校建立起来后,刘亚楼又提出"在陆军基础上建设空军"的建军方针。并于1951年8月1日,在《人民空军》杂志上发表了《在陆军基础上建设空军》一文，对空军建军方针进行了阐述。

1949年冬，蒋介石率军撤退到台湾，在福建沿海岛屿建立了一批空军基地，从空中对上海、杭州、南京、广州、徐州等主要城市的重要目标进行轰炸。从1949年10月至1950年2月，国民党空军空袭共计26次。仅在1950年2月6日一天就在上海投弹60余枚，造成军民1400余人伤亡。1950年6月，中国第一支航空兵部队——中国人民解放军空军第四混成旅在华东军区完成组建，由华东军区空军司令员聂凤智兼任旅长，原第二航校政委李世安任政治委员，原东北航校副校长刘善本任副旅长。第四混成旅下辖第10、第11歼击机团，第12轰炸机团以及第13强击机团及4个供应大队。第四旅在3个月内完成了换装训练，于1950年10月19日起，担负起上海防空任务。10月5日空军驱逐第三旅在沈阳成立，刘亚楼任命原航校飞行训练处处长方子翼任第三旅旅长。

1950年10月19日，中国人民志愿军跨过鸭绿江进入朝鲜。10月下旬，空军混成第四旅移防辽阳。刘亚楼在空军驱逐第三旅与混成第四旅基础上，组建了空军第三师与第四师。1950年11月，志愿军空军司令部组建，刘震任志愿军空军司令，常乾坤任副司令。在着手组建志愿军空军领导机构的同时，刘亚楼将更多精力放在组建志愿军空军部队上。从1950年11月至1951年5月，人民空军先后组建起十个歼击机师、两个强击机师、两个轰炸机师及一个运输机师。志愿军空军也在刘亚楼等人的领导下，在实战中锻炼，在战斗中成长，在抗美援朝战争中击落美国及其他国家飞机330余架，击伤95架。涌现出一大批战斗英雄，其中荣立三等功以上8000余人，特等功臣16人，一等功臣68人；荣立集体三等功以上单位300余个，其中集体一等功单位6个，集体二等功单位2个。

1954年7月，中央军委决定调陆海空军协同作战，解放浙东沿海岛屿。刘亚楼指派聂凤智担任空军前线指挥部司令员。1955年1月，在解放浙东沿海岛屿的作战中，空军炸沉国民党"中权"号坦克登陆舰、炸伤"衡山"号修理舰、"太和"号护航驱逐舰。1955年9月，刘亚楼被授予空军上将军衔，荣获一级八一勋章、一级独立自由勋章、一级解放勋章。1957年，刘亚楼作为空军司令员，主持了空军与防空军的合并重组工作，并担任合并重组后的空军司令员。1958年7月，刘亚楼指挥空军从国民党空军手里夺回了福建、粤东地区的制空权。10月，刘亚楼又指挥空军封锁金门上空空域，阻止国民党空军向金门空投物资。从1958年7月到10月，入闽空军在刘亚楼等人的指挥下，共与国民党空军空战 13 次，击落敌机 14 架，击伤 9 架。

1959 年 10 月，刘亚楼亲自指挥刚组建不久的空军地空导弹部队在通县上空击落了国民党空军的 RB-57D 侦察机，开创了世界防空作战史上第一次用地空导弹击落飞机的先例。1962 年，刘亚楼又指挥空军地空导弹部队，以机动作战的方式，击落了国民党空军的 U-2 高空侦察机。

1965 年 5 月，刘亚楼因肝癌去世。刘亚楼的老战友、原中南局第一书记陶铸在获悉刘亚楼逝世噩耗的夜里，以沉痛心情写下了《哭亚楼同志》，诗中有"练成铁翼摧强敌，留得丹心示后生"一句，正是刘亚楼将军此生写照。

第七章 | 东北老航校主要领导、教员及优秀学员小传（上）

常乾坤

（原东北老航校校长、副校长，中国人民解放军空军副司令员）

常乾坤

常乾坤，1904年出生于山西垣曲县毫城村。7岁入当地私塾读书，18岁在垣曲县读完高小后到太原报考太原师范，后转入阎锡山开办的晋军学兵团。在晋军学兵团时期，常乾坤开始阅读进步书报，接触进步思想。1925年"五卅惨案"爆发后，常乾坤与共产党员范洪亮一起离开山西，南下广州参加革命，考入黄埔军校第三期，并于同年7月，在范洪亮与曹汝谦的介绍下加入了中国共产党。1926年，常乾坤于黄埔军校毕业，由中共选派，以第一名的成绩考入广东军事飞机学校学习飞行。1926年5月，常乾坤、徐介藩、李乾元、黎鸿峰（越南）、金震一（朝鲜）等人受中共委派，赴苏联学习高级飞行。抵达苏联后，常乾坤等人入奥伦堡红军第三航校学习飞行、领航。在学习期间，常乾坤不但掌握了飞行基础理论知识，还广泛学习了基础数学、物理学知识，为以后航空机械专业的学习打下了基础。1927年，常乾坤开始正式学习飞行与领航，系统地掌握了飞机驾驶、空中射击、空中领航等专业知识。1929年常乾坤自红军第三航空学校毕业，分配到苏联红军独立航空队工作，并被授予中尉军衔，担任领航员，后又升任准校领航指导员（领航主任）。在苏联空军工作时，常乾坤积累了大量飞行实践经验，理论水平也有了较大提升。1932年，常乾坤考入苏联航空工程最高学府——茹科夫斯基空军学院，并就读于航空工程系。在这里，常乾坤潜心学习航空机械工程知识，掌握了飞机发动机原理、构造、设计等专业知识。他的毕业设计作品是一架侦察飞机以及一台航空发动机，两个毕业作品都受到了广泛的好评。1938年，常乾坤自茹科夫斯基空军学院毕业，获得航空工程师以及空中领航员两个职称，成为我党我军早期罕有的既掌握飞行驾驶技术又掌握航空机械知识的双料人才。

常乾坤在茹科夫斯基空军学院学习期间，抗日战争爆发，常乾坤深知自己掌握的知识技能如果不能用于中国人民的革命解放事业，既辜负了党组织对自己的重托，也辜负了自己在苏联多年的学习与努力。常乾坤多次找到时任中共驻共产国际代表任弼时，迫切地表示自己能够回国参战。任弼时代表中共党组织向常乾坤表示，学好飞行技术及航空机械知识，就是他当前最重要的工作，要他安心学习，等待报效祖国的时机到来。常乾坤多次向任弼时表示，他服从党组织的安排，但也时刻准备着，只要时机成熟，就立刻回国参战。1938年初，任弼时正式向常乾坤下达了党中央同意他回国的指示，常乾坤来不及参加茹科夫斯基航空学院的毕业典礼，就于1938年9月，按照党中央的安排从莫斯科赴迪化，计划加入新疆航空队担任教员。当时中共按照与新疆军阀盛世才达成的"默契"，安排撤入迪化的原西路军40余名干部加入新疆航空队飞行班第三期以及机械班第二期学习。按照中共中央的计划，要从延安再派一批学员赴迪化，加入新疆航空队飞行班第四期学习，但国际国内的革命形势的变化，使得盛世才暴露出了"投机革命"的面目。为了减少中共在新疆的影响，盛世才决定不再开办航空队飞行班第四期，也不允许由延安抵达迪化的新学员加入新疆航空队。常乾坤与同在茹科夫斯基航空学院学习的王弼便借助中共在新疆代表处驻地为新学员讲授航空理论知识，也为已经加入新疆航空队飞行班第三期的学员进行基础知识和专业知识的补习。凭借自己在苏联多年学习、实践积累的经验，常乾坤克服没有教具、教材等困难，不但为从延安来的新学员打下了日后继续进行航空学习的基础，更是帮助在新疆航空队飞行班第三期学习的我党学员全部通过了相关考核，未让一人被淘汰。在授课间隙，常乾坤还先后翻译编写了《飞行原理》《空中射击学》《空中领航学》等教材。这些教材后来也是东北老航校以及中华人民共和国成立之初空军各航校的主要教材。

1940年秋，在经过多次斡旋、谈判仍未能进入新疆航空队学习后，由延安派往迪化的学员按照中共中央的安排返回延安，常乾坤也随行于1940年12月回到延安。尽管当时正值抗日战争最为艰苦的时期，国内国外压力都很大，但常乾坤与王弼还是着眼于我军的长远发展，向中共中央提交了关于人民空军建设的报告，在报告中，常乾坤与王弼阐述了航空教育对于筹组人民空军的重要意义，指出空军人才的培养存在周期长、难度大、淘汰率高、对知识掌握要求严格等特点，如不早做准备，一旦形势发展有利，需要组建空军之时，就会面临"人才荒"。当前应在延安首先成立一所小型航空学校，集中培养一部分懂理论、有实践的储备人才，等待时机成熟，作为组建空军的骨干。这一建议得到了中共中央的高度重视。从1941年2月起，中共中央开始着手筹建航空学校，并将筹建工作交给常乾坤与王弼负责。1941年3月，常乾坤被任命为八路军工程学校教务主任，负责统筹学校的教学工作，并亲自讲授俄文与数学两门课程。1941年10月，中央军委将工程学校与其他三个军事教育机构合并，成立了"抗大"三分校，工程学校改编为工程队。1941年12月，"抗大"三分校改编为延安军事学院，原"抗大"三分校工程队改为俄文工程大队，常乾坤任大队长。大队下辖一个工程队和两个俄文支队。俄文支队也是后来北京外国语大学的前身。1942年5月，俄文工程大队与军委四局合并成立俄文学校，常乾坤担任学校的翻译处处长。从1941年秋到1944年，常乾坤的主要教育工作是培养我党我军的俄文人才，这段时间，常乾坤独立或与人合作编写了《俄文常用词汇》《俄文军事文选》等俄语教材。尽管当时的环境与条件无法开展航空人才培养工作，但常乾坤对人民航空事业始终挂怀。1942年2月，常乾坤在《八路军军政杂志》上发表了题为《空军陆战队》的文章，对国外空降兵作战的最新理论进行了介绍。

同年 3 月，常乾坤还在《八路军军政杂志》发表了《空军的人员器材与编制》一文，对各国航空部队的技术设备现状与人员编制进行了介绍。

1944 年 9 月，随着国际反法西斯战争形势的发展，我党我军再一次将组建人民空军的工作提上了日程。1944 年 5 月，中央军委成立了八路军总部航空组，常乾坤从俄文学校调任航空组担任副组长，并兼任第十八集团军总参谋部高级参谋。除了负责统筹各项对外接待联络工作之外，常乾坤的首要工作，是负责领导对延安机场的改扩建工程。经过一段时间的休整，延安机场建成了一条长 1400 米、宽 30 米的跑道，具备了起降大型客货飞机的能力。

1945 年抗日战争胜利后，中共中央决定利用日军留在东北的飞机、机场等设备设施组建航空学校，八路军总部航空组成员分三批从延安出发，奔赴东北筹建航校。1945 年 10 月中旬，常乾坤率领第三批人员共 30 余人从陆路出发前往东北。

赶到张家口后，常乾坤与在张家口接收日军机场的王弼等人会合。当时驾机起义的蔡云翔也在张家口执行任务，王弼与蔡云翔乘飞机飞往东北，常乾坤则率领部分原工程学校及俄文学校的学生一起从陆路继续向东北进发。在承德坐火车抵达朝阳后，常乾坤与先期出发的王弼等人会合。

当时"东总"总部在朝阳，常乾坤与王弼向"东总"汇报了情况，得到"东总"指示，刚刚成立的沈阳航空队已转移至通化，二人随即率领其他人员赶往通化。

1946年1月，东北民主联军航空总队在通化成立，还未抵达通化的常乾坤被任命为航空总队副总队长。1946年2月初，常乾坤抵达通化。1946年3月1日，东北民主联军在航空总队的基础上成立了东北民主联军航空学校，简称东北航校，常乾坤担任校长。东北航校成立之后一方面要尽快完成招生、建校、开展训练学习等工作，另一方面还要立刻派人去东北各地搜集飞机和航材。在前往通化的途中，常乾坤就命令张开帙等人赶赴各地搜集飞机和航材。航校成立后，常乾坤进一步要求部分干部和学员继续在东北各处日军机场或各大城市搜集各类飞机、航材及燃料，争取搜集一架、修理一架、试飞一架。同时，要求曾在苏联和新疆学习过航空，有过飞机驾驶经验的同志，在日籍飞行教员带飞下尽快恢复飞行。

1946年5月，根据局势的变化，东北航校本部从通化迁往牡丹江，各项教学训练工作逐渐开展。常乾坤主抓教学训练，当时航校第一批招收的学员来自天南海北，素质参差不齐，常乾坤就亲自担任教员，为学员讲授航空基础理论课程及其他文化课程。航校草创之时，飞机、燃料、航材都极为匮乏，仅有的几架初级教练机因机况较差，或在训练中坠毁，或因故停用。当时世界各国训练飞行员的程序都是三阶段制，即先飞初级教练机，再飞中级教练机，最后飞高级教练机，常乾坤带领中日教员，因地制宜，在反复论证、反复试验的基础上，做出了批准飞行班学员越过初级、中级教练机的阶段，直上高级教练机的训练计划，创出了一条全世界绝无仅有的航空飞行训练之路。学员直上高级教练机刚刚取得成功，航校又面临着航空燃油即将耗尽的窘境。为了解决燃料问题，常乾坤组织了以副校长白起为首的攻关小组，试验以酒精代替燃油的可能性，在试验成功后，常乾坤又安排蒋天然等同志在哈尔滨接收了两座酒精生产厂，生产的酒精不仅满足了航校飞行训练之用，还有一部分支援给"东总"作为战车燃料。

1947年初，原新疆航空队的同志抵达东北加入航校。常乾坤非常支持这些从红军时期就参加革命的干部在航校的工作，将吕黎平、严振刚等人提拔调整到航校各部门担任主要领导，切实有效地改善了航校的人员结构。1947年10月，东北航校的领导层进行了调整。东北民主联军参谋长刘亚楼兼任航校校长，常乾坤改任航校副校长，主持航校日常工作。1948年1月，东北民主联军航空学校改称东北人民解放军航空学校，刘亚楼继续兼任航校校长，常乾坤任副校长。1948年9月，常乾坤按照"东总"的指示，在保证航校日常教学继续开展的同时，组织人员负责接收长春、沈阳等地国民党空军的器材设备及人员。大量原国民党空军的人员、飞机、设备被补充到航校，航校的办学条件、办学水平都有了很大的提高。

1949年3月，军委航空局成立，常乾坤调任航空局局长，同时继续兼任航校副校长。在担任航空局局长期间，常乾坤负责组建了我军第一支飞行部队，即北平航空队，又亲自参与组建并指挥了开国大典受阅飞行部队。1949年11月，中国人民解放军空军成立，常乾坤被任命为空军副司令员兼训练部部长。1951年3月，志愿军空军司令部成立，常乾坤兼任志愿军空军副司令员。抗美援朝战争胜利后，常乾坤又兼任空军军事学校部部长、空军学院副院长、空军工程学院院长等职务，长期负责人民空军的教育训练工作。

王 弼

（原东北老航校政委，中国人民解放军空军副政委）

王弼

　　王弼，1899 年出生于江西省永修县三角圩流岭王村一户贫苦农民家庭。王弼的父亲考中过秀才，在务农的同时也在本村私塾教书。王弼从小跟随父亲读书，年纪稍大后，父亲卖掉了两亩田地，供他去县城读书。1918 年，王弼考入江西省立南昌第一师范学校。五四运动爆发后，王弼在南昌积极投身学生运动，组织游行，向群众宣传反帝反封建思想，也是在这一时期，王弼第一次接触到了共产主义理论。1923年从南昌省立第一师范学校毕业后，王弼返回家乡在含英小学任教。在此期间，王弼加入了中国社会主义青年团，在党组织的领导下，王弼在当地的工人群体中开办夜校，传播马列思想。1925年，王弼加入了中国共产党。

1925年秋，一直在江西从事革命宣传而遭到北洋政府通缉的王弼，作为江西省选派的五名学员之一，赴苏联莫斯科中山大学学习。王弼与王稼祥、向警予、伍修权等人一起，坐船绕道符拉迪沃斯托克，乘火车抵达莫斯科。从1925年10月起，到1927年9月，王弼一直在莫斯科中山大学学习俄语、政治经济学、军事学等课程。

1927年，"四一二"反革命政变后，蒋介石背叛革命，大肆清洗在黄埔军校及广东军事飞行学校中的中共党员及进步青年。我党与国民党一起培养军事科技人才的道路就此中断。为了培养革命军事人才，党中央决定在苏联留学的留学生中选拔一批政治可靠，文化素质较高的党、团员转入军事学校，学习现代军事科学技术。在党组织的安排下，王弼于1927年9月转入列宁格勒空军地勤学校学习机务。1929年9月，从空军地勤学校毕业后，王弼被分配到哈尔科夫苏联红军空军第二十纵队任上尉机械师，不久又升任准校工程师。因工作出色，王弼又被调入飞行航校修理厂担任少校总检验师。1932年，王弼与常乾坤一同考入莫斯科茹科夫斯基空军学院航空工程系学习飞机、发动机的设计制造。1937年，抗日战争全面爆发，还在苏科夫斯基空军学院学习的王弼与常乾坤一起，多次向中共驻共产国际代表任弼时请示，希望能够回国工作，以自己所学报效祖国。1938年9月，在得到党中央批准后，王弼与常乾坤一起从莫斯科出发赶赴新疆迪化，准备加入新疆航空队任教。

　　王弼与常乾坤抵达迪化之后，从中共驻迪化办事处得知，新疆军阀盛世才日渐暴露出对革命首鼠两端的真面目。对于与中共达成的继续培养飞行员，安排王弼、常乾坤加入航空队任教等协议阳奉阴违，故意制造障碍。王弼与常乾坤在中共驻新疆办事处的安排下继续留在迪化，一方面等待中共与新疆方面的交涉结果，另一方面也承担起中共第二批派往迪化的航空学员的教育工作。在新疆办事处为第二批学员开班授课的同时，王弼与常乾坤也利用休息时间，为已经在新疆航空队学习的中共学员补习文化课程。在新疆期间，王弼翻译整理了部分苏联航空教材，编写了《航空发动机原理》《航空仪器学》等教材。1940年秋，在与盛世才交涉无果之后，王弼、常乾坤与部分学员一起返回延安。在延安，王弼与常乾坤一起向党中央提交了创建人民空军的报告。在这份报告中,王弼着重强调了航空教育对空军建设的重要意义,"首先要培养大批航空干部,还要有制造飞机的干部。有了懂得飞机的干部,才会购买飞机,方能修理、保管及使用飞机。最后待我们的材料、设备、技术等条件成熟时能制造发动机,制造飞机"。在报告中,王弼与常乾坤建议,先开办航空工程学校。这一建议得到了党中央的批准。1941年初,中央军委筹建"第十八集团军工程学校",王弼被任命为工程学校校长。1941年秋,工程学校与其他几所学校一起并入抗日军政大学,组建第三分校。王弼改任抗大三分校训练部工程科主任,负责工程队的教学训练工作,为八路军培养工程兵技术人才。

1943年11月,王弼改任中央军委作战部空军组组长。负责调查、搜集各条战线上的航空人才情报,为未来建设航校、组建空军奠定人才基础。与此同时,王弼还兼任了延安机场建筑工程处处长,负责延安机场的改扩建工程。

1945年抗日战争胜利后,8月28日,朱德总司令召见王弼,向他传达了党中央决定在东北组建航校的指示。8月30日,刘少奇也召见王弼,正式向他下达了带领一批航空人才去东北接收日军器材、人员、场地,并组建航空学校的命令。王弼于9月中旬带领延安第一批赴东北组建航校的人员出发,原计划是从延安到张家口转乘飞机飞赴东北,但因战事变化，王弼不得不暂时留在张家口，主持晋察冀张家口航空站的工作。在国民党起义飞行员蔡云翔从东北驾驶飞机来到张家口后，王弼才找到机会坐飞机赶到东北。1946年1月，与第三批赴东北的常乾坤等人会合后，王弼与常乾坤进行了分工，由常乾坤带领航校组建人员前往通化，自己则带领另一部分同志抓紧时间赶赴吉林和黑龙江，调查各地机场情况，为航校选定校址以及训练机场。期间，王弼与部分同志几乎跑遍了东北30余座城市的70多个机场，在勘察各地机场条件的同时，还为航校搜集到了大量可以修理使用的飞机、航材以及燃油。

1946年3月，东北民主联军航空学校在通化成立，王弼被任命为政治委员。航校成立不久，东北局势恶化，被迫向牡丹江转移。在艰苦条件下，王弼除了领导学校开展各项建设外，还亲自为文化程度相对较低的学员补习文化知识。与此同时，王弼还牵头成立了航校机械技术研究会，并担任研究会的主任，组织航校各科教员编写了30余种教材。1946年底到1947年初，航校经历了建校历史上最为艰难的一段时期，飞行训练出现了几次事故，导致数位飞行教员牺牲，内部也发生了"吴树声叛逃"事件。"东总"调马文到航校担任政委，王弼改任航校第二政委。在马文、王弼、黄乃一等人的主持下，航校在1946年冬开展了一次规模较大的整风运动。经过这次整风运动，航校上下实现了广泛团结，提高了思想认识与政治觉悟，并建立了航校教员、学员的政治审查制度。

1947年春季之后，航校的各项工作逐渐步入正轨。1947年9月，在中共中央东北局和"东总"的指示下，航校的领导班子进行了调整。"东总"参谋长刘亚楼兼任航校校长，东北军政大学政委吴溉之兼任政委，王弼改任副政委，负责航校日常思想政治建设工作。在王弼的领导下，到1947年冬季停飞前，航校机关、直属队及学员队都建立起了党组织。1947年冬，根据中央军委开展"三查三整"运动的要求，航校在吴溉之、王弼的领导下开展了整风运动，对航校存在的急于参战、强调外援、重实际轻理论、重飞行轻机械的思想倾向进行了纠偏。

1948年春，东北的形势有了很大改观，除长春、沈阳、锦州等大城市外，东北大部分地区都已经解放。1948年1月，东北民主联军更名为东北人民解放军，原东北民主联军航空学校也随之改名为东北人民解放军航空学校。常乾坤与王弼分别担任副校长与副政委，主持航校的各项日常工作。1948年3月，航校本部迁回牡丹江。1948年8月，王弼与常乾坤先后两次向东北军区和党中央汇报航校工作中取得的成绩及面临的困难，希望党中央能够想办法帮助航校增加一批急需的各型教练机及航空燃油。针对航校上下出现的急于求成的情绪，东北军区领导召见了常乾坤、王弼等人，再一次强调了航校"短小精悍，持久延长"的办学方针，并要求航校做好随东北野战军解放东北，接收各地国民党空军飞机、人员、设备的准备。

1949年3月，王弼与常乾坤赴西柏坡向党中央汇报航校工作。毛泽东指示王弼与常乾坤"多培训人员，积蓄力量，为创建空军做准备"。1949年3月底，中央军委组建航空局，任命常乾坤担任航空局局长，王弼担任航空局政委，同时继续兼任航校原职务。航空局成立后，按照中央军委的要求，将工作重点放在接收和接管国民党空军航空人员、器材、设备方面，并组建了各军区航空处。1949年5月，王弼等向华北军区建议，请求批准接管华北地区的国民党民航公司，以发展民航事业。在得到批准后，航空局先后开辟了多条民用航线。

1949年7月，为了组建人民空军，中央军委指示拟任空军司令员刘亚楼率领王弼、吕黎平等人赴苏联协商洽谈购买飞机等事宜。出发前，王弼与吕黎平拟定了一份希望苏联方面提供协助的事项清单，得到了党中央的批准。1949年8月1日，刘亚楼、王弼、吕黎平等人从北平出发，于8月11日抵达莫斯科。经过三轮会谈，与苏联方面就援助空军等事项达成了协议。

  1949年11月，中国人民解放军空军成立，王弼被任命为空军副政委兼空军工程部部长。1951年，王弼改任空军副司令员。在空军政治建设和机务部队的建设上做了大量基础工作，直接参加了组建新航校，支援抗美援朝等工作，为抗美援朝战争的胜利做出了重大贡献。1952年1月，王弼转业，担任新成立的航空工业局副局长兼总工程师。先后参与了筹组航空工业局机关、接收原空军所属的沈阳、南昌、哈尔滨等地飞机修理厂等一系列工作。在分管航空教育工作后，王弼领导筹建了全国各大专院校航空系的合并调整工作，领导组建了北京、西安、南京三所航空学院。1956年，国务院成立科学规划委员会，王弼担任委员会下设航空组的副组长。之后，王弼长期在我国航空工业战线担任领导职务，为中国航空、航天事业贡献出自己的力量。

吕黎平

（原东北老航校训练处处长，沈阳军区空军副司令员）

吕黎平

吕黎平原名吕继熙，1917年1月30日出生于江西省兴国县新圩乡下汶村一户贫农家庭。吕黎平的父亲在吕黎平10岁时，因欠地主债务无法偿还吞鸦片自杀。之后吕黎平一直随母亲生活。12岁时，吕黎平进入兴国县吉和祥杂货店做学徒工。1930年，吕黎平离开杂货店想参加红军，因年纪太小而未能如愿,转而返回家乡参加农村土地革命,在新圩乡担任乡少先队负责人。1931年,吕黎平在新圩乡加入中国共青团。1932年,在兴国县担任县少先队总队长的吕黎平被选派赴瑞金中国工农红军军事政治学校(红校)学习。1932年5月,吕黎平到瑞金红校报到后,被分配到政治营九连三排九班当战士,其间,吕黎平参加了瑞金机场的修建工作。1932年7月,吕黎平加入了中国共产党。1932年11月,从红校毕业后,吕黎平留在红校政治部青年科工作。两个月后,吕黎平被调到中央红军总参谋部,担任叶剑英的机要秘书。之后吕黎平又被调到中央军委作战科当参谋。从1934年初至1935年7月,吕黎平一直在中央军委第一局作战科工作。

1934年9月,吕黎平随中央军委开始长征。1935年7月,吕黎平随叶剑英等一起,作为抽调干部,从红一方面军补充到红四方面军,担任作战科副科长。1935年9月9日,在作战科值班的吕黎平接到张国焘给陈昌浩的复电,复电中有"劝毛、周、张抛弃毛儿盖方案,同右路军回头南下。如果他们不听劝告,应监视其行动,若坚持北进,则应开展党内斗争,彻底解决之"等语。吕黎平将电文内容向叶剑英做了汇报。叶剑英依靠吕黎平提供的当时唯一一份陕甘地图,离开红四方面军随同毛泽东等一起继续北上。1935

年9月下旬，吕黎平随红四方面军指挥部走出草地。1936年2月，红四方面军在徐向前等人的指挥下离开川康地区，翻越党岭山，继续北上。1936年4月，红四方面军北上受阻，被迫南下重返草地。在进行整编之后，吕黎平随陈昌浩一起赴红三十军，在甘孜城开展训练，等待红二、六军团与红四方面军会合。1936年7月，吕黎平随红四方面军继续北上并再次翻越草地，于同年10月抵达会宁。随后，吕黎平又随红四方面军主力组成的西路军参与了西征，于1937年3月调任西路军总指挥部第三局情报科科长。西路军西征失败后，吕黎平随李卓然、李先念领导的红三十军及总部机关人员组成的左支队行动，向西突围。在突围途中，吕黎平带领三局的参谋一度修复了左支队唯一一部电台，与远在陕北的党中央取得了联系，后因发电机所需汽油耗尽，左支队与党中央完全失联。1937年4月，吕黎平随左支队一起走出祁连山区进入新疆。左支队突围前共有1000余人，从祁连山区突围后，尚余700余人。1937年4月24日，左支队抵达安西城附近。当时因情报有误，左支队误以为安西城只有200余人的民团驻扎，所以想攻克安西城进行休整。战斗打响之后才发现，安西城驻有马步芳的两个骑兵团。左支队寡不敌众，经王家围子向西撤退，于26日下午在红柳园子一带被包围。最后，随西路军工委向星星峡方向突围的西路军战士,包括吕黎平在内只剩50余人。

西路军左支队突围至星星峡后,与中共中央驻新疆办事处负责接应西路军的陈云与滕代远会合。之前部分被打散的西路军干部、战士100余人也分别突围至星星峡。1937年5月1日,集中在星星峡的西路军干部、战士共300余人。陈云向西路军干部、战士介绍了新疆的形势,并传达了党中央的指示,"进入新疆内地,利用统一战线的特殊环境,保存和发展我们的力量",同时,陈云也提醒西路军干部、战士,在新疆要提高警惕,坚持原则,谨慎行事。在经过短暂休整后,吕黎平随西路军余部于1937年5月3日乘坐卡车向迪化进发。

抵达迪化后,吕黎平等人将红军军装改换为盛世才军队的服装,统一进驻迪化市东门外的一处军营,对外称新兵营。搬入新兵营营区后,陈云、滕代远与李卓然、李先念等人商议,将西路军余部编为四个大队,每个大队下辖三个排、每排下辖三个班。60余名连、营、团级干部编为一个干部队,由陈云直接领导。干部队队长为潘同,吕黎平担任干部队党支部书记。

新兵营成立后,陈云认为可以利用盛世才对新疆军队进行现代化改革的机会,培养我军自己的军事技术人才。在暂时未收到党中央指示之前,新兵营的干部、战士应抓紧一切时间进行军事技术学习，使新兵营成为一所培养红军人才的学校。为了给大多没有什么文化基础的干部、战士补习，各大队都挑选了一些受过正规教育的干部、战士担任教员。吕黎平有在抗大学习的经历，因此也担任了三大队语文初级班教员。经过近半年的突击补习，新兵营干部战士的文化素质有了极大的提高，基本实现了全员脱盲，多数干部、战士识字数量超过3000个，数学、物理知识达到高小或初中水平，为进一步学习军事技术与政治理论打下了坚实基础。

1937年秋，新兵营干部、战士完成了文化理论学习，转入军事技术学习。按照陈云与盛世才的"约定"，新兵营第一、第二、第三大队200余人学习汽车驾驶技术，第三大队在掌握汽车驾驶技术后，再学习装甲车驾驶。第四大队100余人则学习炮兵技术。干部队伍重点学习军事学与政治理论，之后又从中选拔了20余人学习无线电通信技术及军医技术。同时，陈云等人又在新兵营党员干部中选拔了部分政治可靠、身体条件较好的人员加入新疆航空队学习飞行与机务。吕黎平被选中学习飞行。

1937年11月，陈云返回延安工作，并将新兵营的选拔学习计划向党中央做了汇报。1938年1月，党中央电告接替陈云在新疆工作的邓发，同意陈云从新兵营中选拔人员加入新疆航空队学习飞行的建议,并决定从延安选拔部分学员赴迪化,与新兵营选拔人员一起加入新疆航空队。1938年2月下旬,延安选派的学员来到迪化,与新兵营选拔人员一起经过体检、考试,正式加入新疆航空队。吕黎平被任命为飞行班班长,并担任学员党支部书记。1938年3月初,新疆航空队飞行班第三期与机械班第二期正式开班,除极个别当地学生考入或盛世才选派加入的学员之外,新疆航空队飞行班第三期与机械班第二期的学员几乎都是来自新兵营和延安的我党我军学员。经过一段时期的基础理论学习及带飞后,吕黎平与方子翼首批放了单飞。1938年10月,吕黎平等24名飞行班学员完成了Y-2轻型教练机的飞行训练科目,转飞P-5型侦察轰炸机。1941年初,苏联援助新疆航空队数架伊尔-15与伊尔-16型战斗机。吕黎平被选为首批改装训练的飞行员之一。1941年秋,按照计划,吕黎平等人在完成了全部训练科目后,应于9月毕业。按照中共驻新疆代表处与盛世才达成的协议,吕黎平等人应被授予上尉军衔,加入新疆航空队,领取丰厚的薪水。但为了锤炼自己的飞行技术,吕黎平等人推迟毕业和授衔,又经过近半年的训练学习,于1942年4月毕业,正式加入新疆航空队。

1942年7月,盛世才逐渐暴露出背叛革命的真面目。

吕黎平等在新疆航空队的我党人员被禁止飞行，且离开航空队单独居住。1942年9月10日，负责中共驻新疆办事处工作的陈潭秋通知吕黎平，经党中央批准，决定新疆航空队的同志从迪化赴苏联，待国内条件成熟之后再转回国内。并告知吕黎平，赴苏联的时间定在1942年9月20日。1942年9月17日，吕黎平等人突然接到盛世才的通知，要集中在一起的新疆航空队同志到迪化督办公署听其"训话"。吕黎平等人此时已经无法与陈潭秋取得联系，迫不得已只好前往迪化督办公署。下午3点左右，在迪化督办公署等待盛世才"训话"的吕黎平等人突然遭到软禁，并被连夜转移到迪化南梁招待所。在南梁招待所，吕黎平等人尚未遭到严格看押，吕黎平与金生利用看守不严的机会，多次离开南梁招待所寻找迪化党组织，在无法与党组织取得联系的情况下，吕黎平向新疆航空队的苏联顾问李作古布请求帮助。1943年1月，吕黎平从李作古布那里得知，他们被软禁的消息已经通过苏联驻迪化领事馆转告给了中共中央，暂时未接到中共中央回电，另外，陈潭秋等人也被盛世才囚禁，下落不明。之后，苏联驻迪化领事馆关闭，吕黎平等人再也无法与新疆内外的共产党组织取得联系。

1943年2月，吕黎平等人被转移至迪化郊外刘公馆看押。1944年9月，盛世才离开新疆，同年11月，吕黎平等人又从刘公馆被转移至迪化市第二监狱囚禁。在这里吕黎平等人与狱中党组织负责人张子意取得联系，采取绝食等方式与国民党展开抗议斗争。1945年秋，张治中被派往迪化负责控制新疆局势。张治中到迪化之后，吕黎平等在狱中的共产党人的生活条件有了一定的改善。经多方营救，1946年5月，吕黎平等100多名中共干部、战士在经历了4年的囚禁之后终于得到"释放"，在张治中派人护送下，返回延安。

1946年7月，吕黎平等人抵达延安。朱德总司令与其他中央首长亲自到延安七里铺迎接。当时党中央计划让从新疆返回的同志在延安休整三个月，但形势的发展已经没有时间留给吕黎平等人休息。7月下旬，中央军委作战部部长李涛找吕黎平等原新疆航空队的同志谈话。吕黎平从李涛处得知，去年秋天，中央已经派常乾坤、王弼等同志赴东北组建人民空军第一所航空学校。1947年3月，东北航校已经在通化正式组建，现有缴获的飞机几十架，学员数百人。李涛向吕黎平等人传达了党中央的指示，"创建人民空军事关长远大局。中央领导同志下了很大决心，战局再紧，困难再多，筹建空军的工作一日也不能拖。望同志们以大局为重，做好去东北的充分准备，一旦令下，即刻出发"。1947年7月23日，吕黎平与刘善本等原国民党起义飞行员见面。刘善本提出希望与原新疆航空队的同志一起赴东北航校，并建议将起义驾驶的 B-24 轰炸机进行改装，足以供 30 余人搭乘，可以直接将吕黎平等人一起送至东北航校。但该计划因国民党空军空袭延安，炸毁了原定改装的 B-24 轰炸机而不得不放弃。之后，吕黎平等人一直在延安等待赴东北的机会。1947 年 9 月上旬，吕黎平等人得到中央军委的正式批准，计划于 9 月 20 日与刘善本机组一起，从延安出发，经张家口从热河方向去东北。渡过黄河后，因张家口地区战事吃紧，一行人改变计划，于 12 月进入山东。经德州、惠民、广饶等地，在 12 月 23 日抵达胶东军区总部所在地掖县，胶东军区司令员许世友热情接待了吕黎平等人。许世友告知吕黎平，当前山东战事焦灼，一行人不能耽搁，要马上赶往烟台，从烟台坐船渡海去大连。12 月 27 日，吕黎平等人抵达烟台，在胶东军区派出的一个步兵营兵力的护送下，分乘三艘轮船渡海前往大连，于 12 月 28 日抵达大连。

　　1947 年元旦后，吕黎平、刘善本等人从大连乘船到朝鲜南浦登陆转乘火车，经平壤、清津，转道吉林省图们入境。在哈尔滨度过春节后，一行人乘火车抵达牡丹江。当时东北航校本部已经迁往东安。吕黎平等人又顶风冒雪赶到东安，向航校领导报到。原新疆航空队的同志抵达航校后，极大地充实了航校的队伍。航校领导将吕黎平等原新疆航空队飞行员编入飞行教员队,计划1947年春天在五道岗机场恢复飞行训练,吕黎平被任命为飞行教员队队长。1947年4月初,吕黎平等人在五道岗开始飞行训练。在经过三个飞行日的带飞训练后,吕黎平与方子翼、夏伯勋首批单飞了"九九"式高级教练机,并于1947年6月顺利完成了全部"九九"式高级教练机的训练计划。按照"东总"的指示,东北航校于7月对飞行队进行了调整,撤销飞行大队,成立三个飞行队以及一个改飞日制"隼"式战斗机的飞行班,吕黎平是改飞"隼"式战斗机的八人之一。

1947年7月下旬,"隼"式战斗机飞行班进驻汤原机场。8月中旬,吕黎平在训练时遭到国民党空军飞机的袭击,吕黎平沉着应对,驾驶没有安装武器的"隼"式战斗机安全返航。1947年9月,在经过两个多月的紧张训练后,吕黎平等人完成了"隼"式战斗机的全部训练科目。10月初,吕黎平等人返回东安。1948年春,航校在结束冬季停飞后继续开展飞行训练。1948年夏,吕黎平受命对东北解放区30多个日伪时期修建的机场进行为期一个多月的实地考察。1948年9月,东野总部召集航校中层以上领导集中开会,决定航校近期的工作除了继续开展各项训练教学之外,还要抽调人员组成接收组,随东北野战军进入沈阳、长春、锦州等大城市,接收原国民党空军人员、设施、设备。吕黎平作为沈阳接收组组长于11月4日抵达四平,11月5日进入沈阳。在沈阳,吕黎平领导接收组,接收一座氧气生产工厂、十余辆大中型汽车及100余桶汽油。11月下旬,吕黎平随东野南下参加平津战役。东野12月攻克北平南苑机场后,吕黎平等人在机场缴获接收了数架经简单维修即可起飞的P-51战斗机以及B-25轰炸机。1949年1月北平解放后,吕黎平又接收了北平城内的数架飞机,包括一架C-47运输机以及两架PT-19初级教练机。这批飞机成了日后我军成立首个飞行作战部队——北平混合航空队的基础,也是开国大典上飞行受阅部队的主要飞机。1949年3月,中央军委成立航空局,调东北航校副校长常乾坤与副政委王弼任航空局局长与政委。吕黎平返回航校任训练处处长,主管全校的训练工作。4月上旬,中央军委指示航空局,立即着手准备对原国民党空军的接收改编工作。吕黎平受命返回北平,准备南下参加对南京国民党空军的改编,并担任华东军区航空处处长。1949年4月24日,吕黎平与刘善本一起飞赴徐州,因天气原因,飞机迫降济南,之后二人又于25日乘火车赶到徐州,于28日抵达南京展开接收改编工作。

1949年7月上旬,吕黎平受命返回北平。党中央原计划让吕黎平与刘善本一起参加中国新民主主义青年代表团，于8月赴布加勒斯特。后中央军委又要求吕黎平随同刘亚楼一起赴苏联商谈组建人民空军的相关事宜。在赴苏联之前，吕黎平与王弼初步拟定了人民空军的建军计划，报中央军委批准后，作为与苏联商谈援助的基本草案。

1949年8月1日，刘亚楼、王弼、吕黎平等人从北平乘火车出发，于8月11日抵达莫斯科。1949年8月12日，刘亚楼、王弼、吕黎平作为中方代表与苏方展开会谈。8月18日，中苏双方草签协议。在等待苏联高层正式批准协议期间，吕黎平随同刘亚楼在苏联各地考察苏联空军部队及航空院校。10月5日，苏联正式批准了协议，刘亚楼、吕黎平于10月7日从莫斯科出发返回国内（王弼因工作原因先期回国）。

10月24日，苏联专家抵达北京后，吕黎平带领苏联专家考察了适合组建空军航校的校址。10月30日，在空军组建后的第一次会议上，吕黎平被任命为空军第四航校校长。1959年4月，吕黎平被任命为空军第一军首任军长。

方子翼

（原东北老航校一大队政委，广州军区空军副司令员）

方子翼

方子翼，原名方泰兴，1917年1月出生于安徽省金寨县果子园乡一户贫穷农家。尽管家境贫寒，但方子翼的父亲方履端还是想办法让方子翼在本村私塾接受了五年教育。后因战乱，私塾停办，方子翼辍学。1929年5月，在中共商罗麻特委的领导下，打入民团内部的中共党员周维炯率领部分士兵起义，金寨各地的农民也发起了武装暴动，迅速解除了当地民团的武装，并成立了中国工农红军第十一军第三十二师，由周维炯任师长，徐其虚任党代表。方子翼的父亲方履端与方子翼的几个叔父都参加了农民武装暴动，方子翼也参加了本乡的儿童团。1929年底，尚不满13岁的方子翼提出跟随在南溪游击队工作的叔父方履正参军，但因年龄太小而未能成行。1930年初，在县苏维埃政府工作的叔父方履平回乡探亲，方子翼又提出要参加革命，在方履平的介绍下，方子翼加入了县苏维埃政府交通队，当通信员。

1930年3月，红三十二师学兵团进驻汤家汇集训，方子翼被县苏维埃政府推荐入伍，在学兵团第三区队九分队二十七班当学员。红三十二师学兵团每期集训时间为两个月，学员大部分来自前线，完成集训后就返回原部队担任基层领导职务。方子翼加入学兵团时，当期集训已经进行了一个月，方子翼由于身体条件不好，又没有当兵经验，在集训结束时因队列动作、战斗动作不达标被发放了"裁军证"。方子翼只得回到县苏维埃政府交通队继续当通信员。在得知红一军在南溪黄鹤湾有征兵留守处后，方子翼又与同伴一起赶到红一军留守处，向留守处的领导表达了参加红军的迫切愿望。留守处的领导见方子翼言辞恳切，为人机灵，就留下了方子翼在战士队一班当战士。由于在家读过五年私塾，方子翼是当时红军中难得的"知识分子"，尽管年纪较小，方子翼还是担任了识字班班长，帮助全班50余人脱盲，受到领导的表扬。

1930年10月，方子翼加入了中国共产党。因文化水平相对较高，方子翼入党后就被调到皖西军委会参谋处收发科当科员。1932年9月，红四方面军反围剿失利，皖西军委会机关转移，转移前进行了机构精简，方子翼第二次领到了"裁军证"。方子翼不甘心离开革命队伍，他也坚信自己有能力为革命贡献自己的力量。被裁后的方子翼没有返回家乡，而是跟在军委会机关后面一起转移。和军委会失散后，方子翼历尽千辛万苦于10月1日在湖北英山地区追上了红四方面军主力。在寻找皖西军委会的过程中，方子翼无意间闯到了红四方面军指挥部，见到了红四方面军总指挥徐向前。徐向前听闻方子翼的经历后大为感动，特批准方子翼到红十师参军入伍。方子翼第三次参军，被分派到红十师第30团政治处组织科当干事。

1932年10月，红四方面军进入四川。红十师被扩编为红四军，人员也做了相应调整。方子翼从红四军调到了红三十军88师，担任师长熊厚发的秘书。1934年6月，方子翼被调到88师政治部工作，先是担任青年股股长，1936

第七章 | 东北老航校主要领导、教员及优秀学员小传（上） ★

年6月，红四方面军在长征中第三次越过雪山草地时，方子翼调任红三十军政治部青年科科长。在红四方面军与红一方面军会师后，红三十军、红五军以及红九军组成西路军向西进攻，尝试打通陕甘到新疆的道路。西路军西征失败后，方子翼随李先念领导的红三十军及总部机关人员组成的左支队行动。于1937年4月撤入新疆星星峡。在陈云、滕代远等人的接应下，西路军余部于5月进入迪化。当时新疆军阀盛世才表现出倾向革命的假象，骗取了中共的信任。撤入新疆的西路军余部更换为盛世才的部队装束，对外称"新兵营"留在迪化。按照中共与盛世才达成的协议以及陈云的设想，"新兵营"将利用盛世才手中的资源，成为培养我军技术兵种的"军校"。当时新兵营分为四个大队以及一个干部队。按照计划，第一、第二、第三大队学习汽车驾驶（第三大队在完成汽车驾驶训练后学习装甲车驾驶技术），第四大队学习炮兵技术，方子翼所在的干部队则进行军事政治理论学习。但方子翼认为，炮兵是未来陆战的主要技术兵种，因此主动找到政治部主任李天焕提出要学习炮兵技术。

在加入四大队学习炮兵技术之后仅两个月，方子翼等学员就完成了原计划需要一年的各种训练课程，在毕业实弹考核中，方子翼的成绩优异。之后方子翼又被选中加入新疆航空队学习飞行。尽管组织上安排方子翼学习飞行，但方子翼担心自己文化程度低，不能完成党中央托付的重任，思想上出现了畏难情绪。为此，陈云亲自找方子翼以及金生两个青年干部谈话，陈云指出，方子翼作为青年科长，作为政工干部，应起到模范带头作用，服从组织安排。之后接替陈云负责中共驻新疆办事处工作的邓发也在会议上不点名地批评了方子翼等人不服从组织安排的行为，这让方子翼认识到了自己的思想错误。他暗下决心，一定要将飞行学好，不辜负党中央的重托。

1938年3月初，方子翼与吕黎平、金生等人一起加入了新疆航空队。方子翼被分配学习飞行，进入航空队飞行班第三期做学员。飞行班课程从基础理论讲起，尽管在飞行班开班前，包括方子翼、吕黎平等人在内的新兵营干部、战士进行了一段时期的集中文化学习，但是很多学员在面对航空理论知识时仍然感到束手无策。为了早日攻克课业难关，除了在教室利用一切时间学习外，方子翼还用自己仅有的津贴去书店买来初中物理、数学教材，又买了一个手电筒，在宿舍熄灯后躲在被子里继续学习。因成绩较好，方子翼还被航空队党支部指定帮助成绩较差的王聚奎。经过两个月的学习，包括王聚奎在内的所有飞行班学员全部通过了基础理论知识的考核。从1938年4月开始，飞行班逐渐开始飞行训练。方子翼的驾驶技术比较过硬,他与吕黎平是飞行班中最早放单飞的学员。1938年10月,在完成了初级教练机的全部训练科目后,方子翼等人转飞P-5型侦察轰炸机。经过一段时间的训练,方子翼等人也掌握了速度更快的P-5侦察轰炸机的飞行技术。此后,方子翼等人因盛世才与中共、苏联三方的矛盾一度停飞。直到苏联方面向新疆航空队提供了数架伊尔-15与伊尔-16战斗机后,方子翼等人又被选中作为首批改飞伊尔-15与伊尔-16战斗机的飞行员,于1941年复飞。

1942年4月,推迟半年毕业以便更多积累飞行经验的方子翼等人从新疆航空队飞行班第三期毕业。按照中共与盛世才达成的协议,方子翼等人正式加入新疆航空队第三大队。1942年7月,盛世才逐渐暴露出背叛革命的真面目。在新疆航空队的我党飞行员被全部停飞。9月17日,新疆航空队的同志又遭到软禁,失去自由。直到1946年5月,方子翼等人才在多方营救下离开新疆,于1946年7月回到延安。

抵达延安后,中央军委以新疆航空队为班底成立了八路军总部航空队,由方子翼任队长,严振刚任政治委员。当时常乾坤、王弼等原八路军总部航空组的人员已经赴东北创办航校,并于1946年3月在牡丹江正式开学。中央军委计划派八路军总部航空队的同志赴东北加入航校,在启程时机尚未到来之前,八路军总部航空队在方子翼、严振刚等人带领下积极复习航空理论知识,研究飞行技术,为重返蓝天做准备。1946年9月,方子翼等人与起义的原国民党空军刘善本机组一起经张家口南下山东,自烟台乘船赶赴大连。到大连后,一行人又乘船在朝鲜登陆,转乘火车,经平壤抵达吉林图们入境。最终在1947年1月前后抵达东北民主联军航空学校暂住地东安。在方子翼等人到达航校之后,航校的组织架构进行了调整,方子翼等原在新疆航空队有过飞行经验的同志被编入飞行教员队首批展开训练。当时航校仅有的几架初级教练机因出现事故而全部停飞,方子翼等人开创性地越过了初级教练机和中级教练机阶段,直上高级教练机取得成功,方子翼、吕黎平等人更是第一批放了单飞。在完成教练机的全部训练科目后,1947年夏,方子翼作为政治可靠、技术过硬的飞行业务尖子被选入改飞"隼"式战斗机的战斗班,航校的"隼"式战斗机班的8名飞行员也是真正意义上第一批由我党培养的战斗机飞行员。

  1948年夏,方子翼被任命为航校飞行一大队政治委员。但方子翼酷爱飞行,在航校有"技术迷"的称号。航校利用缴获的国民党空军P-51战斗机成立了一个战斗技术训练大队,为了能继续飞行,方子翼辞去了飞行一大队政委的职务,改任飞行主任教员,转飞 P-51 战斗机。在完全掌握了 p-51 战斗机的驾驶技术之后,方子翼又将自己的驾驶技术和经验倾囊相授,培养出了刘玉堤、王海等日后在朝鲜战场上立下赫赫战功的优秀学员。

1949 年 11 月,中国人民解放军空军正式成立前夕,方子翼受命进京领受了新的任务,到济南筹建第三驱逐机航校,并担任校长。在时任山东军区司令员许世友的支持下,方子翼排除万难,确保了第三航校于 1949 年 12 月 1 日如期正式开学。后第三驱逐机航校改名为第五航空学校,方子翼继续担任校长。尽管航校领导工作极为繁忙,但方子翼始终秉持着接受任务时向刘亚楼司令报告的承诺:先当学员,再当校长,亲自向苏联专家请教飞行技术,亲自改飞苏制战斗机。1950 年 3 月 28 日,空军在北京召开第二次各航校校长会议,方子翼是唯一一个自己驾驶雅克-18 战斗机赴京的航校校长,受到了刘亚楼的点名表扬。1950 年 6 月 18 日,方子翼再一次接受了新的任务,从济南到南京参加组建人民空军第一支航空兵部队——空军第四混成旅,并担任第四混成旅第十一驱逐机团团长。在刚刚完成部队组建后,7 月 25 日,刘亚楼又调方子翼去沈阳筹建空军第三驱逐机旅。10 月 5 日,空军第三驱逐机旅正式成立,方子翼任旅长。10月24日，原第四混成旅下辖的两个驱逐机团从上海移防至辽阳，刘亚楼在这两个团的基础上又组建了空军第四驱逐机旅，方子翼又被任命为空四旅旅长。11月5日，空军对作战部队编制进行了调整，各作战旅升格为作战师，方子翼被任命为空四师师长。两天后，方子翼接到空军司令员刘亚楼的命令，空四师要做好入朝作战的准备。1950年12月4日，空军司令部正式向空四师下达了作战命令。空四师各团以大队为单位进驻安东机场进行实战锻炼。1951年1月21日，在方子翼的指挥下，空四师第十团第二十八大队在大队长李汉的率领下迎击来犯之敌，取得志愿军空军首胜。

在抗美援朝战争中，空四师在方子翼的领导下五次轮战，共出动战机4000余架次，其中空战900余架次，取得了击落击伤美军飞机88架的傲人战绩，涌现出李汉、张积慧、邹炎等著名战斗英雄。

朝鲜战争结束后，方子翼被任命为空二军副军长兼安东地区防空军指挥所副司令。1955年，方子翼被授予少将军衔，1956年，方子翼升任空二军军长。1959年4月调任北京军区空军副司令员兼军训部部长。1979年，方子翼调任广州军区空军副司令员，是对越自卫反击战中我空军的主要指挥员之一。

第八章

东北老航校主要领导、教员及优秀学员小传(下)

刘善本

（原东北老航校副校长，中国人民解放军空军训练部副部长）

刘善本

刘善本，1915年1月出生于山东省昌乐县高岩乡。六岁在家乡读小学，1929年高小毕业后入县立初中读书。九一八事变后，刘善本积极投身抗日爱国运动，参加了学校师生组织的游行活动。1932年，刘善本初中毕业，考入北京大学附属中学。当时北京大学的反帝大同盟十分活跃，刘善本在课堂内外接触到了很多进步思想，这为他日后走上革命道路打下了基础。1935年，刘善本高中毕业后决定从军报国，考入了国民党空军航空学校，之后在南京小营国民党中央陆军军官学校进行了为期一年的军人素质以及陆军知识学习。1936年，刘善本转入国民党空军中央航空学校洛阳分校进行初级飞行训练。1937年3月，又转入杭州笕桥国民党中央航空学校总校进行中级飞行训练。

在偶然的机会中，刘善本在外文杂志上读到了美国记者斯诺对毛泽东的采访记录。在这份采访记录中，刘善本第一次接触到了中共的抗日民族统一战线思想，见识到了共产党人对取得抗日战争最终胜利的坚定信心。刘善本怀着无比激动的心情，将这篇采访记录译成中文，投寄给了《大公报》。之后，刘善本又得知自己的亲友中有人参加了八路军，在与亲友的通信中，刘善本逐渐对共产党及共产党领导的革命军队有了全新的认识。

1937年8月，日军进攻上海，国民党空军中央航校迁至南昌，后又转移到湖北孝感。最后分散搬迁到广西柳州和云南昆明。在此期间，刘善本先是编入高级飞行驱逐机组，之后又转入轰炸科学习。1938年底，刘善本从国民党空军中央航校第八期轰炸科毕业。被分配到成都凤凰山轰炸总队六中队担任准尉见习员。1939年1月，刘善本又在成都接受了攻击机训练。1940年5月，国民党空军在成都成立第八大队，刘善本在第八大队担任中尉，接受苏制DB轰炸机训练。

1941年国民党空军第八大队奉命撤退至兰州，飞机被安排到新疆安西机场隐蔽，飞行员则在兰州待命。刘善本所在的第八大队一度陷入无机可飞的窘境。刘善本报国无门，十分苦闷。1943年初，刘善本参加了青海、玉树、昌都航线的试飞工作。同年秋，国民党计划借助美国租借法案，以第八大队为基础，组建一支美式轰炸机部队。刘善本等24名飞行员随即赴美接受B-24远程轰炸机训练。刘善本到美国后，先后在四所美国航校进行学习训练，在练就高超驾驶技术的同时，刘善本刻苦钻研领航知识，因提出对领航计算尺进行改革的建议而获得圣地安娜航校两千美元奖金。圣地安娜航校原打算留刘善本在航校任教，但刘善本一心学好飞行技术回国抗日，在经过1年多的学习后，刘善本被编入新组建的国民党空军第八大队第三十五中队担任上尉机长。同年5月，刘善本等人驾驶B-24轰炸机取道印度回国。

抵达卡拉奇后，抗日战争已近胜利，刘善本等人接到国民党空军暂缓回国的命令。在卡拉奇期间，刘善本曾私下阅读过英文版《红星照耀中国》，书中对中共救国主张的

第八章 | 东北老航校主要领导、教员及优秀学员小传（下）

介绍令刘善本看到了民族解放富强的希望。日本投降后，刘善本所在的第八大队接到命令于 10 月 15 日归国，驻防上海。在上海期间，刘善本偶然在书摊上买到了《新民主主义论》，这让他再次坚信，只有中国共产党才能领导中国人民得解放，只有去延安才能真正走上救国救民的道路。经过长期的思想斗争，刘善本终于下定决心，要驾驶飞机起义。

1946 年夏，刘善本被任命为第八大队上尉飞行参谋和"美玲号"专机机长。6 月 23 日，国民党空军第八大队受命将美军存放在昆明的设备空运到成都，执行此次飞行任务的飞机共计 7 架，刘善本当时担任大队作训参谋，不在计划的飞行员之列。刘善本认为，这是一次难得的机会，便以需要人掌握飞行气象为由，请求执行飞行任务。6 月 24 日，于前一天顺利抵达昆明的机组装载了共 6000 磅各类通讯器材，准备飞往成都。刘善本在起飞前，去昆明机场的气象台了解了飞行路线的气象条件。当时陕西、山西一带有大雨，无法从昆明直飞延安，只能飞张家口。刘善本试图改变飞行路线，先飞重庆，再飞成都，这样可以在张家口降落。但其他飞行员都不赞同这个计划。刘善本没有办法，只能随众人一起起飞，在成都新津机场降落。26 日，按计划，刘善本等人应从成都重新飞回昆明。在起飞前，刘善本遇到了成都无线电修造厂的副厂长陈泰楷，陈泰楷与刘善本是旧相识,希望能搭乘刘善本的飞机去昆明。刘善本当即应允,让陈泰楷上了飞机。起飞后,他把陈泰楷拉到后舱,告知陈泰楷,他和其他机组成员计划飞到延安去,陈泰楷不知所措,打算跳伞,被刘善本阻止。刘善本一个人回到驾驶舱后,又告知驾驶舱里的其他飞行员、领航员及机务人员,后舱不知什么时候"潜伏"了共产党,他们逼迫自己送他们去延安,否则他们就要炸毁飞机。驾驶舱里的其他人没有办法,只得与刘善本一起驾机飞往延安。

　　飞机在延安机场降落之后,延安卫戍司令部参谋处长苟良法受命接待了刘善本等一行人。在得知刘善本是为了反对内战而来,中共中央领导人都很高兴,在6月29日专门举行了欢迎晚会。7月9日,刘善本在延安广播电台发表广播讲话,呼吁国民党空军人员反对内战。8月2日,在得知刘善本驾机起义后,国民党空军出动了8架战斗机,将刘善本等人驾驶飞抵延安的B-24轰炸机摧毁。

　　当时中共尚没有组建空军,也没有飞机可以驾驶。但原八路军总部航空组的同志已经赶赴东北,建立起我党我军的第一所空军航校。刘善本积极表示,愿意去东北参加航校。在时机尚未成熟之前,刘善本一直在延安夜以继日地编写航空理论教材,为我党计划派往东北学习航空的同志讲授航空理论课程。1946年9月,刘善本与从新疆航空队返回延安的同志们一起,从延安出发,经张家口进入山东,从山东烟台渡海抵达大连。之后又从大连坐船进入朝鲜,转乘火车,经平壤抵达图们。在从图们向牡丹江前进的途中,刘善本被"东总"任命为航校副校长。1947年1月抵达密山安东地区后,刘善本立刻投入到东北航校的教学工作中。当时,航校的主要教员都是日本留用人员,语言不通导致学员学习进度缓慢。刘善本主动请求兼任教员,既讲授飞行理论课程,也亲自教授学员实际操作技术。当时航校教具、设备都很缺乏,刘善本利用自己在美国学习研究的经验,在很短的时间里就设计制作了飞行计算尺模型,并编写了《领航学》《仪表学》等课程教材。

刘善本到航校之前,航校的学科建设非常不系统,只能以现有的高级教练机及少量战斗机作为训练机型。刘善本在授课的同时,也主动抓学科建设,在他的建议和组织下,航校开出了气象学、仪表学、领航学等专门课程,在暂时没有运输机与轰炸机的条件下,刘善本还组织开设了一期航校领航班,为日后培养轰炸机驾驶员埋下了一批种子。

刘善本驾驶技术高超,也具备飞行指挥的能力,在航校工作期间除承担大量教学任务外,还经常执行"东总"下达的一些特殊任务。1947年8月,当时"东总"部队在南满作战急需作战地图,刘善本指挥日籍飞行教员长谷川等人出色地完成了空投作战地图的任务，受到了"东总"的表扬。1948年冬，辽沈战役打响，我军在锦州缴获了一架国民党空军的C-46运输机，航校派出的接收组同志尽全力维修这架飞机，但飞机很多零部件紧缺，无法更换。为了把这架飞机飞回航校，刘善本亲自赶到锦州，在座舱没有挡风玻璃无法密封的艰难条件下，在东北零下十余度的低温中将飞机飞回了航校所在地。

1949年2月，刘善本在经过组织考察后，正式加入了中国共产党。1949年夏，彭德怀指挥中国人民解放军第一野战军解放甘肃，当时西北地区只使用银元作为货币，第一野战军在当地采购补给时，由于携带的银元不足陷入困境。当时刘善本被从航校调入北平航空队，正在进行开国大典空中受阅部队的训练。已经调任航空局局长的原东北航校校长常乾坤紧急召见了自己的老同事刘善本，要求他驾驶C-46运输机将一批银元运往酒泉。刘善本带领自己的机组顺利完成了任务，将这批银元安全运抵酒泉。在酒泉，刘善本等人受到了彭德怀和王震的表扬，彭德怀给机组人员每人赠送了一支卡宾枪和一支手枪作为纪念。1949年9月21日，刘善本作为代表参加了中国人民政治协商会议第一次会议。1949年10月1日，刘善本作为开国大典空中受阅飞行部队运输机分队的领队飞行员，驾驶C-46运输机飞过天安门广场。1949年12月，刘善本被任命为新组建的第一航校校长。1950年6月，空军开始组建第一支航空兵部队——混成第四旅，刘善本被任命为混成第四旅副旅长。1951年，空军以混成第四旅第12团为基础组建空十师。空十师是当时空军仅有的两个轰炸机师之一，刘善本被任命为空十师师长。空十师组建后，刘善本积极带领全师干部战士钻研战术战法，空十师是人民空军最早开展夜战训练的航空兵部队。在抗美援朝战争中，刘善本指挥空十师进行了人民空军首次电子对抗作战，开创了照明轰炸新战法。抗美援朝战争结束后，刘善本历任空军军训部副部长，空军学院副院长等职务。1964年，刘善本晋升空军少将。

刘 风

（原东北老航校学生大队大队长 中国人民解放军第二航校校长）

刘风

刘风，原名陈彦，1910年4月出生于山东省招远县华山区陈家村一户贫苦农民家庭。刘风的父亲常年在东北做苦力，家里只有刘风的母亲带着两个孩子生活。刘风在家中排行第二，一直半工半读。1925年高小毕业后，15岁的刘风赴东北寻找自己的父亲,与父亲一起在吉林省汪清县小汪清沟居住。1931年九一八事变后,东北各地民众组织起多支共产党领导的抗日武装,后组成东北抗日联军。1932年初,东北抗日联军进驻汪清县。当时一位抗联干部张万林因工作关系经常住在刘风家中。刘风在与张万林的接触中,了解到很多中共抗日救国主张,对共产主义有了初步信仰。1932年7月,在张万林的介绍下,刘风加入了中国共产主义青年团。1933年,汪清县群众组织反日会,刘风被选为小汪清沟反日分会的会长,积极投身到抗日救国运动中。1933年5月,经中共东满特委书记童长荣介绍,刘风加入了中国共产党。1933年9月,刘风被任命为汪清县委巡视员。

1933年1月,汪清县以及延吉、和龙、珲春等地的抗日游击队在中国共产党的统一组织领导下合并为东满游击队。同年9月,东满游击队又整编为东北人民革命军第二军独立师,刘风在独立师二团工作。独立师二团的指战员基本都是来自原汪清县游击队的成员。1933年底到1934年初,东北人民革命军进行了一系列整编。刘风在1934年5月,被中共满洲省委推荐到莫斯科东方大学学习。

1934年9月,刘风辗转抵达莫斯科,进入东方大学学习。1935年1月,刘风曾利用学校放寒假的机会,在莫斯科斯大林汽车工厂实习，学习汽车驾驶。1935年4月，中共中央决定在莫斯科留学的中共干部中挑选一批学生进入苏联航空学校学习，刘风与王琏等人经审查合格，被确定为候选人。1935年8月1日，共产国际召开第七次代表大会，在莫斯科的刘风作为中国共产党的正式代表参加了共产国际大会。1935年9月，刘风、王琏等人进入苏联契卡洛夫航空学校学习飞行。1939年4月毕业后，刘风与王琏等人受中共委派前往新疆，计划加入新疆航空队。1939年5月抵达新疆后，刘风等共产党飞行员加入新疆航空队的计划受到盛世才的阻挠，只能在中共驻迪化办事处开办的航空训练班一边继续学习巩固飞行知识，一边等待机会。1940年9月，刘风接到中共中央电令，随同常乾坤、王弼一起返回延安。10月，常乾坤、王弼、刘风、王琏等人同批启程，安全抵达西安。在八路军驻西安办事处休整数日后，一行人于11月从西安出发，安全抵达延安。

1941年1月，在王弼、常乾坤的建议下，中共中央开始筹建工程学校。刘风参与了工程学校的筹建准备工作，随同王弼、常乾坤等人在安塞等地勘选校址。之后工程学校与其他教育机构合并为抗大三分校，工程学校改称工程队，刘风在工程队担任助教。1943年初，抗大三分校迁出延安。工程队合并到俄文学校，刘风又先后担任了工程队副队长、运输合作社主任等职务。1944年1月,刘风担任了南泥湾农场的主任,因工作出色,荣获了陕甘宁边区三级劳动奖章。中央军委航空小组成立后,刘风调入航空小组担任参谋。1945年9月,刘风与王弼、蔡云翔等6人作为筹建东北航校的首批人员从延安出发,经张家口前往东北。一行人抵达张家口后,王弼留在张家口筹建张家口航空站,刘风带队从陆路前往沈阳。在沈阳,刘风向东北局与"东总"报到后,就着手在东北各地搜集飞机及航材。由于刘风在苏联留学多年,俄语较为流利,因此,凭借这一优势,刘风多次与苏军协商,接收了大量原计划运回苏联或就地销毁的日伪军飞机及航材。"东总"接受了林弥一郎部队投降后,刘风也参与了对林弥一郎部队的接收整编工作。林弥一郎部队留在奉集堡机场的20余架破损飞机,也是刘风组织日籍地勤机械人员修好的。此外,刘风还与沈阳的苏军交涉获得了两架较为完好的教练机以及两架战斗机。东北民主联军航空队成立后,刘风被任命为副队长。

1946年1月,东北民主联军航空队改称东北民主联军航空总队,下辖一个民航大队及一个学生大队,刘风被任命为民航大队政委。不久,刘风又调任学生大队大队长,负责组织第一期飞行学员与机械学员的训练工作。

1946年2月,通化暴动期间,航空总队接到防暴通知,刘风负责机场警备工作。当时通化机场名义上有一个警卫连担任警备工作,实际上只有三个班的兵力。刘风命令警卫连负责看守飞机,防止暴徒破坏来之不易的飞机及航材,同时又将学员队的学员武装起来,在暴动形势尚未明朗之前,负责看管据传要参加暴动的航空总队日籍人员。负责镇暴的通化军区政委吴溉之与通化军区副司令员刘西元调刘洪光支队一个连赴机场加强警备力量。刘风得到支援后,立刻加强了机场的警戒等级,并组织人力对日本人宿舍进行了搜查,结果发现数架停在机场的飞机挂载了炸弹,日本人宿舍里也搜出了数把改装过的武器,刘风立刻将这一情况上报给通化军区司令部。在得知航空总队一个日籍飞行员可能参与暴动的情报后,刘风立刻带领保卫科干部对其实施抓捕审讯,并将审讯结果报告给通化军区,为镇暴做出了贡献。

1946年3月,东北民主联军航空学校正式成立,刘风被任命为学生大队大队长。东北航校转移到牡丹江后,为了尽快培养我党自己的飞行干部,增加航校师资力量,航校在飞行班正式开始飞行训练前,先成立了一个教员训练班,刘风等有过飞机驾驶经验的干部率先展开复飞训练。1946年底到1947年初,随着原新疆航空队的同志加入东北航校,航校的干部力量得到了有力补充。1947年初,东北航校的主要干部进行了调整。刘风被任命为飞行大队大队长。1948年10月，刘风奉命担任航校接收组组长，先后赴沈阳、济南、徐州、南京等地开展接收原国民党空军飞机、设施及人员的工作。1949年4月，刘风被任命为华东军区航空处副处长，同年8月，调任沈阳机场修建委员会主任。1949年10月，刘风奉命赴长春筹建空军第二航空学校。刘风带领第二航校筹建组人员，克服没有校舍，缺乏设备等重重困难，按照空军领导指示，按时于12月1日开学。1949年12月，中央军委正式任命刘风为第二航校校长。1955年刘风被授予空军少将军衔。1956年，刘风调入"中国人民国防体育协会"航空司担任司长。

林弥一郎

（原东北老航校主任飞行教官）

林弥一郎

林弥一郎，中文名林保毅，1911年出生于日本大阪府南河内郡藤井寺町的一个农民家庭，他的父亲一共有7个孩子，林弥一郎排行第四。1931年，林弥一郎于富田林中学毕业，一年后入伍。1932年9月，林弥一郎以陆军航空兵二等兵的军衔进入所泽陆军飞行学校学习。1933年4月毕业后，林弥一郎作为第51期驾驶训练生继续接受飞行训练，于1935年1月完成全部受训科目，被分配到日本陆军飞行第一战队，并晋升为陆军航空兵曹长。1936年12月，林弥一郎进入熊谷陆军飞行学校担任助教，1938年5月又晋升为少尉后补，进入日本陆军士官学校丰冈分校学习，于同年11月以优等成绩毕业，随即晋升为陆军航空兵少尉，进入日本陆军航空士官学校，1939年12月晋升为日本陆军航空兵中尉。

1941年，林弥一郎被调往日军飞行第54战队派往中国作战。林弥一郎驾驶技术精湛，1942年，他作为中队长驾驶日制"九七"式战斗机在桂林上空与美国空军P-40战斗机编队进行空战，在座机连中三十四弹，发动机被打坏的情况下，依然指挥自己的中队与美军战斗机缠斗，并在战斗结束后驾驶重伤的飞机飞回基地。

1943年，林弥一郎被调入日军第37教育飞行队担任队长。1944年12月，林弥一郎晋升为日本陆军少佐，被调入日本关东军第二航空军独立第101教育飞行团第四练成飞行队担任队长。日军第四练成飞行队是专门培养日军从其他兵种调来的初级军官，以及学生出身的"特别驾驶见习官"的高级航空兵教育部队，装备有"九九式"高级教练机、"隼"式战斗机以及重型轰炸机，全队约有官兵400人。在1945年8月份，苏联对日宣战后，第四练成飞行队还担负过阻击苏军坦克部队的任务。1945年8月15日，日本宣布投降时，第四练成队驻扎于沈阳附近，等待缴械。由于听说向苏联军队投降后，会被关入苏军战俘营并送往西伯利亚劳改，第四练成队上下不愿意向苏联军队投降，林弥一郎便决定带领全队300余人向南走，一方面可以借由行军安抚全队的情绪，另一方面也可以寻找返回日本国内的机会。

1945年9月9日,林弥一郎率领第四练成队乘坐10余辆汽车离开沈阳奉集堡机场,9月底抵达凤凰城西南5公里左右的上汤村。当时八路军第二十一旅第十二团一营已经接管了凤凰城。林弥一郎等人抵达上汤村之后,随即发现八路军进驻了凤凰城,其侧面又出现苏军活动的迹象,而背后又发现有国民党军队。林弥一郎不得已只得在上汤村停止行军,并将第四练成队的成员分散隐藏在上汤村附近的村落。驻凤凰城的八路军发现了林弥一郎的部队后,将林弥一郎等人包围,并派出谈判小组上山劝降。八路军谈判代表为二连指导员聂遵善,凤凰城县伪县长日本人三桥担任翻译。在聂遵善等人的劝降下,林弥一郎决定率领第四练成队大部分人员向八路军投降。

林弥一郎投降后,八路军第二十一旅旅长曾克林在凤凰城宴请林弥一郎等人时,得知林弥一郎率领的是一支既有飞行员又有机械师的飞行队之后,曾克林立即向中共中央东北局以及"东总"请示报告。彭真、林彪、伍修权等人指示,要林弥一郎等人赴沈阳详谈。在沈阳,彭真、林彪、伍修权等人提出,希望林弥一郎协助建设人民空军。林弥一郎提出三个条件,不能以俘虏对待,尊重日本人生活习惯,为随军家属提供必要的生活保障。这三个条件得到了

第八章 | 东北老航校主要领导、教员及优秀学员小传（下）

彭真等人的保证。为了表示诚意，伍修权还将自己的勃朗宁手枪送给了林弥一郎。

1945年10月，林弥一郎率领原日本关东军第二航空军团第四练成飞行大队在沈阳改编为东北民主联军航空队，即"沈阳航空队"。从延安先期抵达东北筹建航校的刘风、蔡云翔等八人负责航空队的主要工作。接受八路军改编后，林弥一郎改名为林保毅（林弥一郎）。1945年11月15日，中共中央东北局成立了航空委员会，林保毅（林弥一郎）是航空委员会的委员之一。11月下旬，中共中央东北局撤出沈阳，航空队也奉命迁往通化。林保毅（林弥一郎）等日本驾驶员负责驾驶飞机转场。12月15日，林保毅（林弥一郎）在试飞刚刚修复的飞机时发生事故身负重伤，在全力抢救下，林保毅（林弥一郎）转危为安。1946年1月1日，东北民主联军航空总队成立，林保毅（林弥一郎）被任命为副总队长兼教导队队长。1946年2月，通化地区发生日伪军暴动，林保毅（林弥一郎）被参加暴动的航空队日籍飞行员诬陷为暴动组织者之一。在没有直接证据的前提下，平叛部队多次要求将林保毅（林弥一郎）枪毙，但航空总队政委黄乃一以及在航空总队负责日本人政治工作的原日军反战同盟负责人杉本一夫坚决反对。事后经审查证实，林保毅（林弥一郎）与暴动毫无关系。

1946年3月1日，东北民主联军航空学校在通化成立，林保毅（林弥一郎）被任命为校参议兼飞行主任教官。1946年4月东北航校向牡丹江地区转移，林保毅（林弥一郎）再一次率领全部日籍飞行员驾驶飞机完成空中转场。航校转移至牡丹江后，航校领导组织在通化已经复飞的同志，以及有过一定飞行训练基础、可以在较短时间内担任飞行教学训练工作的同志成立了一个教员训练班，率先开展飞行训练。林保毅（林弥一郎）担任教员训练班教员。航校组建飞行班第一期甲班后，林保毅（林弥一郎）是甲班的主要教员之一。航校第一个直上"九九"高教、放单飞成功的学员吴元任，就是由林保毅（林弥一郎）带飞的。航校开展飞行训练后，航空燃油消耗很快，林保毅（林弥一郎）又向航校领导建议，可以参照日本关东军飞行队的经验，对飞机进行改装，以高纯度酒精替代航空燃油。1947年初，航校成立飞行教员队，林保毅（林弥一郎）是飞行教员队的主要教员之一。方子翼、吕黎平、夏伯勋等人在林保毅（林弥一郎）的带飞下，只经过了三个飞行日就放单飞成功。1948年初，航校成立"隼"式战斗机训练班，林保毅（林弥一郎）是训练班四位日籍教员之一。1949年，航校组建战斗技术训练大队，以改装P-51战斗机为主，林保毅（林弥一郎）凭借出色的飞行技术再次被任命为战斗技术训练大队的教员之一。1950年初，林保毅（林弥一郎）转入牡丹江第七航校继续担任主任飞行教员。在林保毅（林弥一郎）的指导下，日籍教员宫田忠明、木暮重雄等人培养出了中国第一批女飞行员。1953年，在航校工作的日籍教员、职工返回日本，林保毅（林弥一郎）留在中国学习，后于1958年回国。

回国后，林保毅（林弥一郎）由于在"共产中国"航校任教的经历而遭受日本当局的审查，在很长一段时间里，林保毅（林弥一郎）无法正常工作，只能靠打零工维生。1974年，在与原东北航校沈阳办事处工作人员，后任中国交通部水运局副局长的王涛会面后，一直在兵库县一家船厂做拆卸工的林弥一郎决定成立东北老航校日籍人员联络组织——"第七航空学校同人协会"，即"航七会"。"航七会"没有总会，只分别在日本的东北、关东、中部、关西、九州5个地区分别设立5个分会，每个分会每年轮流主持一届年会。

1977年5月，林弥一郎应邀率团访问中国。在北京，时任中国人民解放军副总参谋长的伍修权举行家宴款待林弥一郎等人。席间，伍修权对林弥一郎说起向他赠送手枪一事，并再一次肯定了林弥一郎等人为中国人民的解放事业所做的贡献。

回国后，林弥一郎与金丸千寻等人于 1977 年 10 月成立了"中国归国者友好会"，作为曾参加过中国八路军、解放军，为新中国的建立做出过贡献的归国日本人的联络组织。1979 年 9 月，中日邦交正常化后，林弥一郎又多次率领中国归国者友好会访问中国，东北老航校的毕业生王海、张积慧等人此时都已是中国人民解放军的高级指挥员，在见到自己当年的主任教员时，他们依然不忘师生之情，向以林弥一郎为代表的日籍教员表达了自己的感谢。

木暮重雄

（原东北老航校飞行教员）

木暮重雄

木暮重雄，1920年出生于日本群马县吾妻郡大田村（今吾妻町）一个农民家庭。木暮重雄排行老三。他的两位哥哥，大哥很早就参军加入了日本陆军航空队，二哥则在学校当老师。1940年9月，木暮重雄也报名参军，加入了岐阜县名务原第一航空教育队。1941年初，木暮重雄随部队调往南京，在日军参谋部电报班担任译电员。1月下旬，木暮重雄被调往日军第三飞行集团军司令部电报班担任译电员。1941年11月，木暮重雄随日军第三飞行集团军司令部先遣部队一起被调往越南西贡（今胡志明市）。1942年2月，木暮重雄又被调往新加坡。1942年8月，木暮重雄随所在部队重新调回南京。

1943年4月，木暮重雄被派回日本国内，进入位于福冈县的大刀洗陆军飞行学校学习飞行。在完成初、中、高级飞行训练后，木暮重雄于1943年10月毕业返回南京，被分配到日军第十八教育飞行队学习战术飞行。之后，木暮重雄又被调往日军第五航空军司令部学习空中射击等战斗机驾驶技术。完成全部训练后，木暮重雄被调往位于天津的日军第十四教育飞行训练队担任教官，负责培训"隼"式战斗机驾驶员。1944年8月，木暮重雄又被调往位于唐山的第十九教练飞行队继续任教，并担任飞行队内务班班长。

1945年1月，在从南京接受培训后返回唐山的途中，木暮重雄等人乘坐的飞机发生故障在山东泗水县迫降，被八路军俘虏。木暮重雄与另一名飞行员谷口英治尝试逃跑，后又被根据地军民抓获。木暮重雄还曾抢夺看守的枪企图自杀，因枪中没有子弹而未遂。在日本人民解放同盟的教育帮助下，木暮重雄逐渐转变了思想，主动申请加入了日本人民解放同盟，从事对日军的反战宣传工作。随后，木暮重雄被转移到山东的工农学校（日本战俘学校）进行学习改造。1945年8月15日日本宣布投降后，木暮重雄重新回到日本人民解放同盟鲁中支部，参加解除日军武装的工作。之后木暮重雄又参加了配合当地政府遣返解放区日本人的工作。在完成各项任务之后，木暮重雄与其他日本人民解放同盟的成员一起经烟台乘船出发,计划赴朝鲜再从朝鲜启程回国。在抵达新义州后,由于聚集在朝鲜等待回国的日本人太多而渡船太少,木暮重雄等人又被安排暂时到东北参加一些临时性工作,等待回国的时机。

木暮重雄等人从安东入境后,原计划赴长春加入日本人民民主同盟,长春被国民党军队占据后,木暮重雄等人只能改变计划继续向北抵达佳木斯。在佳木斯停留了一段时间,木暮重雄又被安排去牡丹江工作。之后木暮重雄一直往返于哈尔滨、佳木斯以及牡丹江,协助安排遣返日侨的工作。

在得知东北民主联军航空学校成立后,木暮重雄立刻向有关领导请示要求赴航校工作。1946年9月,木暮重雄的请求得到了批准。木暮重雄加入航校后,航校因冬季天气原因暂时停飞。利用停飞的时机,航校对全校上下进行了一次整风。木暮重雄凭借自己在山东从事日本人工作的经验,在整风中成了航校团结日籍教员的重要纽带。1947年春季飞行训练开始后,木暮重雄与山本猛利、鲍武生等日籍飞行教员负责带飞航校飞行班第一期乙班,于1947年4月率队进驻千振机场。当时木暮重雄负责带飞林虎、韩明阳、刘玉堤以及王洪智。航校领航班成立后,木暮重雄被临时调到领航班担任飞行教员。1947年8月,木暮重雄返回飞行学员队担任教员。1947年8月中旬，木暮重雄在汤原机场带吕黎平飞"九九"式高级教练机时，飞机遭到国民党空军的袭击，木暮重雄与吕黎平处置得当，避免了飞机被击落。飞机降落之后，国民党空军的P-51战斗机对机场跑道俯冲扫射，击中了木暮重雄与吕黎平的飞机，飞机起火。木暮重雄、吕黎平与负责维护飞机的邹炎等人冒着枪林弹雨，奋不顾身上前救火，及时抢救了飞机。1947年秋，刘玉堤在训练中出现失误，被停飞，木暮重雄主动担任了刘玉堤的飞行教员，帮助刘玉堤顺利放了单飞。

1949年10月1日，木暮重雄与林保毅（林弥一郎）、张华、刘玉堤等驾机参与了在沈阳举行的庆祝活动。1950年5月，位于牡丹江的第七航校开学。木暮重雄与其他日籍教员转到第七航校，继续培养训练中国飞行员。同年，木暮重雄与同在航校卫生队工作的筒井美治结婚。1953年，按照日方与中国红十字会达成的协议，滞留在华日侨开始返回日本。在第七航校工作的日籍教员大部分离开中国。木暮重雄与林保毅（林弥一郎）等人在日本共产党的安排下赴北京马列主义学院学习，后于1958年回国。

回到日本后，木暮重雄改名筒井重雄，与妻子一起从事农业生产加工，也积极参加社会活动。木暮重雄曾义务开办"包饺子训练班"，教授邻居包中国饺子的方法。在生活条件有所改善后，木暮重雄积极投身到宣传中日友好、反战反右翼的事业中。1986年，东北航校建校40周年之际，木暮重雄受邀重返中国。他当年带飞的学员，包括林虎、刘玉堤、韩明阳等人都已经是中国空军的重要指挥员，韩明阳以家宴感谢了木暮重雄在航校的教导，林虎、刘玉堤也纷纷向自己当年的教员表示感谢，木暮重雄与自己的学生在40年后再续师生之谊。

王 海

（原东北老航校飞行班第二期学员，中国人民解放军空军司令员）

王海

王海，原名王永昌，1926年1月出生于山东省烟台市一户贫苦市民家庭。其父早年做过警察，孙中山于1912年赴烟台视察时，曾做过孙中山的警卫。之后王海的父亲在威海办报，又在威海专员公署担任文书工作。1932年，王海举家从烟台搬迁至威海。两年后，8岁的王海进入法国人开办的教会小学海星小学读书。抗日战争全面爆发后，王海的四哥加入了在威海一带活动的原国民党海军刘公岛基地第二教导队组建的游击队，王海也离开学校，在游击队里当了一年多勤务兵。之后，王海回到威海升入初中，1944年5月，还在读初中的王海加入了共产党领导的抗日组织。1945年抗日战争胜利前夕，王海在为抗日组织传递消息时被日伪当局抓捕，寻机逃脱后，王海与其四哥一起离开威海，加入了在威海周边活动的抗日武装。

1945年8月15日日本投降后，王海与其四哥一起回到威海。王海继续回学校学习，并于1945年9月1日加入了中国共产党。1945年底，王海考入山东临沂的人民革命大学，于1946年初进入人民革命大学开始学习。1946年6月，王海等人被选派前往东北，加强东北解放区的干部队伍。王海等人从临沂出发，在龙口乘船渡海，在庄河登陆安东。在安东，王海正式入伍，被分配到东北航校学习航空技术。1946年6月中旬，王海等人抵达了牡丹江航校本部，被编入机械班第一期。1948年初，王海于机械班第一期毕业，恰逢飞行班第二期开班，王海等人体检合格，又加入了飞行班第二期学习飞行。在此期间，王海先后完成了"九九"式高级教练机、"九七"式高级教练机的训练飞行，以及"九九"式袭击机以及"隼"式战斗机的全部飞行训练计划，于 1949 年 9 月正式毕业。

1949 年 12 月，新组建的 7 所航校先后开学。东北航校的主要教员与毕业的飞行班学员被分配到各个航校，开展改飞改装训练。王海被分配到第四航校，进行改飞苏式战斗机的相关训练。王海在 6 个月内，先后完成了苏制雅克 –18 初级教练机、雅克 –11 中级教练机、乌拉 –9 战斗教练机以及拉 –9 战斗机四种机型的全部训练科目，于 1950 年 5 月按期毕业，成为人民空军的歼击机驾驶员。

1950 年 7 月，王海被分配到刚成立的空军第四混成旅第十一团担任中队长。当时第十一团配备的是拉 –11 活塞式战斗机。王海在航校已经熟练掌握了拉 –9 战斗机的驾驶技术，改飞拉 –11 战斗机可算是驾轻就熟。同年 8 月，王海又被调到空十团，开始学习驾驶更为先进的米格 –15 喷气式战斗机。到 10 月中旬，王海较好地完成了全部改装训练任务，并荣立二等功。从 1950 年 10 月 19 日起，王海随同空十团担负起保卫上海领空的任务。

1950 年底，王海调任新成立的空军第三师第九团 1 大队担任大队长。1951 年 4 月，空三师被编入志愿军空军序列，1951 年 10 月，空三师接替空四师在安东担负起战斗值班任务。1951 年 11 月 8 日，王海受命率领空九团 1 大队执行驱离在清川江一带活动的美国飞机的任务。1 大队飞至宣川上空时与美军12架F-86飞机遭遇，并将美军飞机驱赶至海上。11月9日，王海率1大队再次出击，在空战中，王海大队的4架战斗机连续开炮命中一架英国FMK-8型战斗轰炸机并将其击毁。11月18日，空九团在副团长林虎率领下出动22架飞机（其中4架飞机出现故障，两架飞机掉队，共16架飞机进入战区），与友军88架战斗机编队，对抗美军9批次共184架飞机。在清川江上空，王海率领1大队6架米格-15战斗机与美军数十架F-84战斗轰炸机遭遇。王海利用首先发现敌机且自己大队处于高空的优势，率领队友驾机俯冲，对美军飞机发起突然袭击打乱了美军飞机的队形。短短数分钟之内，王海击落两架美机，其僚机驾驶员焦景文击落两架美机，另一位驾驶员孙生禄也击落一架美机，由王海率领的1大队取得了5:0的战果。12月15日，王海奉命率领1大队参加截击美机4批次共52架飞机的作战行动。在清川江空域，王海率领的4架米格-15战斗机与美军12架F-84战斗轰炸机遭遇。在不利的局势中，王海指挥战友沉着应战，互相配合，在自己击落、击伤美军飞机各一架的同时，1大队的其余3架飞机也击落了4架美机。取得了6:1的战果。唯一被击落的飞机是王海的僚机，僚机驾驶员焦景文在掩护王海进攻时不慎被美机击落，焦景文跳伞安全返回部队。

1952年1月，王海所在的空三师完成战备值班任务返回二线休整。从1951年10月到1952年1月，在近90天的作战时间内，空三师共出动飞机2318架次，击落、击伤美机64架。王海所率领的1大队中，王海击落、击伤美机5架，焦景文击落、击伤美机4架，刘德林击落美机3架。在休整期间，王海被任命为空三师第九团副团长。1952年5月，结束休整后，空三师再次开赴前线。在9、10月间，王海所在的团根据上级安排，改装了性能更为优秀的米格-15比斯战斗机。12月2日，王海奉命率领空九团1大队12架米格-15比斯战斗机与美军F-86战斗机展开空战。在王海的指挥下，1大队击落了两架美机。12月3日，王海再次率领12架米格-15比斯战斗机与友空军协同作战，击落、击伤美军F-86战斗机3架。

1952年11月，王海被任命为空三师第九团团长，年26岁，是人民空军最年轻的飞行团团长。1953年1月，空三师完成作战任务，返回沈阳驻地。在两次作战期间，王海个人击落、击伤敌机9架，荣立特等功、一等功各一次，获得一级战斗英雄称号。其所在的1大队共参加战斗80余次，击落、击伤敌机29架，全大队人人都创造了战绩，立下战功。中队长孙生禄（烈士）击落、击伤敌机7架，追记特等功一次，追授一级战斗英雄称号；曾担任王海僚机驾驶员的焦景文击落、击伤敌机4架,荣立特等功一次,获二级战斗英雄称号,被誉为"英雄僚机";飞行员马宝堂击落敌机1架,荣立一等功一次;飞行员刘德林(烈士)击落敌机3架,荣立一等功一次;副大队长周凤性、张滋以及飞行员马连玉各击落、击伤敌机两架,分别荣立二等功一次;飞行员鄢俊武(烈士)击落敌机1架,荣立三等功一次;大队政委徐树年因思想政治工作出色,荣立二等功一次。空三师第九团1大队荣立集体一等功一次,因战绩卓越,被誉为"英雄的王海大队"。

1953年4月,在担任团长五个月后,王海又被提拔担任空三师副师长,1954年3月,空三师被调往嘉兴,承担保卫上海、杭州等地防空作战任务。1953年7月6日,王海指挥空三师第七团1大队截击进犯上海的国民党军飞机,开创了空三师在国内防空作战中击落国民党飞机的先例。1955年1月,王海又指挥空三师参加了解放一江山岛的战役。1956年6月,王海升任空三师师长。1956年11月,王海作为地面指挥员之一,指挥空三师在夜间作战中,击落了国民党空军一架C-46型飞机。1958年夏,王海率空三师奉命从浙江嘉兴转场至广州和汕头,台海形势有所缓和后,空三师又于1959年4月转回江浙地区驻防。在此期间,王海将自己在战斗、指挥中积累的经验整理为《空战中如何争取主动权问题》以及《对歼击机战斗队形的探讨》等文章，发表在《航空杂志》上。

1965年11月，王海升任空五军副军长。"文化大革命"期间，王海被诋毁为"资产阶级军事路线在空五军内的代表人物"而多次遭到批判。1969年11月，空军领导出于保护王海的考虑，将王海从空五军调离，改任空军司令部军事训练部第二部部长。1975年7月，王海被中央军委任命为广州军区空军司令员。1982年11月，王海被中央军委任命为空军副司令员，主管飞行训练、院校工作以及工程机务。1985年7月，王海被中央军委任命为中国人民解放军空军司令。

1986年，东北老航校建校40周年之际，王海力排众议，决定隆重纪念东北老航校建校40周年。王海指出，东北老航校的传统突出表现在三个方面：首先是藐视一切困难，不畏任何艰险，一定要把航校办起来，办好它的敢于斗争、敢于胜利的精神；其次是自力更生，白手起家，勇于创造的精神；再次是官兵一致，齐心协力，团结奋斗的精神。1986年5月，王海在纪念东北老航校建校40周年大会上，以《继往开来，团结奋斗》为题发表了讲话。在讲话中，王海回顾了老航校艰苦创业的历史，号召空军全体指战员继承和发扬老航校的光荣传统，团结奋斗，艰苦创业，勇于献身，开拓前进。

林 虎

（原东北老航校飞行班第一期乙班学员 中国人民解放军空军副司令员）

林虎

林虎，祖籍山东省招远市。1921年出生于黑龙江省哈尔滨市。林虎的父亲年轻时闯关东到哈尔滨谋生，在一户俄罗斯富商家中做苦力时，认识了一位俄罗斯姑娘，两人日久生情私订终身。其后两人养育了三个孩子，林虎排行第二。林虎的父亲后来在哈尔滨至齐齐哈尔铁路沿线做小买卖谋生，不慎在一列拉煤的火车上被冻死。不久，林虎的母亲和弟弟病死，姐姐与林虎分别被人收养，收养林虎的人家姓林，林虎被这户人家取名林根生。

1938年，林虎从林家出走，辗转在山东沂蒙山地区参加了八路军，被部队首长改名为林虎。尽管参军时年纪很小，但林虎作战勇敢，先后在胶东、鲁中等地参加反扫荡战役、解放临沂战役，屡立奇功，也多次受伤。最严重的一次，是1941年被日军炮弹炸伤括约肌，导致林虎每次排便都会脱肛，这也差一点影响了林虎后来成为空军战斗机驾驶员。

1945年，林虎进入山东抗大一分校学习，同年加入中国共产党。1945年12月，林虎由山东抗大一分校选送至东北民主联军航空队学习。1946年3月，东北民主联军航空学校成立，林虎被分入飞行班第一期乙班。东北航校迁至牡丹江后，1947年5月，林虎所在的飞行班第一期乙班进驻千振机场展开外场飞行训练。林虎、刘玉堤、王洪智以及韩明阳被编入一个小组，由日籍飞行教员木暮重雄负责带飞。

1947年5月7日，林虎在木暮重雄的带飞下完成了首飞。林虎飞行技术出众，首飞就受到了木暮重雄的称赞。实际上林虎的身体不适合飞行，在飞行中，由于空气压力较大，会加重林虎因被炸伤括约肌导致的旧伤。为了能够飞行，林虎向所有人隐瞒了自己的伤情并有意控制饮食，靠着毅力与刻苦，终于在第一批被放了单飞。

1948年9月，林虎从航校飞行班第一期乙班顺利毕业，留在航校工作。1949年5月，航校利用缴获的美式P-51战斗机成立了一个战斗技术训练大队，开展实战训练。战术训练大队的飞行员主要是由飞行班第一期甲乙两班学员组成，林虎与孟进、吉世堂、阮济舟、李宪刚因技术过硬被选入。1949年6月，为保卫北平，军委航空局局长常乾坤遵照中央军委的指示，在北平南苑机场成立北平混合航空队，以缴获和修理的美制战斗机、轰炸机、运输机为主。在长春进行战术训练的林虎再一次凭借过硬的驾驶技术被选入北平混合航空队。从1949年9月5日起，北平混合航空队正式开始北平地区的防空作战值班。每日都在南苑机场保持2-4架战斗机待命的状态。在此期间，林虎曾与其在航校战斗技术训练大队学习时的教官杨培光一起紧急升空，拦截敌人的空袭。此次防空作战之后，国民党空军再也没有派飞机袭扰北平。

1949年8月，中央军委研究决定，以北平混合航空队为主组建开国大典空中飞行受阅部队，林虎入选了空中飞行受阅部队，从1949年9月2日起，进驻北平南苑机场，在守卫北平的同时，开始进行空中飞行受阅集训。为了保障开国大典安全进行,空中飞行受阅部队中有 4 架飞机是带弹参加开国大典的,除此之外,所有飞越天安门上空的飞行员都庄严宣誓:一旦飞机出现故障,宁愿献出生命,也不让飞机落在城内,掉在广场和附近的建筑物上。很多年后,已经是空军中将的林虎依然能够一字不差地背诵出这段誓词。1949 年 10 月 1 日,林虎驾驶 P-51 战斗机随同空中飞行受阅部队参加开国大典,因飞机数量不足,林虎所在的 P-51 分队两次飞过天安门上空。

1950 年,人民空军的首个空中作战部队——混成第四旅受命组建,林虎被任命为歼击机飞行团大队长,随所在的团驻防上海江湾。同年空军组建空三师,林虎被任命为空三师第九团副团长。随后,空三师被编入志愿军空军序列,参加抗美援朝战争。1951 年 10 月 21 日,空三师接替空四师进驻安东浪头机场。11 月 9 日,林虎率领 18 架米格-15 战斗机出击应敌,1 大队飞行员刘德林在林虎的指挥下击落一架敌机。11 月 18 日下午,美军共出动了 9 批 184 架次飞机对安州、清川江一带的铁路线实施轰炸。林虎奉命率领两个大队共 22 架战斗机起飞,与友空军 88 架战斗机组成编队迎敌。在林虎的指挥下,9 团 1 大队大队长王海与僚机驾驶员焦景文各击落美机两架,孙生禄击落敌机一架,取得了 5:0 的战果。在林虎的指挥下,空三师 9 团涌现出一批优秀的驾驶员，王海、焦景文、孙生禄等人荣立特等功，9团1大队荣立集体一等功。在抗美援朝战争中，主要担任空中指挥工作的林虎自己也击伤两架、击落一架美军飞机。

抗美援朝期间，林虎先后担任空三师第九团副团长、东北军区空军技术检查主任等职务。1952年，时任东北军区空军技术检查主任的林虎，协同苏联顾问在辽阳机场培养出我军第一批夜航战斗机飞行员。抗美援朝结束后，1954年初，林虎调任空军第十八师副师长。1954年到1970年，林虎随部队转战广州、粤东、赣南、粤西、桂南，参加组织和指挥了昼夜间百余次战斗。1956年10月1日，林虎在广东汕头机场指挥作战，击落击伤国民党机各1架。1958年，林虎指挥部队空战，一次击落国民党空军飞机两架、击伤1架。1964年，越南战争升级，已升任空七军副军长的林虎随军部从广东兴宁调往广西南宁，之后，林虎又历任兴宁指挥所副主任、广州军区空军副司令员等职务。在林虎的指挥下，空七军在广西地区多次击落美军飞机，取得了一系列国土防空作战的胜利。空七军第十八师也在林虎的指挥下，成为国土防空作战战绩最多的部队。空十八师第五十四团1大队先后被授予"霹雳大队""航空兵英雄中队"荣誉称号。1985年，林虎被中央军委任命为中国人民解放军空军副司令员。1988年，林虎被授予空军中将军衔。

刘玉堤

（原东北老航校飞行班第一期乙班学员，北京军区空军司令员）

刘玉堤，1923年10月出生于河北省沧县杜生镇西中王大村。1938年10月参加八路军。1939年加入中国共产党。同年，刘玉堤被选派到抗大二分校学习。1939年12月毕业后，刘玉堤被分配到八路军120师358旅，先后担任副排长、旅部警卫班长、侦察参谋、教育参谋等职务并参加了"百团大战"等著名战役。在战斗中，刘玉堤目睹了日军轰炸机对中国抗日军民的狂轰滥炸，立志有朝一日也要驾驶战鹰保卫祖国领空。1941年，第十八集团军工程技术学校成立后，刘玉堤成为首批学员。在工程技术学校，常乾坤、王弼、刘风、王琏等我党我军培养的第一批航空技术干部都曾给刘玉堤上课，常乾坤、刘风、王琏等人在苏联学习飞行的经历，进一步鼓舞了刘玉堤学习飞行的强烈意愿。在此时期，刘玉堤与常乾坤、刘风等人结下了深厚的师生友谊。

1945年，中共中央决定利用东北现有条件筹建我党我军第一所航空学校，在延安的原八路军航空组成员大部分被调入东北,成为航空学校的主要筹建人员。原第十八集团军工程技术学校、抗大三分校工程队的部分学员也经过选拔奔赴东北,加入航空学校学习飞行与地勤机械业务。同年9月,刘玉堤作为第三批赴东北筹建航校人员随常乾坤等从延安出发,原计划经张家口赴关外。抵达张家口后,常乾坤等人乘卡车先期从陆路出发,刘玉堤等人因徒步前进,行程稍缓,前进至平泉地区,因战事紧张而退回张家口。原留在张家口临时担任晋察冀军区航空站站长的王弼此时也乘坐飞机飞往东北,油江接替了王弼在航空站的站长职务。当时晋察冀军区航空站工作比较繁忙,是中共对外比较主要的空中交通枢纽。周恩来、马歇尔、张治中的三人军调小组乘坐的飞机多次在此起降。张家口机场常年停有数架飞机,滞留在张家口的刘玉堤、吴元任、李汉、徐昌裕、熊焰等人利用这批飞机进行了初步的机械理论与实践学习。在张家口期间,刘玉堤边学边干,获得了"机械师"证书。

1946年9、10月间,河北地区局势恶化,张家口的中共军队需要转移,油江带领航空站全体人员将机场炸毁以免资敌并撤往根据地。和刘玉堤一起留在张家口的吴元任从张家口出发前往东北航校,向常乾坤汇报了张家口航空站的撤退计划。常乾坤在得知航空站计划撤往根据地后,立刻给油江发电报,要求原计划从延安前往东北的人员按照计划,立刻启程前往东北加入航校。

刘玉堤等人在接到命令后,立刻乘坐卡车转移到赤峰,计划经过内蒙古地区进入东北。赤峰战事也很紧张,卡车无法前行,刘玉堤就搭乘去开鲁的马车继续前进,后又徒步穿越科尔沁草原抵达通辽。在通辽,刘玉堤见到了当地的党政领导乌兰夫。乌兰夫送给刘玉堤两块银元作为路费,这两块银元一直被刘玉堤珍藏。在通辽稍事休整后,刘玉堤在乌兰夫的安排下乘坐火车抵达齐齐哈尔,向当地的部队报到。当时齐齐哈尔缺干部,驻军后勤部长试图劝说刘玉堤留在齐齐哈尔部队当参谋,但刘玉堤心中始终没有忘记自己要当空军开飞机的初心,他拒绝了当地驻军的好意,继续向牡丹江前进。

抵达牡丹江后,刘玉堤因曾在张家口学习过机务,并获得过"机械师"证书而被分配到机械班学习。但刘玉堤多次向校领导反映,希望能够进入飞行班学习。在三番五次向领导递交申请书后,刘玉堤终于如愿以偿被插入了飞行班第一期乙班学习。

1947年4月,随着天气转暖,东北老航校的春季飞行训练逐步开展。1947年5月,在经过近半年的航空理论学习与航空技术地面训练之后,刘玉堤所在的飞行班第一期乙班进入千振机场展开飞行训练。刘玉堤、林虎、韩明阳、

第八章 | 东北老航校主要领导、教员及优秀学员小传（下）

王洪智被编入木暮重雄带飞的小组。在即将开始带飞训练时，刘玉堤不幸患上大叶性肺炎，在佳木斯医院住了一个多月。出院时，医生给刘玉堤的出院报告上注明不能参加体力劳动，不能参加飞行。但一心要驾驶飞机飞上蓝天的刘玉堤偷偷撕掉了医生的报告。回到航校后，刘玉堤改由日籍教员系川正弘带飞，因出现了飞行事故，刘玉堤一度被停飞。之后，在飞行大队长刘风的劝说下，刘玉堤又改由木暮重雄带飞，很快赶上了课程进度。

1948年9月，刘玉堤从航校飞行班第一期毕业后留在航校任教。1949年北平混合航空队成立后，刘玉堤又被调入北平航空队，守卫新中国首都的天空。1950年，人民空军的第一支作战部队——空军混成第四旅成立，刘玉堤任混成旅飞行中队长。1951年，刘玉堤调入新组建的空三师，任空三师第七团1大队大队长。空三师编入志愿军空军序列后，刘玉堤也随空三师开赴抗美援朝前线。

1951年11月23日，担任战备值班任务的刘玉堤奉命随空七团起飞迎敌。在清川江上空，刘玉堤与自己的僚机配合击落了两架敌机。返航途中，刘玉堤又与战友配合击落了两架敌机。此战，空三师第七团取得了7∶1的战果，刘玉堤一人就击落了4架敌机。创造这一新纪录战果的刘玉堤很快就收到了空军党委的嘉奖电："刘玉堤同志：庆祝你创造我志愿军空军击落击伤敌机的新纪录。希望你很好研究经验，更加改善方法，结合英勇精神，在将来的空战中，争取更大胜利，并锻炼成为智勇双全的空军指挥员"。在抗美援朝战争中，刘玉堤以勇敢灵活的战斗作风，击落、击伤敌机8架，立特等功一次，荣获"一级战斗英雄"称号。

1953年，刘玉堤任空军指挥员训练班训练团团长，1955年被授予空军中校军衔。1956年，刘玉堤被任命为空九师副师长。走上空军指挥员岗位后，刘玉堤在1958年的国土防空作战中表现优异，指挥空九师击落了国民党空军的侦察机。1959年，刘玉堤升任空军师长，并被授予"空军航空师师长标兵"称号。1963年，刘玉堤晋升空军上校军衔。1965年，刘玉堤升任空七军副军长，之后又担任空七军军长。在1967年的国土防空作战中，刘玉堤作为地面指挥员，指挥空七军多次击落来犯敌机。1975年，刘玉堤被任命为北京军区空军司令员。1987年，刘玉堤被任命为北京军区副司令员兼北京军区空军司令员。1988年，刘玉堤被授予中将军衔。

1986年，空军为东北航校成立四十周年举行纪念活动，刘玉堤与当年的教官木暮重雄重逢，在欢迎会上，刘玉堤发表讲话，向木暮重雄等当年的日籍教员表达了感激之情，再续四十年前的师生情谊。

张积慧

（原东北老航校飞行班第一期乙班学员 中国人民解放军空军副司令员）

张积慧

张积慧，1927年2月出生于山东省荣成县宁津桥上村的一个贫苦农民家庭。全家7口人依靠父亲张本周给地主当长工和耕种三亩薄地来维持生活。10岁时，张积慧开始上小学，15岁考入了宁津高等小学，1944年入中学读书。

1945年4月，张积慧入伍参军，被选送入山东抗大一分校学习。1945年7月，张积慧任山东抗大一分校文书。同年11月，张积慧加入了中国共产党。1945年底，山东抗大选派张积慧赴东北老航校学习。抵达东北老航校后，张积慧被编入飞行班第一期乙班。1946年底，东北老航校由通化转移到牡丹江。因东北气候不适和冬天开展飞行训练，张积慧所在的飞行班第一期乙班一直在进行理论学习与整风活动。1947年5月，张积慧随飞行班第一期乙班进驻千振机场，开始飞行训练。

在乙班学员中，张积慧学习积极，进步很快，学校领导将张积慧放入了第一批放单飞的名单。但时任飞行主任教官林保毅（林弥一郎）对此不同意，认为张积慧驾驶技术过于粗放，还有待进一步细致打磨，过早放单飞不利于他的技术动作培养，因此延长了张积慧的带飞时间。时隔30年，当林保毅（林弥一郎）再次访问中国，与已是中国空军副司令员的张积慧见面时，张积慧曾亲自向林保毅（林弥一郎）的严格要求表示感谢。

1948年9月，张积慧从航校第一期飞行班毕业并留校工作。1949年12月，济南第三航校成立后，张积慧调入第三航校学习。1950年8月，空军第一支作战部队——第四混成旅开始组建。张积慧任空四旅第十团中队长。1951年

第八章 | 东北老航校主要领导、教员及优秀学员小传（下）

1月，张积慧调任空四师第十二团3大队大队长。

1952年2月10日，张积慧奉命随同空四师第十二团由安东机场起飞迎击美空军第四联队，与僚机驾驶员单子玉驾驶飞机排在出击编队的最后。刚刚飞过鸭绿江，张积慧就在海面上发现了美军的航迹，他立刻向空中指挥阮济舟报告，阮济舟随即下达命令，要张积慧抛掉副油箱做好战斗准备。张积慧与僚机驾驶员单子玉立刻脱离编队，抛掉副油箱迅速爬升至万米高空搜寻目标，未果，又加速追赶远去的编队。

在飞至朝鲜泰川一带，张积慧发现右前方有8架美军飞机。张积慧趁美军飞机还没来得及进行战术动作，就率先与单子玉驾驶飞机从左侧急转，抢占了美军飞机右后方高空的有利攻击位置，敌机立刻四散俯冲，想躲避张积慧的攻击。在单子玉的掩护下，张积慧以迅雷不及掩耳之势向锁定的美军飞机开炮将其击落。之后，张积慧拉升飞机继续搜索敌机，发现一架敌机恰好在自己视线范围内，便立刻又一次占据有利地位，与单子玉互相配合将其击毁。前后用时不过数分钟，张积慧就击落了两架美军飞机。

在张积慧、单子玉前方的我军机群得到张积慧与美军飞机遭遇的报告后，立刻折返支援，在机群赶到之前，剩余的美军飞机已经不知去向。战后经调查发现，被张积慧击落的美军飞机其中一架证实为 F-86E 型，机号为 307，由美空军第四联队 334 中队中队长乔治·A.戴维斯少校驾驶。戴维斯是在二战中参战两百余次、飞行时间达 3000 小时的美军王牌飞行员。戴维斯被击毙，极大地打击了美军的士气。1952 年 2 月 23 日，志愿军空军致电各部队，表彰张积慧的功绩，并号召全体指战员向他学习。在抗美援朝战争中，张积慧先后击落敌机 4 架，记特等功一次，被授予一级战斗英雄称号，朝鲜民主主义人民共和国还授予张积慧二级自由独立勋章。

1953 年 9 月，张积慧被选送赴苏联莫斯科红旗空军指挥学院指挥系学习，于 1957 年 11 月学成归国。1958 年 4 月，张积慧被任命为空六师第十八团团长。1960 年 3 月，张积慧升任空六师副师长。1964 年，张积慧被授予空军上校军衔。同年，张积慧调任空二十七师师长。1969 年 3 月，张积慧升任空一军副军长，1970 年起至 1973 年任空一军军长。1973 年 5 月至 1978 年，张积慧任空军副司令员、空军党委委员。

结语

东北老航校精神

从 1946 年 3 月建校到 1949 年 12 月奉命停止办公，东北老航校在战争中诞生，在战争中成长；从通化到牡丹江，从牡丹江到东安，再从东安迁回牡丹江，最后落脚于长春，在不到 4 年的时间里辗转各地，筚路蓝缕，栉风沐雨，为人民空军培养了数百名各类航空技术人才，为人民空军的组建奠定了坚实的基础。

东北老航校白手起家，从无到有，其发展壮大离不开中国共产党早期领导人的高瞻远瞩和正确领导，也离不开东北老航校人的艰苦奋斗和无私奉献。曾在东北老航校飞行班第二期学习，后来担任中国人民解放军空军司令员的王海，曾将东北老航校的优良传统总结为三个方面：

一是藐视困难、不畏艰险、敢于斗争、敢于胜利的精神。

东北老航校诞生于战争年代，在战争中成长。在 3 年零 9 个月的时间里，东北老航校始终是敌人的眼中钉、肉中刺。1946 年航校刚刚在通化成立之时，国民党空军就曾多次轰炸航校的机场，使航校原本就有限的飞机、航材蒙受了巨大损失；这也使得老航校在通化无法开展系统的飞行训练，中共最早培养的一批飞行干部迟迟无法重返蓝天。

在转移至牡丹江后，尽管航校远离前线，但现代空战早已经打破了传统意义上的前线与后方的界限。敌人对牡丹江地区的轰炸，在不断为航校培养人民空军航空人才制

结语 | 东北老航校精神 ★

造困难的同时，也真切地让刚刚来到航校、从未曾见识过空战的干部学员真切地感受到组建一支现代化空军对于中国革命的重大意义。从这个意义上来说，敌人为航校制造了"难题"，也为航校开设了一门极为重要的"课程"。

"难题"必将解决，"课程"也终将结业。从1947年春天开始，老航校的飞行教员队、飞行班第一期甲班、乙班在敌人的不断袭扰下纷纷开训。这并不是说，东北老航校非要违背军事航空教育的一般规律，非要置宝贵的飞行学员的安危于不顾，这份藐视困难、不畏艰险的勇气正是中国共产党"从斗争中来，到斗争中去"的宝贵经验在老航校人身上的具体体现。敌机的轰炸和扫射，无法摧毁在战争中学习战争的老航校人，更无法摧毁老航校人敢于斗争、勇于胜利的精神。当时老航校流传着一句铿锵有力的口号：敌人想叫我们趴在地下，我们就一定要飞上天去！为了实现"飞上天去"的目标，老航校和敌机"捉迷藏""打时间差"，在敌人空袭最频繁的时候将飞机隐蔽疏散，利用早、晚敌机很少出现的时间段组织飞行。而一旦在天空与敌人遭遇，又无法临时降落在其他机场，老航校人也敢于与敌机"拼刺刀"，方华驾驶未带弹的"隼"式战斗机从机场驱离敌机就是航校敢于斗争精神的最好例证。

二是自力更生、白手起家、勇于创造的精神。

老航校校长、人民空军首任司令员刘亚楼在谈到航空教育与空军建设时，不止一次强调空军的特殊性，与其他兵种相比，空军的一个重要特征是先有航校，后有空军。这体现了航空教育对于空军的重要意义。而对于老航校来说，则是先有航空器材，后有航空教育。教学器材在航空教育中的重要意义也是不言而喻的。

没有任何一所航校可以在没有飞机、没有燃油、没有航材的情况下培养出优秀的航空人才，东北老航校也是一样。但是，在抗战中依靠"小米加步枪"赶走日本侵略者的人民军队手中没有一架飞机，而这也决定了东北老航校只能白手起家，自力更生完成为人民空军培养航空人才的重任。

老航校领导深知，办航校必须先有器材，后有教育。在从延安赶赴东北的路上，老航校的筹建人员打起十二万分精神，大海捞针一般搜集飞机、航材、燃油。很多同志甚至来不及赶到通化报到，来不及等待航校的任命就顶风冒雪，跑遍了东北各地，从偏僻的机场，或者是从老百姓的手里搜集破旧的飞机以及一切能用得上的航空器材。为了将这些飞机、器材运到航校，老航校人更是创造了"马拉飞机，人推火车"的奇迹，赶在东北老航校正式开始授课前，将各类飞机、航材运到通化并修理完毕。

东北老航校没有校舍，学员就自己动手修缮房屋，机场遭到破坏，师生就一起动手，用沙土填平弹坑。没有初级、中级教练机，老航校就开创航空教育史的先河，越过初级、中级阶段，直上高级教练机。没有航空燃油，航校就组织技术组攻克以酒精代替燃油的技术难关，组建哈尔滨酒精工厂，其生产的酒精不但满足了航校的燃料之需，还能有余力供给兄弟部队。缺乏教材，就自己动手编写，缺乏教具，就自己发明创造，缺乏后勤供应，就自己开荒种地。老航校发扬中国共产党人白手起家、自力更生的优良传统，不但在战争年代得以生存，还培养出王海、刘玉堤、张积慧、林虎等一大批在抗美援朝战争以及国土防空作战中屡立战功的优秀空军指战员。

三是官兵一致、齐心协力、团结奋斗的精神。

东北老航校草创之时，建校人员来自天南海北。有来自延安原八路军航空组的干部；有来自东北民主联军的干部；有在苏联留学学习航空知识的航空人才；有在新疆航空队学习飞行，拥有丰富经验的飞行员、机械师；有汪伪空军起义人员；有国民党空军起义人员；还有成建制的日籍飞行队成员。如何将不同出身经历、不同思想觉悟、不同工作作风与生活习惯的各方面人员拧成一股绳，是从建校之初就摆在老航校领导面前的一个难题。

曾长期在老航校工作、担任过老航校政治部主任以及副政委的薛少卿在谈到老航校的思想建设工作时，曾总结了老航校思想工作的三点办法：一是发扬我军政治工作的优良传统，大力开展群众性思想政治工作。为了让老航校上下认识到老航校建设的重要意义，王弼、马文、黄乃一、蔡少卿等老航校政工领导不断组织各级干部谈心，将老航校是未来空军摇篮、教学训练与前线作战一样重要的道理反复向下传达，逐步将大家的思想统一到坚决完成党中央交给的办好航校的任务上来。在老航校 3 年零 9 个月的办学期间，老航校召开过两次政治工作会议，利用冬季停飞的契机，集中进行了两次思想整顿，加强了党的领导，增强了老航校上下的团结。二是发挥共产党员和领导干部的模范带头作用。1947 年抵达老航校的原新疆航空队的同志大多是参加过长征的红军干部，政治素质较高，思想觉悟较强。在抵达老航校之后，这些同志在严振刚、吕黎平等人的带领下，主动扮演了团结同志、树立榜样的角色，以自己的模范行动带动和影响了周围的同志，使得老航校形成了生活上互相关心，业务上教学相长的良好氛围。三是切实贯彻执行党的争取、团结、教育和改造起义人员和日籍留用人员的政策，珍惜、尊重专业技术人才。东北老航校能够建立，能够开展正常教学工作，与林弥一郎等一大批日籍教员的辛劳付出不无关系。此外，蔡云翔、白起、刘善本、邢海帆等起义人员，也将自己的全部技术、热情，毫无保留地奉献给了东北老航校。如何对待日籍教员，如何对待起义人员，是关乎人心凝聚的问题，也是关乎中国共产党信誉的问题。东北老航校领导始终秉持着用人不疑、疑人不用的原则，放心大胆地将教学工作交给日籍教员与起义人员，工作上严格要求，思想上尽力帮助。刘善本等起义人员在老航校入党，林弥一郎、木暮重雄等日籍教员一直在中国工作学习到1958年，他们能够为中国人民的解放事业贡献力量，正是东北老航校思想工作结出的硕果。

1986年6月6日，纪念东北老航校建校四十周年大会在京隆重召开。时任全国人大委员长彭真为老航校题词：东北老航校是"人民航空事业的摇篮"；原航空委员会主任、东北民主联军参谋长，中顾委常委伍修权在大会上这样评价东北老航校的功绩："东北老航校在三年

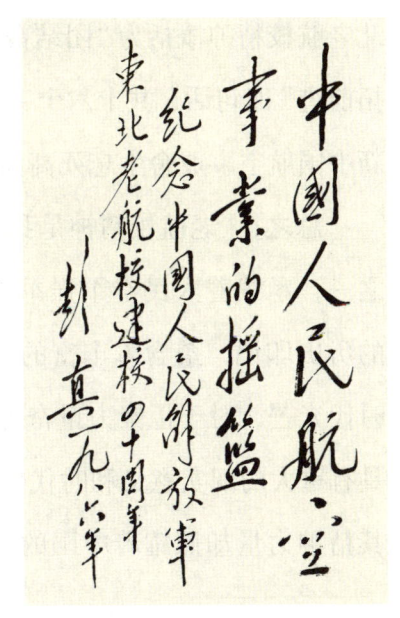

彭真题词

★ 中国人民航空事业的摇篮

多的时间里，培训了各类航空技术干部500多名，锻炼出了一大批从事航空工作的军事、政治、后勤和技术管理干部，对建国后人民空军、海军航空兵建设，对我国民航事业、航空工业、航天工业和航空体育运动的发展，都做出了贡献。从这个意义上说，东北老航校是人民空军和新中国航空事业的摇篮。"当年在老航校由机械员改为飞行员的王海，时任空军司令员，他满怀激情地对母校深情地说："历史证明，东北老航校的三年是极不平凡的三年，是经过复杂艰巨斗争取得丰硕成果的三年。东北老航校无愧为中国人民航空事业的摇篮。"在纪念大会上，王海代表空军党委首次将东北老航校精神概括为"团结奋斗、艰苦创业、勇于献身、开拓前进"四句话，共十六个字。这是对东北老航校人为建设新中国航空事业舍生忘死高尚境界的最高评价。

总之，"老航校精神是我党我军具有代表性的革命精神之一，承载着人民空军强军兴军的伟大实践，镌刻着鲜明的历史印记，蕴含着丰富的精神内涵。让老航校精神绽放时代光芒，对于汇聚力量奋力实现党在新时代的强军目标，具有重大的现实意义和时代价值"。① 东北航校诞生于吉林，其精神力量却照耀着中国的全部领空。作为人民空军的摇

---

① 邵文杰：《老航校精神的历史传承与时代价值》，《政工学刊》2020年第11期。

篮，东北老航校留给人民空军的不仅仅是一大批优秀的空军学员，它的精神也始终指引一代又一代空军官兵，勇敢无畏地飞向更广阔的蓝天。1949年3月8日，毛泽东主席在党的七届二次全会期间指出："了不起！了不起！过去延安办不到的事情，今天你们办到了，为人民空军的正式成立，培养了一些种子。"给予了高度而中肯的评价。2020年7月23日，习近平主席在视察空军航空大学时首次做出了"铭记光荣历史，把东北老航校精神发扬光大"的重要指示，这既是对老航校历史地位的肯定和赞许，也是对老航校接力者的期许和嘱托。基于此，全空军和老航校驻地掀起了学习溯源东北老航校精神的热潮。今天，空军航空大学已然成为东北老航校精神传承地。鉴于此，我们完全有理由提出"吉林省是人民航空事业的摇篮"的口号，同时也要意识到重任在肩，不能懈怠。为此，让我们永远铭记东北老航校人开创的老航校精神："团结奋斗、艰苦创业、勇于献身、开拓新路。"

参考文献
References

专著与编著

[1] 姚峻. 中国航空史[M]. 郑州：大象出版社，1998.

[2] 华强. 中国空军百年史[M]. 上海：上海人民出版社，2005.

[3] 刘庭华. 中国抗日战争论纲[M] 北京：军事科学出版社，2005.

[4] 曾景忠. 血色长空[M]. 北京：团结出版社，2005.

[5] 段云章. 孙文与日本史事编年[M]. 广州：广东人民出版社，1996.

[6] 蒋妙玉. 中国对日空战画史[M]. 杭州：杭州出版社，2005.

[7] 罗胸怀. 中国空军纪事[M]. 北京：中央编译出版社，2010.

[8] 逄先知. 毛泽东年谱1893—1949[M]. 北京：中央文献出版社，2002.

[9] 邵振庭. 开风气之先的空权论[M]. 北京：军事科学

出版社，2001.

[10]唐学峰.中国空军抗战史[M].成都：四川大学出版社，2000.

[11]高晓星，时平.民国空军的航迹[M].北京：海潮出版社，1992.

[12]方雄普.华侨航空史话[M]北京：中国华侨出版公司1991.

[13]南京市政协文史资料委员会.蓝天碧血扬国威[M].北京：中国文史出版社，1990.

[14]空军大辞典编委会.空军大辞典[M].上海：上海辞书出版社，1996.

[15]杨万青，齐春元.刘亚楼将军传[M].北京：中共党史出版社，1995.

[16]钟兆云.刘亚楼上将[M].北京:解放军文艺出版社，2005.

[17]吕黎平.吕黎平回忆录[M].北京：中国农业科学技术出版社，2002.

[18]吕黎平.星光照西陲：忆我党第一支航空队的前前后后[M].北京：战士出版社，1983.

[19]王海.我的战斗生涯[M].北京：中央文献出版社，2000版。

[20] 朱家木.陈云年谱（1905-1995）[M].北京：中央文献出版社，2000.

[21] 华强，奚纪荣、孟庆龙.中国空军百年史[M].上海：上海人民出版社，2006.

[22] 延安市志编纂委员会.延安市志[M]西安：陕西人民出版社，1994.

[23] 陕西省地方志编纂委员会编.陕西省志·民航志[M].西安：西安地图出版社，2001.

[24] 姜长英.中国航空史[M].北京：清华大学出版社，2000.

[25] 王工一.长空风云录[M].长春：吉林文史出版社，1986.

[26] 孟赤兵，李周书.神鹰凌空：中国航空史话[M].北京：北京航空航天大学出版社，2003.

[27] 彭真传编写组.彭真年谱[M].北京：中央文献出版社，2012.

[27] 张开帙，麦林.东北老航校[M].北京：蓝天出版社，2001.

[29] 朱新春.樱花啊，樱花——一个日本飞行员的中国情结[M].北京：人民出版社，2010.

[30] 郭晓晔.英雄万岁[M].北京：中国文史出版社，

2019.

[31] 王有生, 彭明全. 红色飞鹰——新疆航空队传奇 [M]. 北京: 蓝天出版社, 2013.

[32] 中国人民解放军历史资料丛书编审委员会. 院校·回忆史料 [M]. 北京: 解放军出版社, 1995.

[33] 韩新君. 东安根据地回忆录 [M]. 哈尔滨: 黑龙江人民出版社, 2021.

[34] 中共牡丹江市委党史研究室. 中共牡丹江党史资料·难忘的年代: 抗美援朝专辑 [M]. 牡丹江: 牡丹江党史研究室, 1991.

[35] 闻文. 旧中国空军秘档 [M]. 北京: 中国文史出版社, 2006.

[36] 王冠良, 高恩显. 中国人民解放军医学教育史 [M]. 北京: 军事医学科学出版社, 2001.

[37] 贾镭. 军队特殊营养学 [M]. 长春: 吉林科学技术出版社, 2000.

[38] 陈仁惇. 现代临床营养学 [M]. 北京: 人民军医出版社, 1991.

[39] 余小平, 樊均明, 凌保东. 成都医学院校史 [M]. 北京: 人民军医出版社, 1991.

[40] 姜德福, 沈锦生, 李秀武. 白衣战士的摇篮 [M].

北京：蓝天出版社，1991.

[41]岳伟东.空军卫生工作六十六年大事资料[M].北京：空军后勤部卫生局，2016.

[42]空军政治部.人民空军四十年[M].北京：蓝天出版社，1990版。

[43]朱荣昌.空军大辞典[M].上海：上海辞书出版社，1996.

[44]蔡凤震，田安平.空天战场与中国空军[M].北京：解放军出版社，2004.

[45]文闻：《旧中国空军秘档[M].北京：中国文史出版社，2006.

[46]熊正松.空军药材工作史[M].北京：空军后勤部卫生部，2000.

[47]金进.中国人民解放军药材工作史[M].北京：总后勤部卫生部，2007.

[48]吴之理.医学提要[M].北京：空军后勤部卫生部1981.

[49]吴之理.医学全科通览[M].北京：人民军医出版社，1995.

[50]吴玉金.中国军事院校概览[M].北京：总参军训部院校一局，1977.

论 文

[1] 毕居正.孙中山的航空救国思想及其影响[J].军事历史,1993(3).

[2] 赵云孚.国共合作时期的广东航空[J].航空史研究,1996(3).

[3] 黄志超.红军缴获的第二架飞机[J].源流,2022(3).

[4] 徐行,杨鹏飞.陈云与新中国人民空军的奠基[J].军事历史研究,2012(4).

[5] 韩荣钧.常乾坤与中共早期航空教育述论[J].滨州学院学报,2019(6).

[6] 介甫.王弼：新中国航空事业的先驱[J].党史纵横,2009(3).

[7] 渝文.常乾坤和王弼：人民空军的奠基人[J].军事文摘,2019(11).

[8] 韩明阳.东北老航校领航班始末[J].航空史研究,

1998（2）.

[9]孔扬，赵秀敏.论"忠诚于党"精神在东北老航校创建发展中的灵魂作用[J].吉林广播电视大学学报，2012（3）.

[10]张开帙，王麦林.新中国航空事业的先驱——常乾坤[J].中国科技史料，1989（2）.

[11]黄宁宁，黄达达.东北老航校前期政治工作六个"没有"刍议[J].东北老航校研究，2019（2）.

[12]蒋泽枫.论东北老航校的历史沿革、贡献及其精神价值[J].通化师范学院学报，2018（11）.

[13]张开帙.对东北老航校的一些回忆[J].航空史研究，1999（4）.

[14]李雪.东北民主联军航空学校简史[J].大连近代史研究，2017（14）.

[15]东北老航校发展概要[J].东北老航校研究，2019（2）.

[16]徐行，杨鹏飞.陈云与新中国人民空军的奠基[J].军事历史研究，2012（4）.

[17]马宏骄.红军人员在盛世才航空队学习及获救始末[J].党史文汇，1998（1）.

[18]陈辉.发生在蓝天上的起义——国民党空军飞行

员驾机起义纪实[J].党史博览,2004(11).

[19]卢毅.解放战争时期中国共产党改造俘虏的历史经验[J].理论学刊》2013(4).

[20]马宏骄,刘晓槟.人民空军历史上的"北平飞行队"[J].北京党史研究,1997(6).

[21]徐秉君.组建新中国空军:刘亚楼两次赴苏谈判始末[J].福建党史月刊,2010(5).

[22]陈洪.空战英雄邢海帆的传奇人生[J].军事历史,2008(2).

[23]张子影.解密开国大典受阅飞行背后的故事[J].党史纵横,2020(11).

[24]肖邦振.开天——开国大典空中受阅飞行纪事[J].档案春秋,2009(10).

[25]方子翼,王志坚.抗美援朝作战中年轻的空四师[J].军事历史研究,2014(3).

[26]韩明阳.朱德:"希望你们初战必胜"——记李汉和他的战友揭开抗美援朝空战之"谜"的故事[J].航空史研究,1997(2).

[27]刘鹏越."孤单英雄"刘玉堤[J].国防,2000(10).

[28]陆文至.击落美"王牌"飞行员戴维斯的战斗

[J].航空世界，2001（4）.

[29]朱飞一.刘亚楼的航校建设理念与实践[J].古田干部学院学报，2021（2）.

[30]叶介甫.新中国第一批女飞行员[J].党史天地，2008（3）.

后记
Postscript

2021年12月中旬,吉林省社科规划领导小组审批、立项了"三地三摇篮"暨六中全会系列研究项目。或许是考虑到本人有过在空军某医学院校服役的经历,课题组经过研究,决定把写作《中国人民航空事业的摇篮》一书的任务交给了我。我感到这是一种信任和荣誉,同时又有很大的压力,担心能否完成这一光荣而艰巨的任务。随后开始收集资料、制订写作计划等准备工作。

本书以中国航空史、中国人民解放军军史及东北民主联军航空学校校史等相关文献资料为主要参考素材,结合"东北老航校"当事人的日记、回忆录、口述采访资料等为重要写作依据。前期的课题规划和筹备工作得到了中共吉林省委宣传部、吉林省政协文史委、中共吉林省委党史研究室等有关部门和领导的大力支持。在资料搜集整理和书稿写作过程中,得到牡丹江市人民航空摇篮博物馆李仁敏,大连市旅顺监狱旧址博物馆李雪，中国人民解放军空军航空大学郭贵保、彭学涛、闫国光、张悦，中共通化市党史研究室马会凤，通化市杨靖宇干部学院庄鹏，牡丹江师范学院李洪光、陈君、杜品等领导、专家和友人无私的帮助。博士生李龙胜、孙妍，硕士生孙书豪在收集文献资料、外出考察和采访中也付出了辛勤的劳动，正是有了他们的鼎力相助，才使本书写作工作得以如期完成。借此拙作付梓之际，笔者谨对他们的帮助和奉献表示衷心的感谢。

由于时间紧迫和资料匮乏，更由于本人水平有限和积累不足，书中缺点和错误在所难免。恳请读者提出中肯且宝贵的意见和建议，笔者不胜感激之至，并拟在后续的研究工作中加以改进和完善。

张晓刚